TINTA
DA
CHINA
ı brasil ı

CB044170

Fernando Venâncio

Assim nasceu uma língua
(Assi naceu ũa lingua)
Sobre as origens do português

Prefácio
Marcos Bagno

SÃO PAULO
TINTA-DA-CHINA BRASIL
MMXXIV

para Christian Venancio, meu neto

Prefácio

Dos mitos às promessas:
Origens e destinos do português

MARCOS BAGNO

O título deste livro – *Assim nasceu uma língua: sobre as origens do português* – pode sugerir ao leitor a ideia de que se trata de uma história da língua portuguesa, na tradição de tantas que vêm sendo escritas e publicadas desde pelo menos o final do século XIX, sob o impulso da linguística histórica que tinha se desenvolvido de forma espetacular naquele período. Se aqui temos, sim, um relato histórico, a obra não se reduz a isso, porque vai muito além das *origens* anunciadas no subtítulo e avança até os dias de hoje. Principalmente, e felizmente, não é um livro só para especialistas – embora estes tenham muitíssimo a ganhar com a sua leitura –, e sim, como diz o autor mesmo, uma obra de *divulgação*, com todas as vantagens que esse gênero oferece a quem o pratica, como a liberdade absoluta de organização do material, de seleção dos temas, de desconsideração de outros elementos que, em obra técnica, teriam obrigatoriamente de comparecer. Isso, porém, não significa que seja um trabalho feito sem rigor, muito pelo contrário. Quanto a ser um livro de história da língua, este também se diferencia porque constrói seu painel histórico com estes azulejos em geral negligenciados que são as *palavras* – negligenciados porque, tradicionalmente, e também desde o século XIX, as histórias das línguas são, de fato, histórias da *fonologia* e da *morfologia* diacrônicas, com a *sintaxe* vindo a aparecer muito tarde, já bem avançado o século XX. As palavras de uma língua constituem seu *léxico*, e é à investigação dele que Fernando Venâncio vem se dedicando há boas décadas. Ora, apesar de todas as dificuldades e das não poucas frustrações inerentes a essa investigação, as palavras podem ser *datadas*, e se quem diz *data* diz *história*, nosso autor consegue nos convencer de que as palavras estão perfeitamente aptas a nos dar uma ideia de como era o momento social, cultural e político em que elas surgiram, de por quê – entre muitíssimos exemplos – o adjetivo *castelão* deixou de ser usado para designar o que provinha de Castela, desalojado que foi por um *castelhano* muito airoso que, tal como *airoso*, tem pouco de português e muito de… castelhano.

O que melhor se faz nesta obra é, acredito, a demonstração – e consequente desmonte – de alguns dos mais arraigados mitos que circulam há muito tempo na cultura linguística de Portugal e, herdeiros que somos dela, na cultura linguística do Brasil também. E não são mitos surgidos e alimentados pela imaginação popular, pelas superstições da gente comum e – sobretudo no passado – com reduzido acesso à ciência. Não. São mitos produzidos por quem faz ciência, mais precisamente a ciência linguística e, antes dela, a filologia. Em termos mais contemporâneos, diríamos que se trata de *ideologemas*, porque é de ideologia mesmo que se trata, uma ideologia que foi se construindo à medida que Portugal se tornava uma potência colonial graças às invasões e ocupações que ia praticando em todos os cantos do mundo – dos termos *descobrimento* e *conquista* goteja essa ideologia que, com eles, sempre quis apagar das consciências o que todo esse longo e doloroso processo implicou para as incontáveis populações que tiveram suas terras invadidas e ocupadas, e suas vidas, escravizadas, quando não simplesmente exterminadas.

Não há de ser coincidência que o nome *português* só tenha começado a se aplicar à língua no mesmo período – início do século XV – em que também tinha começado a aventura colonial dos portugueses, com a pioneira "conquista" de Ceuta, no norte da África, em 1415. Também não é coincidência que o mais antigo registro de *português* para designar a língua venha da pena do príncipe d. Pedro (1392-1449), ao comentar uma tradução que fez de uma obra de Cícero para a "nossa linguagem", em algum momento entre 1433 e 1438. Para as incontáveis pessoas que acreditam com toda a boa-fé do mundo que a língua se chama *português* desde o início das eras, há de causar grande espanto a revelação de que tal nome só foi usado para designá-la quase trezentos anos depois do surgimento do próprio reino de Portugal (proclamado em 1139, reconhecido em 1143). Talvez algumas dessas pessoas tenham passado a acreditar nessa (falsa) utilização longínqua de *português* por causa de outra narrativa mistificadora: a de que d. Dinis (1261-1325), "o Rei-Poeta", teria tornado o português "língua oficial" de sua chancelaria em 1290, apenas século e meio depois da constituição do reino. Ora,

> *língua oficial* é um conceito e uma expressão criados num contexto inteiramente diverso daquele dos finais do século XIII. Só começam, de fato, a ocorrer no século XIX como desdobramento de eventos políticos do século anterior, em especial a Revolução Francesa (1789), quando se estabeleceu um vínculo entre Estado e língua e se desenvolveu também a doutrina política de que o Estado pode e deve legislar sobre a língua.[1]

Trata-se, portanto, de um claro anacronismo. Na Idade Média não existia sequer a noção moderna de *língua*, muito menos de *língua oficial*: por toda a Europa, somente o latim recebia o rótulo de *língua*, cujo conhecimento e uso estava restrito às reduzidas elites letradas e à parte culta do clero, enquanto os modos de falar da maioria da população de cada lugar eram chamados de *vulgares*, *linguagem*, ou recebiam, nas terras onde os romanos tinham conseguido impor a sua língua, a denominação imprecisa de *romances* (isto é, "à moda de Roma", porque havia alguma consciência de que eram variedades descendentes do latim imperial).

---

1   Carlos Alberto Faraco, *História sociopolítica da língua portuguesa*. São Paulo: Parábola Editorial, 2016, p. 28.

Durante séculos, em Portugal, a língua falada no cotidiano foi chamada de *linguagem* ou *nossa linguagem*, e somente em 1536 se publicou a primeira *Gramática da linguagem portuguesa*, de autoria de Fernão de Oliveira, mais de um século depois da primeira investida extracontinental. Naquela gramática encontramos a afirmação explícita de que já era hora de abandonar o latim e usar o português porque "é melhor que ensinemos a Guiné que sejamos ensinados de Roma", já que não fazia sentido querer impor aos povos subjugados uma língua que nenhuma das pessoas comprometidas com a "conquista" sabia falar. Aliás, já em 1492 se podia ler na obra do gramático castelhano Antonio de Nebrija a afirmação de que "sempre foi a língua companheira do império".

Essa língua que devia ser "ensinada" à Guiné, isto é, aos povos africanos, tinha de ser tão digna de seu "companheiro", o "império", quanto tinha sido o latim tantos séculos antes correligionário das hostes romanas. Por isso, um dos empreendimentos ideológicos dos eruditos do período renascentista, em que são impressas as primeiras gramáticas do português, foi precisamente entoar o "elogio da língua", elaborar toda uma retórica apta a gerar o convencimento de que a língua dos conquistadores modernos tinha as mesmas elevadas qualidades da língua dos conquistadores antigos. E é precisamente o que se encontra n'*Os Lusíadas* (1, 33):

> *Sustentava contra ele Vênus bela*
> *afeiçoada à gente lusitana,*
> *por quantas qualidades via nela*
> *da antiga tão amada sua romana,*
> *nos fortes corações, na grande estrela,*
> *que mostraram na terra tingitana,*
> e na língua, na qual, quando imagina,
> com pouca corrupção crê que é a latina.

O português era tão próximo do latim que até uma divindade seria capaz de confundir as duas línguas! Estava justificado, portanto, o projeto de impor a língua aos povos subjugados. O elogio camoniano é a construção poética de um ideologema que, em estilo menos elevado, circulava nos escritos de diversos autores do período.

Existia, no entanto, um estraga-prazeres no festim do português, como aquele parente pobre e matuto que, ao chegar nas festas de uma família muito cheia de si, causa embaraço e vergonha. E esse é o personagem que neste livro de Fernando Venâncio comparece mais de setecentas vezes (sim, eu contei): o *galego*. E não podia ser de outro modo: num livro que vai tratar das *origens do português* sem medo de derrubar velhas estátuas de vetustos mitos, o galego, a *língua galega*, tem mesmo de aparecer mais de uma vez por página, a tal ponto que o subtítulo poderia até ser "sobre as origens galegas do português". E é esta presença maciça da língua galega neste livro que sem dúvida vai causar muita surpresa, se não verdadeiro espanto, na maioria dos leitores brasileiros, incluindo não pouca gente que se denomina *linguista* – e fui generoso ao falar de surpresa e espanto, porque em algumas pessoas suponho que virá à tona mesmo alguma indignação, em especial aquelas que se emocionam diante da sagrada imagem da árvore das línguas em que, do tronco primordial do latim, brota diretamente um ramo etiquetado *português*, imagem plasmada com inabalável fé por zelosos devotos da Vênus camoniana.

Não, *o português não veio do latim*.[2] Enunciar tal negação é contrapor-se a uma filologia e a uma linguística histórica que se firmaram há bom tempo nos meios acadêmicos portugueses e, na sua esteira, brasileiros, bem como de não poucos estrangeiros. Sirva de exemplo um clássico da filologia intitulado nada menos do que *From Latin to Portuguese*, do estadunidense Edwin B. Williams, publicado originalmente em 1938, que mereceu uma edição brasileira, em 1961, sob o título *Do latim ao português*, com tradução de ninguém menos que Antônio Houaiss. Essa obra tem sido utilizada nos cursos universitários de linguística histórica e história do português há pelo menos meio século. Pois é nela que encontramos este trecho:

> Ao longo da costa ocidental da Península Ibérica, o latim vulgar […] se desenvolveu em língua portuguesa. Os mais antigos documentos em português aparecem pelo fim do século XII e marcam o começo histórico do português arcaico. Durante quatro séculos a língua sofreu muitas modificações.

O português seria, então, uma língua litorânea, porque surgiu "ao longo da costa ocidental da Península", e o advérbio "ao longo" faz a gente acreditar que o português se desenvolveu diretamente do latim, ocupando de norte a sul essa "costa ocidental", como se não tivesse sido falado no interior... Williams também qualifica de "em português" documentos escritos no final do século XII, fazendo a língua surgir num passe de mágica junto com o

2   Esse é o título de um artigo que publiquei em 2011 na revista galega *Grial* (n. 191, pp. 34-39): "O português não procede do latim. Uma classificação das línguas derivadas do galego". Uma expansão desse artigo constitui o capítulo "Do galego ao brasileiro", da minha *Gramática pedagógica do português brasileiro* (São Paulo: Parábola Editorial, 2012).

próprio reino de Portugal – proclamado com esse nome apenas algumas décadas antes. É "arcaico", sim, mas já é "português". Qual é o problema com tudo isso, afinal?

O problema é a tentativa de querer projetar no passado uma realidade do presente. É querer construir um relato mítico da nacionalidade portuguesa que, junto com sua língua, já estava bem delimitada dentro das fronteiras atuais do Estado português, num apagamento impressionante de toda a longa história de formação do futuro país, que se deu em diversas etapas durante pelo menos 250 anos, como parte do grande empreendimento militar chamado Reconquista, em que os exércitos cristãos, a partir do norte hispânico, foram derrotando as forças militares dos mouros, que ocuparam a quase totalidade da Península Ibérica a partir do século VIII. Esse relato é, como se viu acima, na citação de Carlos Alberto Faraco, fruto da ideologia surgida no final do século XVIII e fortalecida ao longo do XIX e que se consubstancia na tríade *língua-Estado-nação*, finamente analisada pelo historiador britânico Eric Hobsbawm em seu livro *Nações e nacionalismo desde 1780: programa, mito, realidade* (1990). Para que essa entidade três-em-uma se hipostasiasse na cultura nacionalista portuguesa do século XIX era imprescindível barrar qualquer referência a tudo o que existisse ou tivesse existido a norte do rio Minho, a antiquíssima fronteira política que se estabeleceu de forma definitiva justamente quando se proclamou o reino de Portugal. Mas o que existe, existia e existiu a norte daquele rio? Vamos recuar uns 22 séculos para descobrir.

Depois de terem conquistado a Península Ibérica, que chamavam de Hispania, conquista que se iniciou em 218 antes da Era Comum e se concluiu cerca de dois séculos depois, os romanos dividiram o território em províncias. Uma dessas províncias recebeu o nome de Gallaecia (Galécia), por ser habitada por uma população de matriz celta que os romanos chamaram *gallaeci*, termo que se costuma traduzir por *galaicos*, um nome que, evidentemente, está na origem de *galego*. Essa província galaica se estendia para o norte a partir do rio Douro, incluía a atual Galiza e parte das Astúrias, duas regiões que hoje integram o Estado espanhol. Se a Galécia romana começava na margem norte do rio Douro, isso quer dizer que uma parte do atual território português – a região secularmente chamada de Entre-Douro-e-Minho – estava incluída nela. Ao sul do Douro começa outra província romana, a Lusitânia – que, portanto, não abrangia tudo o que hoje se chama Portugal, e da mitificação da Lusitânia vamos falar mais adiante.

Precisamente nessa antiga província romana da Galécia é que vai se formar um romance – isto é, uma língua descendente do latim imperial –

com características muito próprias (descritas neste livro) e que já por volta dos anos 600 da nossa era se diferenciava do latim. Essa língua vai aparecer com o nome de *galego* num texto de 1290 – ou seja, uns 150 anos antes da primeira aparição de *português* na escrita. Era a língua falada, portanto, num território ocupado atualmente pela Galícia, parte das Astúrias e, convém enfatizar, entre os rios Minho e Douro, no norte de Portugal. É aí que está a origem mais remota do que, mais tarde, se chamará *português* ou *língua portuguesa* – isto é, o português não surgiu em terras exclusivamente portuguesas, um dado histórico que invalida as afirmações da linguística histórica de que "o português veio do latim", como se viu no trecho citado da obra de E.B. Williams. O que hoje chamamos *português* é a continuação histórica de uma língua que, surgida no noroeste da Península Ibérica, foi levada cada vez mais para o sul, na esteira das conquistas feitas por chefes militares cristãos ao derrotar os mouros. Essa língua foi imposta às populações antes sujeitas ao domínio mouro e que agora se submetiam ao domínio dos novos senhores – essas populações eram cristãs, mas tudo indica que àquela altura falavam árabe. É por isso que o linguista português Ivo Castro pôde escrever um texto intitulado "Uma língua que veio de longe" (2007), uma vez que, em suas palavras (que Fernando Venâncio também vai citar),

> um lisboeta nativo, descendente de muitas gerações de habitantes da capital e do sul do país, fala uma língua que não é autóctone e não descende do latim aí falado no tempo do Império Romano, mas que foi transplantada a partir da Galécia Magna após a reconquista cristã. Exactamente como a língua falada no Rio de Janeiro ou em Maputo foi aí transportada a partir de Portugal.

Este é, então, o primeiro mito que Venâncio desmonta neste livro: o de que o português, já com esse nome, teria nascido no território do Portugal moderno, rebento legítimo e direto do latim. Não nasceu.

Foi, como se viu, num texto de autoria do príncipe d. Pedro, na terceira década do século XV, que apareceu o primeiro registro escrito do nome *português* aplicado à língua. Esse príncipe era filho de d. João 1 (1357-1433, coroado em 1385). A ascensão desse João ao trono representou uma reviravolta na história de Portugal. Seu reinado é considerado um ponto de inflexão importante nessa história, inclusive no que diz respeito à situação linguística. O futuro rei João, "o de Boa Memória", intitulado, antes de ser coroado, Mestre de Avis, era filho bastardo de d. Pedro 1 (1320-67), de modo que não era previsto que assumisse o poder. Mas diversas lutas políticas internas acabaram por alçá-lo ao trono. Até aquela época, a aristocracia galega e a aristocracia

Mapa 1 *Região da Península Ibérica conquistada pelo Império Romano, com a divisão em províncias realizada no séc. III.*

portuguesa conviviam sem maiores percalços (era galega, por exemplo, a célebre Inês de Castro, amante do rei d. Pedro I, pai de d. João I). Aprendemos com o linguista galego Henrique Monteagudo, num texto fundamental, que

> desde meados do século XII, Portugal aparece constituído como reino independente, mas a fronteira galego-portuguesa foi ainda durante mais de dois séculos muito porosa, e só a partir dos finais do século XIV foi virando uma barreira política, linguístico-cultural e comunicativa mais rígida.[3]

É justamente nesse final do XIV que a antiga dinastia de Borgonha é substituída pela de Avis, inaugurada por d. João I. O galego e o português – que receberá esse nome, repita-se, nessa época – começam a se distanciar e a experimentar, cada um de seu lado, mudanças que acabarão por conferir o aspecto que têm hoje, em que a grande semelhança não esconde as claras diferenças em todos os níveis (fonético, morfossintático e lexical). Se o pai de d. João amou uma dama galega, o mesmo d. João não hesitou em assassinar, em 1383, o conde de Andeiro, nobre galego amante da rainha regente, d. Leonor Teles. Poderíamos dizer (se não fosse de mau gosto) que esse assassinato simboliza, no plano linguístico, a ruptura da relativa unidade linguística anterior e a bifurcação dos processos de mudança de cada língua. No plano intelectual, essa ruptura vai ser conscientemente elaborada na forma da crescente *desgaleguização* do português, isto é, do empenho em tornar a língua de Lisboa cada vez menos parecida com a da Galiza.

Se escrevi *a língua de Lisboa* é porque o início da dinastia de Avis representa o período em que vai se produzir uma marcada *meridionalização* do português, ou seja, a transformação de traços linguísticos próprios da variedade do centro-sul, com Lisboa por núcleo, em norma de referência, em detrimento das características nortenhas. O traço mais espetacular dessa norma é o ditongo nasal *-ão*, marca distintiva do português entre todas as línguas da Europa (e quem sabe até do resto do mundo). Esse ditongo foi o resultado das mudanças sofridas pelas terminações latinas *-anu* (*manu-* > *mão*), *-ane* (*pane-* > *pão*) e *-one* (*leone-* > *leão*), num processo tsunâmico que arrastou centenas e centenas de palavras e formas verbais e não foi acompanhado nem pelo galego nem, em boa medida, pelos habitantes do norte

---

3   Henrique Monteagudo, "A lingua no tempo, os tempos da lingua. O galego entre o portugués e o castelán". *Gallaecia: Estudos de Lingüística Portuguesa e Galega*. III Congresso Internacional de Linguística Histórica, Santiago de Compostela, 2017, pp. 17-60. DOI: doi.org/10.15304/cc.2017.1080.33

de Portugal. Tendo surgido no centro-sul, esse *-ão*, ao ser irradiado para o norte por força da norma lisboeta, encontrou alguma resistência na boca de comunidades que, há muitos séculos, falavam o antigo idioma comum às duas margens do Minho, de modo que até hoje os naturais da cidade do Porto e vizinhanças nortenhas pronunciam algo como *põu* ou *coraçõu* o que no centro-sul se diz *pão* e *coração* – o ditongo nasal foi, para seus ancestrais, uma inovação trazida do sul, à qual tiveram que adaptar sua pronúncia, habituada a uma língua mais velha. Mais um dado simbólico (e à moda de piada): d. João I foi o primeiro rei com nome terminado em *-ão*...

Do reinado joanino em diante, se inicia, portanto, a separação linguística de galego e português – esse reinado é a época da primeira "conquista" extraterritorial (Ceuta, 1415) e momento do "batismo" da língua. O final do século XV é o da grande expansão marítima: Bartolomeu Dias dobra o cabo da Boa Esperança em 1488; Vasco da Gama chega à Índia em 1498; Pedro Álvares Cabral desembarca no Brasil em 1500. Todos esses eventos, e outros mais, vão servir de alicerce para a elaboração dos mitemas da glória e da grandeza de Portugal como pátria de intrépidos marinheiros e bravos conquistadores, elaboração que alcança seu ponto máximo de perfeição em *Os Lusíadas*, epopeia publicada em 1572. E é a partir de agora que mais um mito vai se consolidando: o de Portugal como continuação histórica da antiga Lusitânia. Embora os termos *luso* e *lusitano* já aparecessem em textos anteriores de outros autores, é com Camões que seu emprego vai atingir o ápice, a começar pelo título do poema. No processo de desgaleguização e lusitanização, os eruditos renascentistas portugueses puderam contar com o auxílio luxuoso das oitavas rimas camonianas.

A antiga província romana da Lusitânia tinha como limite norte o mesmo rio Douro que servia de limite sul para a Galécia. Ocupava o que hoje é Portugal para baixo do Douro, mas também uma boa porção de território atualmente espanhol, na região da Extremadura. Eleger a Lusitânia (fingindo não ver o seu grande pedaço espanhol) como berço da nacionalidade portuguesa implicava, portanto, excluir de suas origens a região entre o Douro e o Minho – como se esta, somente muito tempo depois e por alguma razão não explicada, tivesse começado a fazer parte do território português –, e excluir o Entre-Douro-e-Minho era também apagar a herança galega dessa região. Se a ideologia é a câmara escura de que falavam Marx e Engels, na qual a história é contada de ponta-cabeça, este decerto é um bom exemplo dessa inversão dos fatos. Os lusitanos, que deram nome à província e contra quem os romanos travaram diversas batalhas, falavam – ao que tudo indica – uma língua indo-europeia própria, não celta, e que provavelmente não deixou nenhum vestígio nem no português nem, muito menos, no galego – até porque essa região, ao contrário da Galécia, vai ser submetida ao domínio mouro e à língua árabe. Mas foram eleitos como ancestrais míticos dos portugueses porque, como escreve Monteagudo, "o lusitanismo constitui a ideologia de substituição para cobrir o oco deixado pelo apagamento do galego". O mito do lusitanismo continua firme e forte em nossos dias, e uma nova construção ideológica, a da lusofonia, tem raízes nele. Como já escrevi mais de uma vez, seria mais correto falar de uma *ilusofonia* e, por tabela, de uma ancestralidade *ilusa* ou *ilusitana*…

O período renascentista, durante o qual se constitui o chamado *português clássico*, foi marcado, como se sabe, por uma revalorização e ressignificação da cultura greco-romana clássica, que teria "morrido" durante o período medieval, o que justificaria falar de um seu "renascimento". Nesse retorno às fontes clássicas, muitos eruditos europeus, na busca de tornar suas línguas dignas de exercer as funções até então cumpridas pelo latim, recorreram a este para a elaboração de um vocabulário técnico, jurídico, literário, científico etc. Esse processo tem sido chamado de *relatinização* e fez surgir muitos pares de palavras que compartilham o mesmo étimo latino mas tiveram formações históricas diferentes: um dos membros do par (ou do trio, ou do quarteto, algumas vezes) descende em linha reta do latim vulgar e passou pelas mudanças regulares ocorridas na língua (por exemplo, *digitu-* > *dedo*), enquanto o outro foi tomado diretamente do latim clássico para usos eruditos (*digitu-* > *dígito*), o que explica sua semelhança formal com o étimo. O primeiro tipo de formação é chamado de *popular*; o segundo, de *erudito*. Ora, as obras que narram a história do português apresentam o período renascentista como o de uma "modernização" do idioma, em que muitas palavras novas foram apanhadas da fonte latina original para integrar e ampliar o léxico erudito da língua. Mais uma vez, porém, a ideia do latim como fonte direta de termos relatinizados se revela problemática, e é a esse problema que Fernando Venâncio – sem dúvida, de maneira inédita nos estudos da língua – dedica boa parte deste seu livro. O que de fato ocorreu – e o autor comprova isso com abundância de exemplos – foi um recurso, não ao latim, mas ao *espanhol*, língua que gozava de enorme prestígio entre os intelectuais portugueses – muitos, incluindo Camões, escreviam diretamente na língua do reino vizinho –, a ponto de ser possível dizer, como de fato dizem muitos historiadores, que existiu na elite letrada de Portugal um *bilinguismo português-espanhol* entre meados do século XVI e finais do XVII, quando a língua de prestígio passa a ser, como no resto da Europa, o francês. Venâncio demonstra que a relatinização portuguesa se deu, na verdade, como um *aproveitamento* (termo do autor) do que já tinha sido proposto por autores espanhóis – a proximidade estrutural das duas línguas facilitava grandemente essa importação, feita, como se diz em francês, *sans état d'âme*, sem qualquer travo moral ou sentimento de culpa. Ao contrário, ocorreu mesmo, como escreve Venâncio, uma *dependência crônica*, uma *promiscuidade*. Nas palavras do autor, "houve, decerto, uma latinização *exclusiva* portuguesa, mas não foi espectacular e, sobretudo, ela é, em importante medida, posterior ao Renascimento". E a tão celebrada inventividade de Camões, que teria introduzido no português toda uma coleção de palavras novas, hauridas das fontes latinas, se revela – ou melhor, Venâncio revela – uma colheita alegremente feita nos abundantes pastos de Espanha. Aqui também, e mais uma vez, a história que nos é contada sobre a formação da língua tem de ser revista e reescrita.

Voltando à mística lusitanista – com o apagamento sistemático do galego –, ela vai imperar até bem entrado o século XIX. Eis porém senão quando a descoberta do volumoso cancioneiro lírico medieval produzido em terras do noroeste peninsular se revela possível causa de algum abalo naquela mística. É que as cantigas de amigo, de amor e de escárnio e maldizer obrigaram a filologia portuguesa a trazer de volta à cena o galego, mantido oculto por séculos como um esqueleto no armário. Era impossível atribuir exclusivamente a Portugal textos poéticos que falavam, por exemplo, das ondas do mar de Vigo, a maior cidade da Galiza atual e que jamais esteve sob domínio português. Toda aquela lírica tinha sido composta, ora vejam só, nas velhas terras da ainda mais velha Galécia romana. No texto de Monteagudo que temos citado aparece um mapa que indica os lugares de origem dos trovadores e jograis, mapa que cobre a Galiza e a região entre o Minho e o Douro – aqueles poetas nunca viveram em terras da Lusitânia! E a língua em que compuseram, qual era, como deveria ser chamada? A bem de uma mínima honestidade intelectual e de respeito à geografia e à história, não tinha cabimento chamar aquela língua simplesmente de "português" (embora E.B. Williams, como vimos, não tenha hesitado em fazer isso). A solução encontrada foi um termo híbrido, o bicéfalo *galego-português*, que – por meio de mais uma prestidigitação – passou a designar, nos estudos linguísticos, a língua original, aplicando *português* a algo que já era designado simplesmente como *galego* no século XIII – época da produção da lírica trovadoresca – e que apenas na segunda metade do XV passa a ser chamado de *português* (a insistência nesse fato é a tentativa, talvez utópica, de provocar uma mudança mínima no modo de contar e ouvir a história).

Num livro de 2007 sobre as origens do francês (*Une Langue orpheline* [Uma língua órfã]), o linguista Bernard Cerquiglini usa o termo *ectoplasma* para qualificar, ironicamente, um suposto dialeto *franciano* (*francien*) que, falado na região de Paris, estaria na origem da língua francesa atual. Esse *francien*, no entanto, é uma invenção peça por peça do filólogo Gaston Paris (sim, esse é o sobrenome dele), que usou o termo pela primeira vez em 1889. Talvez pudéssemos aplicar também o rótulo de *ectoplasma*, não à língua dos trovadores, que existiu, mas ao termo *galego-português* que inventaram para ela. Essa ectoplasmia se mostra em histórias do português de produção recente, nas quais encontramos afirmações como a seguinte: "... galego-português, um estágio muito antigo do português, quando este ainda se confundia com o galego".[4] Difícil não qualificar de infeliz essa ideia de uma língua que "se confunde" com outra (quando, de fato, é uma só!). Tão problemático quanto *galego-português* é o rótulo de *português arcaico* que também se aplica à língua daquele período, falada igualmente acima do Minho, uma área que, de novo, jamais foi portuguesa... O galego tem sido uma pedra no sapato, um espinho na carne da linguística luso-brasileira, pois "sua simples existência constitui um obstáculo para a validação do relato nacional da filologia portuguesa", como escreve Monteagudo. Tudo teria sido muito melhor, parece, se os galegos, súditos da Coroa espanhola, tivessem abandonado de vez sua língua em favor do uso exclusivo do castelhano. Só que não abandonaram...

Como adverti no início deste prólogo, que já se estende além do necessário, este livro de Fernando Venâncio trata, sim, das origens (*galegas*) do português, mas avança no estudo das palavras (e de outros aspectos da língua). Me concentrei nos fatos históricos mais diretamente conectados às origens e ao distanciamento de galego e português a partir de meados do século xv porque o autor, guiado por outros objetivos, se dedicou com mais profundidade a outros aspectos dessa história. Para o público leitor brasileiro, muito do que se diz neste livro, repito, há de causar surpresa, espanto e até indignação. Os mitos culturais muito impregnados no senso comum resistem com brio às investidas da racionalidade, mas poderíamos desejar que ao menos os mitos que circulam no meio acadêmico-científico fossem reconhecidos como tais, e devidamente substituídos por relatos mais bem fundados.

Escrevi acima que a ideia de *lusofonia* também pertence à categoria dos mitos, um mito mais recente, em que parecem se misturar elementos diversos, entre os quais um espírito neocolonial difícil de sustentar em pleno século xxi. Não vou me alongar sobre esse tema porque ele foi magistralmente tratado por Carlos Alberto Faraco em sua *História sociopolítica da língua*

4　Renato Basso e Rodrigo Tadeu Gonçalves, *História concisa da língua portuguesa*. Petrópolis: Vozes, 2014, p. 106.

portuguesa, na qual critica a noção balofa de lusofonia pelo esquecimento que ela tenta promover de toda a tragédia humanitária e ecológica que foi o colonialismo português até 1975 – ou seja, até 550 anos depois de iniciado –, que deixou como legado a triste primazia que cabe a suas ex-colônias recém-independentes na lista dos países mais pobres e menos desenvolvidos do mundo. Nesse construto ideológico, a língua aparece sempre exaltada como o elemento unificador acima de todos, como se, passado mais de meio milênio de sua transposição para as mais diferentes regiões do planeta e em contato com muitas outras, uma língua pudesse se manter a "mesma", como se uma norma escrita conservadora pudesse representar essa unidade, sobretudo em nações em que a maioria da população vive em pleno analfabetismo ou em baixíssimos níveis de letramento.

Em contraposição a essa ilusão de unidade, e com os olhos postos no que aconteceu com as línguas ao longo da história, venho propondo que se veja o conjunto de modos de falar descendentes do português colonial – isto é, da língua levada mundo afora pelos exploradores portugueses a partir da segunda metade do século xv – como um grupo de línguas, uma "família", como se dizia na linguística histórica do século xix, que inclui não só o português europeu e o português brasileiro com suas muitas variedades, mas também as variedades uruguaias e africanas, assim como os chamados "crioulos de base portuguesa" que em alguns lugares, como Cabo Verde e São Tomé e Príncipe, constituem as verdadeiras línguas maternas da grande maioria da população. A origem mais remota desse grupo – que tenho chamado de *portugalego* – é, evidentemente, o galego antigo, a língua românica que se formou no noroeste da Península Ibérica, na antiga Galécia romana.

A linguística histórica tradicional situa o início da fragmentação do latim imperial a partir do século vi, quando também desmorona a unidade do Império Romano. Quinhentos anos depois, a documentação sobrevivente dá testemunho de que, nas mais diferentes porções do antigo império, já tinham surgido modos de falar próprios de cada lugar, distintos uns dos outros e, claro, muito diferentes do latim. Se assim foi, por que então, passados também mais de quinhentos anos da transplantação do português para áreas mais distantes entre si do que as antigas províncias romanas eram da capital do império, não se poderia falar de *línguas* diferentes, diferentes desdobramentos do português colonial? Muito me alegra que, no último parágrafo de seu livro, Fernando Venâncio afirme claramente: "O português promete, pois, dividir-se – ou multiplicar-se – em outros idiomas, tal como um dia aconteceu à língua dos romanos, que, por eles, não tinham destas andanças da história a mínima ideia". Sou da opinião de que essa promessa já foi cumprida, por mais que a ilusão de uma norma escrita aparentemente homogênea (e que nos permite ler um livro de autor português sem dificuldade) nos faça esquecer que as línguas são, antes de mais nada, modos de *falar* e formas de *viver*, e que esses modos e formas já são muito diferentes, e há muito tempo, em todos os lugares em que ainda se emprega o rótulo enganosamente unificador de *português*.

Abreviaturas e sinais

ABREVIATURAS

ant. – antigo
adj. – adjectivo
ár. – árabe
cat. – catalão
esp. – espanhol
fem. – feminino
fr. – francês
gal. – galego
ingl. – inglês
ital. – italiano
lat. – latim
port. – português
subst. – substantivo

SINAIS

* – A palavra que se segue a este sinal não está documentada, sendo, por isso, uma forma hipotética.
> – A palavra que precede este sinal é o étimo do que se lhe segue.
< – A palavra que precede este sinal deriva da que se lhe segue.

Introdução

Uma fábrica de palavras

"Não é uma invenção nem uma descoberta, é um estudo, um raciocínio, algo que me vai levar anos e anos, talvez a vida toda, talvez mesmo a vida inteira não baste e alguém terá de continuar os meus cálculos, no ponto exacto onde eu os deixar."

GONÇALO M. TAVARES, *JERUSALÉM*, 2004

A tua história em línguas

No curso que durante vinte anos – de 1990 a 2010 – dei, na Universidade de Amesterdão, sobre Problemática e Legislação das Línguas Minoritárias na Europa, havia sempre uma aula em que os alunos eram convidados a expor aos colegas a sua história linguística pessoal. Era uma oportunidade de cada um reflectir sobre um domínio vivido com maior ou menor inconsciência e, ao mesmo tempo, de tomar conhecimento de histórias alheias, não raro surpreendentes. Num país com fáceis contactos com o exterior, como a Holanda, onde também se mantêm em uso diário várias línguas minoritárias – o frísio, o baixo-saxão, o limburguês –, assim como uma mancheia de dialectos, essas narrações de vida linguística traziam habitualmente um notável colorido.

Os alunos contavam a sua, eu contava a minha. E falava-lhes na minha infância alentejana, nos vários embates, primeiro com o falar de Lisboa, depois com o do Minho, tudo isso ainda dentro do mesmo idioma. Referia depois a minha aprendizagem de línguas estrangeiras, o francês aos dez anos, o inglês aos doze, os longos estudos de latim e grego, os primeiros contactos com o espanhol pela televisão, a aprendizagem passiva do italiano, os rudimentos de alemão, a habituação ao português brasileiro (o brasileiro Celso Figueiredo, padre carmelita, foi o meu melhor professor de português) e, por fim, a grande passagem, aos 25 anos, para o neerlandês (ou holandês, ou flamengo), em que acabaria por tornar-me bilingue.

Falei em "embates", e é um termo adequado para a experiência de um *outro* português, o da escola primária em Lisboa e o dum seminário em Braga, cada um com o seu vocabulário, a sua fonética, a sua fraseologia. Tudo me atemorizava, tudo me fascinava também. Acomodei-me ao lisboeta, e tanto bastou para sofrer depois a adorável arrogância dos minhotos, convencidos da sua histórica genuinidade, pois não nascera Portugal ali? E não era tudo. Sem eu o saber, encontrava-me, nesses anos nortenhos de 1950, em vivo contacto com um *estado de língua* que guardava elementos únicos que, décadas depois, pude identificar como galegos. Devo isso ao ensino que, nos inícios de 1970, António José Saraiva ministrava na Universidade de Amesterdão. Aí me licenciei em Linguística Geral em 1976 e, vinte anos mais tarde, me doutorei, estudando as ideias sobre língua literária em Portugal no século XIX. Ao longo do tempo, recenseei dicionários e obras linguísticas no *Expresso* e no *Jornal de Letras* e traduzi do neerlandês muita poesia holandesa e flamenga e alguma ficção. Desde há uns anos, sou sócio-correspondente da Academia das Ciências de Lisboa.

Vivo em Mértola, onde nasci, no sul do Alentejo, a 200 quilómetros de Sevilha, a 230 de Lisboa, a 750 de Compostela. Tenho duas filhas, mais um neto, bilingue como o avô. A ele vai dedicado este livro.

Estão feitas as apresentações.

As palavras existem?

As línguas são feitas de palavras, e a maioria delas acham-se recolhidas em dicionários. São factos, esses, que nenhuma dúvida parecem admitir. Acontece que a *palavra*, a noção aqui em causa, suscita vários problemas. E o primeiro deles é a sua própria existência. As palavras existem? Existem, sim, mas é com uma existência precária, artificial, baseada num exercício de abstracção. A larga maioria dos habitantes do planeta teria dificuldade em responder à solicitação: "Diga-me uma palavra". Com efeito, aquilo que produzimos, ao falarmos, não são palavras, mas cadeias de sons entendíveis por outrem. Cadeias que podem ser muito breves: "Ai!", ou "Pára!". Daí uma descoroçoante, mas muito prática, definição de palavra: "um conjunto de letras entre dois espaços em branco". Exacto: a palavra pertence por natureza ao terreno da escrita e só nele tem verdadeiramente sentido. Vários outros problemas são suscitados pela palavra, e irão ser abordados aqui.

Mas falando ainda em dicionários. Por muito cultos que nos suponhamos, rara será a vez em que folheamos um dicionário do nosso próprio idioma sem nos determos numa palavra nunca antes vista. Ou em várias delas. Ninguém as conhece todas, até porque cada dia surgem novas. A seu tempo, elas mesmas serão dicionarizadas, caso tenham aguentado um período convincente e, sobretudo, caso venham responder a verdadeiras necessidades.

Este é um livro sobre palavras, essas a que nunca conseguiremos escapar. "Sempre entre mim e ao que chamam coisas há-de haver palavras", escreveu Ruy Belo em *País possível*, de 1973. Certo. Mas vamos submetê-las a observação, apanhá-las em flagrante, estudando o modo como surgiram, o porquê daquela exacta forma, o modo como evoluíram, criando formações novas, com um novo significado. Veremos como passaram duma língua para outra e, até, como, ao modificarem-se, presentearam o mundo com uma nova língua. Ou ainda a mesma língua, mas agora feita de conformações novas, que só aí se acham. Explorando o mais querido dito da mecânica automóvel: "O material tem sempre razão".

Casos há, de facto, em que ninguém sabe se a língua ainda é a mesma ou já é outra. Com isto se geram debates, discussões infindas, movimentos sociais a favor da "unidade", ou a favor da "diferença", com cisões familiares, troca de palavrões entre os lados da barricada. Existe certamente motivo para esse investimento emocional: sentimos uma língua como nossa, e por ela damos o couro e o cabelo. É um investimento saudável. Com a condição de ele ser também *informado*, e não só comandado por pulsões irracionais ou agendas políticas, tudo muito respeitável, mas alheio ao cerne do idioma: as palavras, na sua mais despida e irrecusável materialidade.

As línguas existem?

No dia-a-dia, manejamos com notável agilidade a noção de *língua*. E é já proverbial aquele dito de, para um linguista, as línguas não existirem. Não é um paradoxo, não é uma *pose*. Melhor do que ninguém, os linguistas sabem quanto de aleatório e artificial entra no identificar de certa variedade linguística como língua. Na verdade, é *língua* aquilo que os seus falantes conseguiram que fosse promovido a tal. Os portugueses conseguiram-no e dizem-se muito felizes. Isto ocorre, de resto, a cada dia que passa. Em Portugal ainda, um movimento social bem conduzido levou o Estado a reconhecer como língua o mirandês, falado no leste de Trás-os-Montes. E, na Holanda, o *lobby* do limburguês convenceu a política a declarar língua essa variedade, uma sorte que o zelandês, não menos diferenciável, não conseguiu ter.

A crua verdade é que os idiomas são, eles também, produto duma abstracção. O linguista brasileiro Carlos Faraco, na sua *História do português*, de 2019, descreve uma língua como "uma construção imaginária em que se mesclam fatos linguísticos com fatores históricos, políticos, sociais e culturais". E, por desanimador que isso seja, os factores *políticos* são, aqui, decisivos. No contexto espanhol, várias "*lenguas españolas*" (termos da Constituição vigente) conseguiram a oficialidade nos seus territórios – o galego, o basco e o catalão –, enquanto outras continuarão a sonhar com um estatuto que provavelmente nunca alcançarão.

O caso do galego é, até, particularmente complexo. A sua contiguidade com o português suscita os já aludidos problemas de identidade. Será o galego uma língua à parte? Ou deverá, antes, ser considerado uma variedade de português? Aqui nos aventuramos a um plano escorregadio, e todavia altamente convidativo. Sim, por que motivo não seria o português, ele mesmo, uma variedade de galego? Seja-nos claro: as relações entre eles os dois, galego e português, são extremamente peculiares. Elas serão grato objecto de atenção ao longo deste livro.

Uma história material *do idioma*

Este é, repita-se, um livro sobre palavras, sobre a história delas e sobre estruturas que elas escondem. É também um livro de *divulgação* de conhecimentos. Assumindo-se como científico, ele evita, contudo, a roupagem dos estudos da especialidade. Daí, por exemplo, a forma sumária como remete para a Bibliografia em que ele assenta, referida no final do volume. Exemplo inspirador e estimulante é a obra de divulgação do matemático português Jorge Buescu.

Será dada mais atenção, e uma atenção mais diversificada, ao *léxico* do que é costume em *histórias da língua portuguesa* ou estudos históricos sobre ela. Quando se debruçam sobre o vocabulário da língua, e nem é habitual fazerem-no, as exposições costumam ser superficiais, e são não raro repetitivas, com isto perpetuando listagens impressionistas como se de investigações credíveis se tratasse.

Mesmo quando se demonstra uma atenção extensa ao léxico – como na *História da língua portuguesa*, de Serafim da Silva Neto, ou em *O português arcaico*, de Rosa Virgínia Mattos e Silva, saudosos mestres brasileiros –, nunca se formulam as questões fundamentais, dando-se por adquirido que o âmbito lexical nada de verdadeiramente decisivo ou problemático nos reserva.

Tornava-se, pois, necessário – assim achei – um exame sistemático do léxico do português, começando por identificar o acervo *patrimonial*, aquele criado no interior do próprio idioma, e que em princípio é exclusivo dele. Importava fazer, também, a *história* das grandes importações – mormente do espanhol, do latim, do francês – de palavras, expressões e novos significados para palavras já existentes. Estudei, assim, com maior detenção a época forte da castelhanização do nosso léxico, que se estende de 1450 a 1730 (no capítulo 7, entraremos em pormenores), aumentando, a partir de então, a adopção de materiais franceses.

Detenhamo-nos em algumas generalidades de importância.

As palavras serão aqui, frequentemente, chamadas *formas*, por vezes também *formações*. Com isto se quer sublinhar a sua materialidade e a sua natureza chãmente histórica. Acontece que, a par disso, as palavras tocam-nos os sentidos. Elas são sonoras, sugestivas, e simplesmente bonitas, ou não. É, aliás, o facto de as acharmos sugestivas, convincentes, o que nos move a adoptá-las de línguas estrangeiras, assim robustecendo o nosso próprio idioma. A atitude de fundo, nas páginas que se seguem, é a de objectivar as palavras, encará-las como *criações*, como *soluções*, o que elas, como produtos históricos, deveras são.

Tomemos um exemplo: as três formas *lua*, *luar* e *lunar*. Sabemos que estão relacionadas, mas, estranhamente, numa delas existe um *n* que falta nas outras duas. Ora, a história informa que essa consoante existia num idioma, o latim, donde o nosso tomou *luna* e *lunare*, eliminando-lhes o *n*, fazendo os substantivos *lua* e *luar*. Mas essa mesma história informa-nos, também, de que posteriormente se reintroduziu esse *n* para uma noção mais abstracta, ou culta, a do adjectivo *lunar*. As três palavras são, pois, soluções a que os dois processos – o da eliminação e o da reinserção – conduziram. Isto aconteceu nestas e aconteceu em numerosas outras palavras. De tal maneira que a ausência ou a presença dum *n* (veremos depois que o mesmo se passou com o *l*) são características no nosso idioma, particularizando-o entre todas as demais línguas derivadas do latim.

Anote-se, de passagem, a originalidade da palavra *luar*. Ela existe em português, existe em galego, mas não a achamos noutras línguas europeias. Em espanhol diz-se *luz de luna*, em catalão, *llum de lluna*, em francês, *clair de lune*, em inglês, *moonlight*, em alemão, *Mondlicht*, em neerlandês, *maneschijn*. Em suma: enquanto *luar* é um conceito, tudo o resto são descrições.

Onde se guardam as palavras

Vamos centrar-nos nas palavras *correntes*, aquelas que o falante comum conhece, use-as ele ou não. Tem, aqui, menos importância que elas sejam *frequentes*, ou de menor uso. Fundamental é que constem dos recursos lexicais de referência.

Para o português, servem-nos o *Dicionário da língua portuguesa contemporânea*, da Academia das Ciências de Lisboa (ACL), o *Dicionário Houaiss da língua portuguesa* e o *Dicionário Priberam da língua portuguesa*, disponível *online*. Para o espanhol, o *Diccionario de la lengua española*, da Real Academia Española, e o *Dicionário Editora de espanhol-português*, da Porto Editora. E para o galego, o *Dicionario da Real Academia Galega* (RAG) e o *Dicionario xerais da lingua*.

De grande utilidade vão ser-nos, também, os *corpora*, bases de dados com centenas, ou mesmo milhares, de textos numa determinada língua, que permitem a busca dum vocábulo e das suas formas, localizando-os também no tempo. A partir de 1500, é quase sempre possível achar o exacto ano em que certa forma fez a sua aparição.

Em terreno de *corpora* para o português, são-nos de grande utilidade *O corpus do português*, de Mark Davies, e o *Corpus de referência do português contemporâneo* (CRPC), do Centro de Linguística da Universidade de Lisboa. Para o espanhol, *El corpus del español*, do mesmo Mark Davies, e o *Corpus diacrónico del español* (Corde), da Real Academia Española. E para o galego, o *Tesouro informatizado da lingua galega* (TILG) e o *Tesouro medieval informatizado da lingua galega* (TMILG), do Instituto da Lingua Galega (ILG).

Também me foi do maior préstimo o programa Debulha, que o informático galego Estevo Caamano Castro desenhou para mim, permitindo, para qualquer texto, uma completa lexicalização, inclusive numérica.

Aproveito para lembrar que *contar palavras* não é actividade inferior. Suspeito, mesmo, que a aversão ao estudo do léxico, observável na linguística, pode estar relacionada com uma conotação desse tipo. Ainda que o estudo do léxico, sobretudo o histórico, fosse apenas contagem (e patentemente não é), já traria proveito. Os *corpora* fazem falar os números, fornecendo uma informação decerto quantitativa, mas geradora também de paralelos, contradições, paradoxos, perplexidades várias. São contagens, por exemplo, aquilo que permite demonstrar a assimetria de para cada lusismo no espanhol existirem cerca de oitenta espanholismos no português, ou evidenciar a sistemática introdução duma semântica e dum léxico espanhóis na escrita de reintegracionistas radicais na Galiza.

Sendo impossível atentar na mole imensa que é um idioma, vamos privilegiar, nele, determinados sectores, aqueles que – provavelmente não por acaso – foram, e são, objecto de investigação do autor destas linhas: os adjectivos e os verbos exclusivos, a herança galega, o léxico de origem espanhola, a exclusividade latina, o ditongo *ão*, a queda de *l* e *n* intervocálicos, os deverbais regressivos (de *comprar* faz-se *compra*, de *vender*, *venda*), porventura a mais fascinante das criações lexicais. São, um por um, aspectos relevantes a que as *histórias da língua*, até hoje, pouca atenção dispensaram.

Em contrapartida, dois terrenos – a pronúncia e a ortografia – só esporadicamente serão aqui abordados, já que marginais para o nosso propósito. Por maioria de razão, não se debaterá aqui o famigerado Acordo Ortográfico de 1990, produto deficiente, visando o que sempre seria impossível alcançar: uma unificação ortográfica. Não será respeitado, salvo em citações alheias.

Remeto, a este respeito, para o meu artigo no jornal *Público*, "AO90, a fórmula do desastre", encontrável na *net*.

Também não se acharão, neste livro, pelo menos no discurso do autor, conceitos de maior ou menor consistência como *lusofonia, galegofonia, iberismo, portugalidade, identidade, portugaliza*. São constructos ideológicos, mais ou menos folclóricos, mais ou menos espertalhões. Tampouco se verão utilizados *galego-português* (a seu tempo se lhe exporá a incongruência) ou *português da Galiza*, noção historicamente tão desapropriada como seria *brasileiro de Portugal*. São, todos eles, investimentos ideológicos, umas vezes ingénuos, outras demagógicos. Nada reflectem de concreto, menos ainda de aproveitável, em matéria linguística.

Em contrapartida, há-de falar-se, com naturalidade, em *português brasileiro* e *português europeu*, designações práticas, e sobretudo adequadas, mas que causam urticária a portugueses, galegos, e mesmo brasileiros, apóstolos da *unidade da língua*, conceito, ele também, retórico, adorado por sectores portugueses e brasileiros marcadamente reaccionários – o que ainda seria o menos –, mas sobretudo sem qualquer significado, ou conteúdo, *linguístico*, por nunca ter sido essa unidade preocupação concreta, nem patentemente competência, dos seus patrocinadores. A verdade (triste, ou entusiasmante) é que a variedade brasileira e a europeia se vêm, desde há séculos, afastando, e cada dia se vão afastando mais, num processo irreversível.

As palavras não valem todas o mesmo

Disse-se acima que são as palavras *correntes* as que nos interessam. Ficam, assim, fora do nosso escopo as peças dum nanomicroscópio e as várias secções dum arado. Pode acontecer que, no discurso do narrador, surjam termos menos correntes – a palavra *escopo*, 'objectivo, finalidade', foi já um deles –, mas os objectos de atenção vão ser, sempre, os termos que um leitor culto (e outro não se meteria a este livro) domina, ainda que só passivamente: aquele que diz *fazer*, mas conhece *confeccionar*, que diz *ligar* ou *receber*, mas conhece *conectar* e *recepcionar*. Ou que usa esses vocábulos menos correntes, mas com uma inflexão, a mesma que Charles Aznavour, numa das suas mais formosas canções, fazia em "Si tu en as envie, si tu es... *disponible*".

Não nos fixaremos, anote-se também, nas palavras usadas na pura informalidade. Nesse registo, diremos *chonar* por *dormir*, *afanar* ou *gamar* por *roubar*, *pirar-se* por *fugir*. Esses termos fazem parte dum mundo, o da gíria ou calão, mundo vivíssimo e estuante de criatividade. Achamo-lo descrito no muito informado *Dicionário de calão e expressões idiomáticas*, de José João Almeida, de 2019.

O presente livro centra-se no português *europeu*, que é o do autor. Exactamente no âmbito do vocabulário, seja do corrente, do culto ou do informal, ele distingue-se do português *brasileiro*. Muita dessa distinção acha-se consignada no *Dicionário contrastivo luso-brasileiro*, de Mauro Villar, actualmente coordenador do Dicionário Houaiss. Mas as duas variedades do português divergem também, e profundamente, em aspectos da morfologia e da sintaxe, domínios que regularmente aflorarão nas páginas que seguem. Um falante português dirá com naturalidade "Tu tem-lo?", construção abstrusa para um utente brasileiro, que preferirá "Você tem?".

As palavras têm vida longa

Este livro vai propor uma revisão da paisagem cronológica do nosso idioma. Concretamente, vai mostrar a necessidade dum significativo recuo no tempo de fenómenos que nos habituámos a ver amontoados, comprimidos, num período impossivelmente curto. Mais concretamente ainda: as nossas *histórias da língua*, depositárias amiúde duma ficção colectiva, imaginam a transição do latim para o nosso idioma consumada em um ou dois séculos antes de iniciar-se a escrita, pelo ano 1200. Ora, tudo indica que, muito antes, talvez mesmo por volta do ano 600, já a nossa língua atingiu um estádio irreversível, desenvolvendo e sedimentando as principais características que a individualizam no conjunto das línguas da Península Ibérica. No capítulo 2, serão enunciados os motivos para admiti-lo.

A necessidade desse recuo compreende-se melhor se vista na perspectiva a que nos habituaram os linguistas italianos Mario Alinei e Francesco Benozzo. Foram eles a demonstrar que os famosos *dialetti* italianos não provieram do latim, como se julgava, mas são línguas historicamente paralelas a ele, algumas até mais antigas.

Dum modo geral, assim ensinaram Alinei e Benozzo, as línguas e os fenómenos linguísticos deitam antiquíssimas raízes no tempo, como produtos marcadamente *estáveis* que são, e não o resultado de súbitas convulsões. Em vez de provirem de invasões e semelhantes factores de desestabilização – como o romântico século XIX gostou de imaginar –, as línguas revelam-se antes instrumentos de sociedades multisseculares e pacíficas.

Estes pontos de vista, desenvolveram-nos os dois linguistas no seu "Paradigma da continuidade paleolítica", e os seus trabalhos são consultáveis em www.continuitas.org. Existem duas teses centrais nessa proposta: i) as grandes movimentações que supomos na Pré-História (migrações em massa, invasões, conquistas) são projecções modernas, tendo o factual cenário sido, antes, o duma generalizada estabilidade; e ii) os fenómenos linguísticos remontam, na sua generalidade, a épocas bastante mais remotas do que costumamos supor. No nosso caso concreto: o latim da Galécia pode ter sido, em boa medida, contemporâneo do latim do Lácio, sendo, um e outro, variantes dum *itálico* vastamente estendido pelo sul da Europa séculos antes do despontar político e cultural de Roma. Foi sobre essas variedades de itálico – variedades estáveis, e pouco comunicáveis entre si – que se veio disseminar, como um superstrato, a prestigiosa variante romana, aquilo que chamamos latim, criando uma relativa uniformização.

Na nossa abordagem histórica dos factos do idioma, iremos concentrar-nos, pois, na *continuidade* dos materiais, contrariando a – tão habitual e, como dito, tão romântica – fixação nas *rupturas*. Só assim se trarão à luz os processos activos no idioma ao longo dos séculos e na actualidade. Uma visão rupturista, descontinuísta, centrada na *mudança*, não os detectaria. Francesco Benozzo di-lo assim, num artigo de 2017: "A lei da linguagem e das línguas é a conservação, e a mudança, a excepção: as mudanças linguísticas não são causadas por supostas leis biológicas internas, mas por factores externos, extralinguísticos, de tipo étnico ou social".

Curiosamente, a *historicidade* da própria língua é, para a generalidade dos falantes, uma noção estranha. Eles alimentam, a esse respeito, um conceito pré-racional, e mais exactamente mágico: o meu idioma é assim porque assim teve de ser, por forças naturais. Mais ainda: ele foi assim *desde sempre*.

Claro, os mais informados estão a par, no nosso caso, da ancestralidade latina do português, uma circunstância particularmente prestigiante, a tal ponto que tudo quanto soar *culto* é atribuído a essa procedência. Ora, tal como, historicamente, muito latim chegou ao inglês através do francês, assim sucedeu com o português: muita da sua latinidade se deve ao espanhol, ao francês, e sobretudo, havemos de vê-lo, ao galego. Existe, é certo, um interessante pecúlio latino *exclusivo* do português. Havemos de examiná-lo, também, ao longo deste livro. Estranhamente, ninguém se deu, até agora, ao trabalho de identificá-lo. Estranhamente? Nem tanto. A concepção mágica de um português essencialmente latino – a dum depósito que se vai vertendo noutro – impediu sempre essa busca. É esse o preço da magia.

Falando da nossa língua, falaremos, pois, também de latim, de espanhol, de francês e de galego, os idiomas com que o nosso teve, e tem, mais pontos de contacto, aqueles, também, a que somos mais devedores.

A obsessão no latim criou, e cria, situações caricatas. Muitas formas existem, que diríamos indubitavelmente latinas, e que, contudo, nunca o foram. Estamos no curioso terreno dos *pseudolatinismos*. A esse terreno pertencem *angustioso, dadivoso, estrepitoso, horroroso, noticioso, paludoso, polvoroso, primoroso, verrinoso*, e ainda *aflitivo, agridulce, apetecível, circunvizinho, comportável* e *incomportável, confinante, disforme, estimulante, paulatino, pensativo, repreensivo* ou *varonil*. São vocábulos notavelmente elaborados, todos eles de feitura castelhana, que foram sendo absorvidos pelo português. Perante isso, o utente português renascentista terá susposto ver a língua latinizar-se, terá mesmo acreditado, se escritor, ter ele próprio nisso um papel. É neste contexto de ilusória latinização que hão-de entender-se algumas das juras quinhentistas e seiscentistas duma peculiar genuinidade latina do português.

De facto, em latim nunca existiram palavras que se diriam de feição ineluctavelmente latina. Seja exemplo *interessante*. Nenhum romano poderia reagir a um dito alheio com "**interessans est*". O melhor que se consegue imaginar é "*studium excitat*", ou seja, "é motivante", "é estimulante". E também estes dois adjectivos eram desconhecidos de um latino antigo. O termo *interessante* foi forjado em espanhol, com documentação em 1605. Daí passou ao português em 1672, ao francês em 1718, ao italiano no mesmo século (mas em ano não conhecido) e ao inglês em 1768.

Mais um apontamento. Uma mesma forma latina pode resultar em formas neolatinas de significados muito divergentes. Pense-se nos falsos amigos entre português e espanhol, caso de *logro* (proveniente do lat. *lucru*, que também deu *lucro*), que em espanhol significa 'conseguimento' e em português, 'fraude'.

Exemplo particularmente impressionante é o do lat. *plicare*, 'dobrar'. Dele derivam o port. e gal. *chegar* e o esp. *llegar*. A explicação é que, ao atingir-se o porto de destino, se dava a ordem "Plicare!" para 'dobrar as velas'. Só que, no romeno, o mesmo verbo produziu *pleca*, que significa… 'partir'. Origem disto é que, ao abandonarem um acampamento, os soldados romanos recebiam a ordem "Plicare!" para 'dobrar as tendas'.

Uma anotação técnica, ainda. A forma latina de substantivos e adjectivos que aqui indicarmos será sempre a do acusativo, com eliminação do *m* final. Assim, *rosa, saeculu, homine*. Supõe-se, mesmo, que era essa a pronúncia histórica na informalidade. E mais isto: quando uma forma latina não tiver tido documentação, mas for razoavelmente suposta, vai precedida dum asterisco (*). Por exemplo, **amabilosu*, provável origem do port. *mavioso*.

As palavras não existiram sempre

Alguns de nós poderão recordar-se dum tempo em que não tínhamos à disposição a palavra *gratificante*. Poderemos, mesmo, recordar a ocasião em que ouvimos *gratificante* por primeira vez, e a achámos palavra moderna e expressiva, um belo achado. As primeiras manifestações dessa palavra em português datam de 1958. Curioso é que a primeira datação espanhola seja de 1967. Mais curioso ainda, o primeiro francês *gratifiant* ficou documentado num artigo de jornal de 1979.

Surge justificadamente a pergunta: terá *gratificante* sido criação portuguesa? Não era deveras impossível, nem seria a primeira vez. Foi em português que se assinalou o primeiro *ascensional* (1537), o primeiro *atmosférico* (1712), o primeiro *daltónico* (1899), e há mais. Iremos vê-lo adiante.

Mas não. O ing. *gratifying* já fora documentado em 1611, e o ital. *gratificante* dois séculos antes ainda. Existiu, mesmo, um latino *gratificans*, mas não era adjectivo. Facto é que, em várias línguas europeias, a palavra teve divulgação relativamente recente, e pode supor-se que o ing. *gratifying* tenha tido nisso papel decisivo.

Muito semelhante é a história de *rápido*, que apareceu no italiano por volta de 1315, proveniente do lat. *rapidu*, 'aquele que agarra de modo impetuoso'. Só dois séculos mais tarde, por volta do ano 1500, a palavra é assinalada em francês, espanhol e português. Inspirados no significado latino, quinhentistas portugueses deturpam a novidade, dizendo *rapto*. É o que faz Camões, n'*Os Lusíadas*, no verso "Com este *rapto* e grande movimento".

Pode perguntar-se: como, então, se caracterizava até 1500 algo feito de modo célere (e esta mesma palavra, *célere*, só por 1850 aparecerá na nossa língua)? Complicado, de facto. Uma palavra como *veloz* era já corrente no espanhol, e os portugueses conheciam-na daí, mas só em 1548 a achamos em texto nosso. Existia uma solução, e ela estava entre nós, até, bastante em voga: o adjectivo *ligeiro*. Falava-se em "cavalos bons e ligeiros" ou numa "coisa ligeira de achar". Mas uma palavra tão prática como *rápido*, durante séculos, simplesmente não existiu.

Estes factos alertam-nos para a facilidade com que, na prática do idioma, podem criar-se situações anacrónicas, e portanto historicamente inverosímeis. É o conhecido efeito cinematográfico dum relógio no pulso dum centurião romano.

Para demonstrá-lo, imaginemos uma cena de romance histórico. Escolhamos uma personagem simpática, o infante Duarte, filho de d. João 1, com a educação esmerada que a mãe inglesa, Filipa de Lencastre, lhe garantia a ele e aos irmãos, nessa que ficou conhecida como a Ínclita Geração. Esco-lhamos um ano: 1420. Ao longo deste livro, veremos que é nele que confluem várias circunstâncias importantes da nossa história, da nossa cultura e até da nossa língua. D. Duarte, que daí a alguns anos será rei, está ocupado na-quilo que mais prazer lhe dá: escrever obras de boa conduta para os demais habitantes da corte real.

Num calmoso fim de tarde de agosto, o infante tem uma boa notícia para o irmão Pedro, que está a traduzir uma obra de Séneca, a que dará o título de *Virtuosa benfeitoria*. É que acaba de receber de Castela uma tradução feita lá, que seguramente será útil ao mano mais novo. Traduzir do latim não é fácil, e na época não existem dicionários. Duarte encontra Pedro tão concentrado que nem se lembrou de abrir a janela para arejar o aposento. É a primeira coisa que Duarte faz. "Tens razão, está uma caloraça danada", observa Pedro, espreguiçando-se. Duarte comenta: "Bom, é normal nesta época do ano". "Obrigado, maninho", diz Pedro, que vai efectivamente ficar encantado com a ajuda castelhana.

Há, nesta narração, alguns deliciosos anacronismos de linguagem. Nin-guém então teria dito *caloraça*, um termo da gíria portuguesa de que não existe documentação antes de 1900. O mesmo se diga do adjectivo *normal*, de aparência muito latina, mas nunca tendo existido no próprio latim, nem em língua nenhuma antes de 1800. O infante Duarte poderia, sim, ter dito que o calor era *natural* para aquela época do ano. A palavra já era corrente.

A mesma impossibilidade cronológica vale, por incrível que pareça, para aquele *obrigado*. A primeira atestação desta fórmula de agradecimento data de 1822, mais exactamente de 6 de agosto, numa correspondência de Lisboa do periódico brasileiro *O Espelho*, no qual se lê um irónico "muito obrigado pelo conceito". Até então achamos remates de cartas com um "seu muito obri-gado criado" e variantes. Mesmo o excelente dicionário de Morais, de 1789, refere *obrigado* só como particípio dum verbo.

Evidentemente: um autor de romance histórico não pode limitar-se ao vocabulário deveras existente na época narrada, até porque, desse vocabulário, só conhecemos aquilo que ficou documentado. Facto é que as palavras nem sempre existiram, e de muitas sabemos, com bastante segurança, o momento em que foram criadas e entraram em circulação.

Seja novo exemplo o adjectivo *alcançável*. Uma pessoa dirá que é palavra antiga, ou que, forçosamente, há muito se terá falado em, por exemplo, "bens alcançáveis". Tanto mais que, verificamo-lo, *alcançar* e *alcance* já levam muitos séculos entre nós. Puro engano. O adjectivo *alcançável* foi assinalado, por pri-meira vez, em 1913, na segunda edição do dicionário de Cândido de Figueiredo.

Isto significa que teve existência anterior, mas dela não se encontraram, de momento, testemunhos. A comprovar este estado de coisas está o esp. *alcanzable*, com primeiras ocorrências ainda mais recentes: 1940 e 1942.

Complete-se este historial com a informação de que o sinónimo port. *atingível* é, esse, um tanto mais antigo, figurando num dicionário de 1836. Terá tido, ele também, alguma circulação anterior. Mas, sabendo-se que *atingir* é verbo patrimonial de galego e português (o esp. *atañer* 'concernir' teve um percurso próprio), poderia esperar-se um aparecimento bem mais prematuro do adjectivo. Patentemente, não houve disso necessidade.

A idade das palavras reflecte a informação disponível

A datação da fórmula de agradecimento *obrigado* tem, vimo-lo, a curiosidade de poder apontar-se-lhe o dia exacto. Só que essa exactidão é ilusória. Não se perca de vista a advertência que, a este propósito, o linguista italiano Francesco Benozzo insistentemente faz: mais do que uma certidão de nascimento, essas "estreias" fornecem a prova de que as palavras já circulavam na comunidade falante. Isto vale sobretudo para datações com base em dicionários. São efectivamente os bons dicionários a inserirem vocábulos já correntes, mas nunca antes documentados. Foi o caso do dicionário de português (denominado *Vocabulário*) de Raphael Bluteau, de 1712-28, e das primeiras edições do Morais, de 1789, e de Cândido de Figueiredo, de 1899.

Daí que este último seja reiteradamente aduzido. Aí figuraram por primeira vez (damos exemplos de adjectivos) *alarmante, coloquial, deprimente, emotivo, ferroviário, infeccioso, nacionalista, paranóico, pornográfico, sensacional, tectónico*.

Também obras literárias, particularmente as de autores famosos, são grata fonte de datações. É em publicações de Almeida Garrett (1799-1854) que achamos por vez primeira *anormal, aproximativo, caricato, confidencial, demolidor, financeiro, pitoresco* e vários outros adjectivos. Trata-se de vocabulário então já corrente noutras línguas, mormente em francês. Esse desempenho pioneiro de Garrett reflecte uma séria aposta na modernização do idioma.

Bastante mais precária é a datação de palavras em fases muito recuadas do idioma. A este propósito escreve a linguista portuguesa Clarinda de Azevedo Maia num artigo de 1993, publicado em 2002:

Os textos escritos correspondentes a fases passadas do devir histórico da língua que chegaram até nós por contingência histórica representam uma parte –

em certos períodos, talvez uma parte diminuta – do mundo textual da época
a que dizem respeito.

Mas ela mesma recorda a marcante afirmação de William Labov, célebre
sociolinguista norte-americano: "Pode conceber-se a linguística histórica
como a arte de fazer o melhor uso possível de dados deficientes". Isto incute
ânimo aos que se abalançam a este tipo de trabalho.

O linguista espanhol José Jesús de Bustos Tovar exprime-o, em artigo
de 2008, nestes termos:

> O tipo de vocabulário que aparece documentado não é senão uma pequena
> parte do caudal léxico do idioma. Deveria descrever-se com a maior exacti-
> dão possível quais são os campos semânticos de que possuímos documenta-
> ção, já que à escrita passa uma ínfima parte do vocabulário necessário para
> a vida quotidiana e as relações entre as pessoas. Isto significa que só podemos
> conhecer uma pequena parte do "vocabulário real" que pertence à herança
> patrimonial. Portanto, a documentação escrita, por muito valiosa que seja,
> projecta-nos um mapa em escala muito reduzida da realidade léxica.

Houve, e haverá sempre, mais palavras em circulação *oral* do que as que se
acham documentadas. Um caso revelador é o teatro profano do nosso século
de Quinhentos, e particularmente os textos, deveras descontraídos, do dramaturgo Jorge Ferreira de Vasconcelos. Essas peças, escritas por volta de 1550,
contêm muitas palavras de cunho popular, documentadas aí por primeira
vez. Ora, muitas delas são, hoje, correntes também em galego. Isto só pode
significar que estavam em circulação dois ou três séculos antes, quando o
galego era a língua corrente também em Portugal. Voltaremos a este tema.

Existirá, pois, sempre um elemento de aleatoriedade, de compreensível
desconhecimento. Ignoramos, e ignoraremos sempre, muito a respeito de muita
coisa. Os dados de que partimos são, por natureza, limitados, ao serem forne-
cidos pelos materiais hoje à disposição, que são, por sua vez, uma amostra da
totalidade dos materiais *conservados*, os quais, como aceitamos, são também
uma amostra da totalidade dos materiais *escritos*. Isto vale particularmente para
o século XVIII. Sabemos que, nele, a produção foi intensa, mas uma grande
parte dela está perdida, devido ao terramoto de 1755, às limitações impostas
pela Inquisição, ou mantém-se ignorada. A investigadora Maria Luísa Malato
Borralho, da Universidade do Porto, afirma, num artigo revelador, de 2004,
que nesse século de Setecentos "são muitos os poetas e muitos os manuscritos
completamente inéditos". Além disso, no século seguinte, tanto as pilhagens

napoleónicas como a expulsão das ordens religiosas vieram privar-nos de materiais porventura inestimáveis. Os *corpora* disponíveis reflectem, pois, uma inevitável mas grave distorção. Felizmente, no particular âmbito do léxico, dois dicionários magníficos permitem alguma compensação: o Bluteau (1712-28) e o Morais (1789), um abrindo e outro encerrando o século.

Em suma: os dados aqui avançados são tecnicamente *provisórios*, o que está, porém, longe de torná-los aleatórios. Novas pesquisas conduzirão, decerto, a novas informações, mas é altamente improvável que levem a uma subversão significativa dos dados. No seu conjunto, os presentes dados mostram suficiente robustez e podem, em termos práticos, ter-se por representativos. No mais precário dos casos, eles manifestam, não raro, uma tendência, e ela será muitas vezes a acertada.

Em princípio, pois, todas as datações são *aproximativas*. Poderá sempre vir a descobrir-se – e isso acontece regularmente neste tipo de pesquisa – uma documentação mais recuada de determinado vocábulo, obrigando a uma *antedatação* do mesmo. É, também, quase sempre motivo de satisfação.

Alguma perplexidade surge, sim, ao depararmo-nos com documentações inesperadas. Dir-se-ia, é um exemplo, que primeiro acharíamos *perceptível* e só depois *imperceptível*, ou primeiro *controlável* e só depois *incontrolável*. Pois bem, acontece o contrário, e isso revela-se, mesmo, um facto recorrente: o termo negativo, que tecnicamente é um derivado, e portanto de criação posterior, teve maior circulação, e portanto maior chance de ficar documentado.

Exemplificando com o primeiro caso: achamos o fr. *imperceptible* em 1375 e só um século mais tarde, em 1486, *perceptible*. O mesmo se verificou em espanhol, em que as datas respectivas foram 1512 e 1589, e em português, em 1594 e 1772, quase dois séculos após os originais. Vemo-lo igualmente em *irresistível* e *resistível*, em *insaciável* e *saciável*. Este último bate, em português, todos os recordes: *insaciável* aparece em 1438 e *saciável* em 1836, quatrocentos anos depois. Mas o espanhol também não andou longe: *insaciable* em 1385 e *saciable* em 1750. Algo semelhante se observou em deverbais regressivos, por definição posteriores ao verbo, o que ocorreu, de facto, na língua original. Só que, quando absorvidos por outro idioma, puderam ser documentados antes do verbo. Assim sucedeu, em português, com os galicismos *calibre* (1683) e *calibrar* (1789) ou *intriga* (1698) e *intrigar* (1789).

É uma circunstância estranha, é mesmo contra-intuitiva, mas mantém-nos despertos numa área – a da datação de materiais linguísticos – em que o imprevisto pode estar ao virar da esquina.

Esta busca de primeiras ocorrências leva, também, a confirmar suspeitas, como a de ser o francês, na segunda metade de Setecentos, o principal fornecedor de *terminologia política*. Isto fica demonstrado no quadro abaixo, que reúne alguns adjectivos. Indica-se igualmente a sua entrada em espanhol e português.

	LÍNGUA	ANO	ESPANHOL	PORTUGUÊS
capitalista	italiano	1744	1754	1813
internacional	espanhol	1747	–	1839
reaccionário	francês	1749	1837	1827
autónomo	francês	1751	1862	1836
inquisitorial	francês	1755	1820	1823
constitucional	inglês	1765	1794	1821
revolucionário	inglês	1774	1808	1828
panfletário	francês	1790	1853	1877
demagógico	francês	1791	1815	1833
retrógrado	francês	1791	1834	1839
insurreccional	francês	1793	1822	1881
burocrático	francês	1796	1835	1881

Como pode verificar-se, o aparecimento em espanhol precede quase sempre a chegada ao português. É o cenário historicamente predominante, com o espanhol a servir-nos de *aval* em matéria de vocabulário culto.

As palavras têm uma história

Os especialistas do léxico repetem, e não é *boutade* nenhuma, que cada palavra tem a sua história. Algumas histórias são simples, breves, outras há que nos tiram a respiração. Muito próxima disto está a história de *galhofa*. É uma palavra engraçada, diríamos até que é risonha, que dispõe logo bem. Não se vê o que possa haver de mal onde há *galhofa*. Dizemos: "Ela leva tudo para a galhofa", isto é, podia ser um bocadinho mais séria, menos "galhofeira". Isso vale, porém, só para os falantes do português.

Um falante de espanhol vê num *gallofero* um "folgazão e vagabundo que anda a pedir esmola", e *gallofear* é "pedir esmola, vivendo ociosamente, sem aplicar-se a trabalho ou exercício algum".

O mesmo se dá no galego. Para os falantes dele, *gallofa* é "vida ociosa e vagabunda", e um *gallofo* é um "malfeitor". Só que existe um lado menos reprovável: *gallofa* é também uma "reunión de xente para comer e divertirse", e um *gallofeiro* pode simplesmente ser uma "persoa á que lle gusta andar de festa e divertirse". Isto é, a *gallofa* galega está próxima da nossa *patuscada*.

Todos estes diferentes valores e significados remetem para a origem da palavra. Achamo-la, a esta, documentada por 1340 e tem tudo que ver com Santiago de Compostela. Na opinião dominante, *gallofa* deriva de *galli ofa*, 'merenda' ou 'bucha' oferecida a peregrinos, que eram sobretudo franceses, *galli*. Uma descrição galega recente fala em "xantar dos peregrinos probes, especie de potaxe com verzas [couve-galega], legumes e un pouco de carne".

Só que a fome medieval era muita, e a chegada de hordas de indivíduos esfomeados às portas dos conventos pedindo *gallofa* fazia-se com grande algazarra e na maior desordem. Estava-se a um passo da *gallofa* como sobrevivência por expedientes e vagabundagem. Por volta de 1500, um *gallofero* era já, decididamente, um marginal.

Entre nós, a palavra encontra-se por primeira vez no dicionário português--latim de Agostinho Barbosa, de 1611, no qual *galhofa* é traduzida por *festum geniale*, referência aos piqueniques, descritos pelo poeta Ovídio, de plebeus romanos nas margens do Tibre, com música, cantorias, bebida e alguma sensualidade. Em 1647, estão dicionarizados também *galhofear* 'festum geniale agere' e *galhofaria* 'festivitas'. No monumental dicionário de Raphael Bluteau – editado em Coimbra a partir de 1712, e posteriormente em Lisboa, com a largueza que o ouro do Brasil permitia –, *galhofa* surge algures como sinónimo de 'romaria'. Desde 1789, no grande Morais, toda a família lexical ficou visível com significações como 'festim, vida folgazã', 'vadiação, vida folgada', 'vagabundo, ocioso que leva vida alegre, brincalhão'. Hoje em dia, o Houaiss acolhe *galhofa*, *galhofada*, *galhofar*, *galhofaria*, *galhofear*, *galhofeiro*, *galhofento*, *galhofice*. Nem todos igualmente correntes, mas todos disponíveis.

E dizer que tudo começou naquela bucha distribuída aos famintos peregrinos que rumavam a Compostela, convencidos de que, fazendo isso, se limpavam dos pecados cometidos, garantindo o céu na eternidade!

História igualmente curiosa é a do verbo *organizar*. Deriva dum lat. *organizare* 'dotar duma estrutura', mas chegou-nos, pouco antes de 1600, pelo fr. *organiser*. Durante várias décadas, *organizar* teve um valor muito literal de 'dotar de órgãos', sendo usado para 'o formar do corpo no ventre da mãe'. Assim o descreve, em 1734, o doutrinário João Madureira Feijó, de quem adiante falaremos. Por esse tempo, *organizar* era já usado para 'dotar de ordem', mas ninguém ainda 'organizava' uma festa ou um passeio. Em 1835, Almeida Garrett faz certa personagem de teatro dizer: "Estou a organizar o país". Isto é, estou a pô-lo na ordem. O sentido moderno de 'arranjar, criar do nada' aparecerá em José de Alencar, de quem se lê, em 1854, no volume *Ao correr da pena*: "Com a febre de companhias que há, num momento se organizará uma empresa para bailes". A partir de então esse valor torna-se corrente. Júlio Dinis, no romance *A Morgadinha dos canaviais*, de 1868, escreve: "Não seria difícil a um espectador aproveitar aqueles mesmos braços e armas para organizar uma sedição". E assim se estabeleceu o significado actual da palavra.

A obsessão pelas palavras, eis um tipo de loucura mansa que acometeu, e acomete, gente sisuda como António Vieira, ou Almeida Garrett, ou Ricardo Araújo Pereira. Não, não busco a *blague*: destaco grandes intérpretes do seu tempo pelas palavras nele disponíveis. Para eles, e foi Araújo Pereira quem um dia o observou, "é sempre a linguagem que está em causa". Seja para salvar uma alma, como no pregador, seja para atrair ao rebanho político, como no tribuno, seja para convencer a pensar nesta estranha vida, como no humorista.

Algumas sugestões de leitura. Altamente recomendável é *The Unfolding of Language*, livro em que o linguista israelita Guy Deutscher expõe em pormenor como os sistemas linguísticos evoluem no sentido duma simplificação para, em fase posterior, desenvolverem novas complexidades. Um panorama do maior interesse linguístico é dado, também, em *História das línguas*, de Tore Janson.

Palavras iguais nem sempre significam o mesmo

São os chamados *falsos amigos*. Eles são numerosos entre inglês e português, mormente em advérbios como *apparently* 'como tudo indica', *eventually* 'por fim, com o tempo', *honestly* 'sinceramente', *specifically* 'concretamente', *virtually* 'quase, praticamente'.

São numerosíssimos, também, entre espanhol e português. Encontra-se na *net* vasta informação a esse respeito. Observem-se alguns, vistos a partir do espanhol: *aceite* 'óleo', *anécdota* 'historieta', *azar* 'acaso', *balneario* 'termas', *borrar* 'apagar', *chatear* 'conversar por *chat*', *comedor* 'sala de jantar', *embarazo* 'gravidez', *espantoso* 'assustador', *estafar* 'defraudar', *exquisito* 'refinado', *fechar* 'datar', *logro* 'conseguimento', *oficina* 'escritório', *plátano* 'banana', *polvo* 'pó', *presunto* 'suposto', *salsa* 'molho', *sótano* 'cave', *tergiversar* 'deturpar', *tirar* 'atirar, jogar fora', *torpe* 'desajeitado', *vaso* 'copo'.

Um caso em vias de tornar-se clássico é o de *trampa*. Este vocábulo começou por ser um espanholismo em português, com o valor de 'armadilha', que o espanhol conserva. Só que, com o tempo, o termo ganhou, no nosso idioma, uma conotação menos palatável, a de 'excremento'. E, embora os dois significados figurem nos dicionários, em 99% dos casos de uso em português é o segundo deles que vale.

Um episódio revelador deu-se num programa televisivo da TVI, a *Máquina da Verdade*. Havia um aparelho manejado por um técnico espanhol, que nesse idioma se exprimia também, com tradução ao vivo por parte da apresentadora, Fátima Lopes. Certa vez, o indivíduo testado revelou-se vítima de sua sinceridade, o que o técnico exprimiu com "cayó en su propia trampa" ("caiu na própria armadilha"). Apanhada de surpresa, e sem solução conveniente à vista, Fátima Lopes optou por fazer-se despercebida e deixou a frase sem tradução.

Quando o português se chamou "português"

Na década de 1430, mas em ano que não conseguimos precisar, um príncipe português, Pedro, que já vimos ser tradutor, verteu do latim uma obra de Cícero, o *Livro dos ofícios*, e dedicou-a ao irmão, o já rei Duarte. À época, "livro" era um molho de folhas manuscritas, soltas ou atadas, um exemplar único que depois seria, ou não, copiado por outras mãos, e assim difundido num círculo habitualmente pequeno e endinheirado. A invenção da imprensa, com a sua capacidade de larga e mais barata difusão, ainda demoraria. O primeiro livro português impresso só apareceria em 1488, em Chaves.

Naquela dedicatória ao irmão rei, escrevia d. Pedro este trecho, que levemente aqui se actualiza:

> Não sei por que ventura se acertou que um livro que Túlio [Cícero] compôs, e chama-se *Dos ofícios*, neste ano passado tomei afeição a ler por ele. E quanto mais lia, tanto me parecia melhor e mais virtuoso, e não somente a mim, mas assim parecia a alguns outros a que eu lia em português alguns seus capítulos, em tanto que por eles algumas vezes fui requerido que tornasse este livro em esta linguagem.

Este *tornar em linguagem* significava, então, 'traduzir para a língua vulgar'. E, mais adiante, Pedro insistirá: "Não embargando que o latim na cristandade é mais geral que o português, em Portugal esta linguagem é mais geral que o latim". Daí a vantagem de traduzir o referido livro de Cícero.

Estas passagens contêm duas preciosidades: "eu lia *em português*" e "mais geral que *o português*". É esta a primeira vez que achamos o idioma assim identificado, e já o reino de Portugal levava trezentos anos de existência.

Até então, a noção de *língua* era reservada para o latim. Qualquer outro tipo de expressão era referido como *linguagem*. Existe disto uma primeira documentação, de 1318, num *Livro de alveitaria* (a 'arte de curar cavalgaduras', ou veterinária), no qual o autor Mestre Giraldo informa (e tenha-se em conta que a ortografia era, às vezes, um tanto fantasiosa): "E eu com ajuda de deos assy trelladey e hordeney todo per *linguagem portugues* [*sic*] o mjlhor que pude e entendy". Com "linguagem portugues" se designava, então, *a maneira portuguesa de expressar-se*. Mais de um século depois, ainda se falará de "esta nossa linguagem portugues" (1455).

O castelhano foi, nesse autodesignar-se, bastante mais precoce. Já por 1250 era corrente dizer-se não só "en el lenguaje castellano", mas igualmente "en castellano" ou "en el castellano". O português precisará, pois, de esperar duzentos anos para expressá-lo desta forma directa.

Um apontamento sobre o emprego de *espanhol*. Durante bastante tempo não foi clara, entre os falantes da Península, a noção de que, nos vários reinos, se falavam *línguas* diferentes. No terreno, as diferenças eram graduais, ainda pouco marcadas, não permitindo cortes abruptos na percepção. Também em Portugal essa consciência só paulatinamente se desenvolveu. Por 1570, Duarte Nunes de Leão, um destacado linguista, de quem adiante falaremos, designava como "lingua hespanhol" [*sic*] o conjunto de castelhano e português. Nada estranho, sabendo-se que, pela mesma altura, Luís de Camões reconhecia a pertença dos portugueses a uma Espanha, ou Hespanha, como *nação espanhola* que também eram. E ainda em 1734, o já citado Madureira Feijó fazia de *Ibéria* e *Hespanha* sinónimos, sendo a meridional Ayamonte uma cidade... "de Castela".

Noutros estudos, escolhi denominar o idioma centro-peninsular *castelhano* até cerca de 1650, e a partir de então *espanhol*, quando um Estado espanhol se acha constituído. Nesta obra de divulgação, optei pela perspectiva do leitor actual, adoptando a terminologia entre nós em maior voga: *espanhol*.

Uma língua não tem todas as palavras

Quando ainda não existiam *rápido*, nem *veloz*, e muito menos *célere*, a língua, como vimos, dispunha duma óptima solução: *ligeiro*. Na verdade, bem poderíamos hoje estar ainda nessa exacta situação.

Com efeito, nem sempre há recursos disponíveis. Por vezes, certa palavra seria tão prática, está mesmo a pedir para existir, e que acontece? O idioma simplesmente não a possui. Exemplo disso em português é o contrário de *tardio*. É isso: na nossa língua há um adjectivo para *tarde*, mas falta-nos um para *cedo*. Ele já existiu, mas sempre com pouquíssimo uso, e acabou mesmo esquecido: era *temporão*. Actualmente, é uma espécie de "cultismo popular", desses que servem ao escritor para mostrar a sua afinidade com o que é simples e genuíno na vida.

É certo que *prematuro* e *precoce* servem, sempre que precisamos de dizer o contrário de "uma hora tardia", "um jantar tardio". Mas ambos soam inelutavelmente "cultos". O espanhol tem, sim, essa palavra prática, corrente, *temprano*, e o galego também, *temperán*. Já o francês debate-se com o mesmo problema que nós: o da falta duma palavra utilizável no dia-a-dia.

Outra palavra inexistente é **compensa*. Seria um perfeito regressivo do verbo *compensar*. O facto é tanto mais estranho quanto existe, de há muito, *recompensa*, de *recompensar*. E não faltam derivações, como *compensação, compensador, compensável, compensatório*. Console-nos não existirem igualmente um esp. *compensa*, um fr. *compense*, um ital. *compensa*.

Para tradutores, esse problema – a inexistência numa língua dum termo correntio noutra – é um pesadelo recorrente. Sim, como verter o esp. *alámbrico* ('relativo a ligação com fios'), ou *callejero* ('relativo a rua')? Sirva-nos de algum consolo imaginar o que será traduzir para espanhol o nosso *desconversar*, ou o tão celebrizado *desenrascanço*.

As palavras viajam de idioma para idioma

O estudo da origem das palavras chama-se *etimologia*. Habitualmente é uma tarefa facilitada. Um adjectivo como *subserviente* só poderia derivar duma palavra latina: *subserviente*. É, de resto, um termo desconhecido noutras línguas provenientes do latim: no espanhol, no francês, no italiano. Mas não no inglês, em que apareceu em 1630, enquanto a presença em português está atestada em 1687, num livro de espiritualidade. E a pergunta é: chegou-nos ele directamente do latim, ou o inglês serviu de intermediário? Para tentar sabê-lo, importaria algum conhecimento da obra do autor, o jesuíta Manuel Fernandes. Pois bem, o que é conhecido da sua biografia nada permite concluir, sendo a procedência latina a mais segura.

Nada problemática é, em contrapartida, a origem espanhola de *airoso*, italiana de *imbróglio*, francesa de *bistrô*. Certo é que a origem do próprio fr. *bistro*, ou *bistrot*, é enigmática. Poderia provir do russo, poderia ser autóctone.

Muito nosso é *rapapé*. O Brás Cubas das *Memórias póstumas*, de Machado de Assis, aspirava a um lugar governamental e por ele tudo fazia: "Cortejava a pasta por meio de rapapés, chás, comissões e votos". *Rapapés* são louvores exagerados. Mas também significa 'mesuras, ademanes, salamaleques'. E aqui temos uma palavra vinda do fr. *mesures*, outra do esp. *ademanes*, por sua vez talvez do árabe, e outra seguramente do árabe *salam halayk*, 'a paz esteja contigo'.

Mudemos de cena. Por volta de 1370, um português cunha *percalço*, 'transtorno'. Era uma excelente criação. O quatrocentista Fernão Lopes irá usá-lo em várias das suas crónicas. Mas havia, pelos vistos, necessidade de mais. E assim tomámos *revés* (ainda no século XV) do espanhol, donde também depois importámos *desaire* (1555), *soçobro* (1560), *malogro* (1673), *transtorno* (1859) e, entretanto, do italiano, *fracasso* (1707). Assim se vai enriquecendo uma língua.

Numa palavra: o português nunca se fez esquisito, mesmo quando jurava que sim, como quando, afrancesando-se largamente entre 1750 e 1950, afirmava estar alerta e crítico no que tocava a galicismos.

Certo é, também, que a etimologia está cheia de surpresas. Diria mesmo: a etimologia é uma eterna surpresa. Foquemos no ano 100. Para um romano, era inconcebível que a segunda palavra de "*Domus plena est*" (à letra, "Casa cheia está") fosse modificar-se no futuro – sim, para quê? – e que isso resultasse, não em uma, mas numa multiplicidade de formas. Assim, *plena* tornou-se na Toscana *piena*, na Île-de-France *pleine*, no condado de Barcelona ficou *plena* (mas com o masculino *ple*) e na Rioja fez-se *llena*. O mais inesperado estava reservado para o Noroeste ibérico: aí se chegou a *chea*, pronunciado *tchêa*. Não é tudo ainda. *Piena*, *plena*, *llena* e *chea* fizeram-se também substantivos, todos relacionados com uma subida das águas, enquanto *plein*, masculino de *pleine*, se substantivava, dando, por exemplo, em *faire le plein* 'encher, encher-se'.

Mais tarde, em território português, *chea* voltou a modificar-se, e não pouco: perdeu o *t* de *tch*, adquiriu um *i* entre as vogais e fechou o *a* final, acabando em *cheia*. Acabando? Certezas, aqui, é o que menos há. Em grande parte de Portugal, já soa *châiâ*. E, partindo das pronúncias *bâjo* para *beijo* e *pâxe* para *peixe* (correntes, vinque-se, já nos anos de 1940!), não podem excluir-se inesperadas remodelações.

O estudo da etimologia – seja, contudo, sublinhado – traz um perigo: o de confiarmos em palpites. Mesmo quanto à origem de palavras menos transparentes, vem-nos a convicção de acertarmos à primeira. O melhor exemplo que conheço disso é *barafunda*, e ele convida a uma digressão.

O dicionário electrónico Houaiss, na sua primeira edição, de 2001, dava a seguinte informação etimológica: "*Barafunda*. Origem obscura; Nei Lopes propõe o quimbundo *mbala* 'aldeia' e o topónimo angolano *Funda*, aglomerado populacional onde havia confusão e balbúrdia". Uma sugestão impagável, essa, do etimologista brasileiro. Ora bem, a palavra apareceu em português em 1554, numa peça de Ferreira de Vasconcelos, autor conhecido pelo seu vernaculismo, mas não menos castelhanizante. Outra informação: por 1435, *barafunda* era já palavra espanhola (mais tarde passaria a *barahúnda*), e com o exacto sentido que lhe conhecemos. Não se lhe conhece a proveniência, é certo, mas, em tão recuada época, estão excluídos influxos da África Austral. Mais: pela mesma altura, o espanhol conhecia um vocábulo com semelhanças, *barafustar* (mais tarde *barahustar*), também passado ao português, por volta de 1560, perdendo uso na língua original. Em edição posterior do Houaiss, desapareceu para *barafunda* a imaginativa proposta.

Uma interessante circunstância: certas palavras derivam do nome de personagens existentes. Exemplo clássico é o fr. *pasteuriser*, port. *pasteurizar*. Deriva do nome de Louis Pasteur e designa uma operação a que submetem alimentos líquidos ou sólidos. Foi criada e difundida ainda em vida do químico e biólogo. Os adjectivos *dantesco, freudiano, gongórico, kafkiano, maquiavélico, platónico, quixotesco* e *socrático* são exemplos dessa eternização dum indivíduo marcante.

Mas o português tem três termos desse género que são únicos: o substantivo *despautério* 'dislate' e os adjectivos *espampanante* 'espalhafatoso' e *marialva*. O primeiro liga-se a *Despauterius*, nome latinizado do gramático flamengo Van Pauteren, cuja obra tinha fama de absurda. O segundo recorda *Spampani*, companhia acrobática que, em finais do século XIX, deslumbrou Lisboa. O terceiro é produto nacional: *marialva* 'sedutor, conquistador de mulheres, dom-joão', como ensina o Priberam, provindo do marquês de Marialva, destro cavaleiro setecentista.

Vimos como *barafunda* não teve a origem africana que se propôs. Nas primeiras edições deste livro, especulava-se sobre igual origem para *minhoca*. Com efeito, e segundo informação prestada ao gramático brasileiro Marcos Bagno por um aluno congolês, o nome do dito verme faz, no quicongo, o singular em *nhoca* e o plural em *minhoca*. Uma circunstância deveras assombrosa. Lembrei, então, que a datação de que dispunha, num auto de Gil Vicente de 1522, tornava essa origem algo problemática.

Um artigo do linguista galego Paulo Gamalho, no *Portal galego da língua*, de finais de dezembro de 2019, permitia recuar a primeira ocorrência conhecida de *minhoca* até à primeira metade de Quatrocentos. O conhecido *Livro da montaria*, do rei João I, refere por várias vezes o dito verme. Mas não era tudo ainda. Em comentário ao artigo, o autor citava mensagem do professor viguês Martinho Montero Santalha com informação de que *minhoca* figura no já acima aludido *Livro de alveitaria*, de 1318. Reproduzo e destaco: "Para adelgaçar e desfazer sobrossos [ferimentos em animais de carga], outrossi presta para isto a cebola assada e malhada com as *minhocas* da lama". Tudo parece indicar que, na realidade, o vocábulo é bem mais antigo, tendo circulado oralmente por séculos.

Os etimologistas, quando não conhecem a fonte dos materiais que manejam, dizem-no redondamente. "Origem obscura" é a etiqueta habitual. Infelizmente, a história não acaba aqui. Etimologistas de cozinha aproveitam-se dessa sinceridade dos colegas sérios para preencherem os vazios de conhecimento, em proveito de agendas próprias. Isto, dito assim, é pouco perceptível, mas ficará esclarecido no capítulo 12 deste livro, no qual se falará de "Higiene e aldrabices".

Adiantemos, já, que um defensor da origem árabe de quase tudo em português faz derivar *minhoca* do ár. *min ákk* 'do húmido', e que um defensor da origem fenícia do nosso idioma a faz proceder do fenício *minøwq* 'espécie que faz sulcos'. O humilde verme, esse, não sabe quanta ciência anda investindo.

Uma proveitosa análise do tema *etimologia* encontra-se no artigo "História das palavras", de Mário Eduardo Viaro, disponível *online*.

Tudo em Portugal é único

Ninguém nos tira a ideia de que tudo em Portugal é único. Assim fomos instruídos. Atribui-se-nos, até, uma "alma portuguesa".

A imagem mental que os portugueses construíram do país e de si mesmos implica em 1143 uma cesura absoluta, um início de algo inteiramente novo. Nessa visão, a irrupção da realidade política "Portugal" é acompanhada da criação dum idioma próprio, evidentemente com ligação directa ao latim. É, essa, uma leitura *providencialista* da história, dum nosso *destino histórico*, como se Portugal fosse um país predestinado, desde sempre previsto. O historiador José Mattoso exprime-o assim, em *A identidade nacional*, de 2003:

> Ao considerar a Nação como uma categoria da ordem das essências, ao atribuir-lhe, portanto, um carácter necessário e eterno, tendia-se a procurar as suas raízes na própria Natureza, ou seja, em factores como a diversidade geográfica, a "raça" ou a língua.

Portugal estaria, pois, desde sempre previsto, providencialmente programado. E é um facto: os portugueses continuam a imaginar a história anterior a eles como se o mundo tivesse vivido na expectativa de que um Portugal surgisse, como se o aparecimento de um Portugal viesse duma necessidade intrínseca à história mundial.

Está visto: trazemos a Batalha de Ourique interiorizada. Como escreve José Eduardo Franco, em *O mito de Portugal*, de 2000, a propósito de Afonso Henriques: "A eleição do rei não passa de um acto vicarial, mediático, pois o rei já tinha sido *a priori* escolhido divinamente". Segundo o nosso mais destacado pensador, Eduardo Lourenço, em *O labirinto da saudade*, de 1978, todas as *Histórias de Portugal* (exceptuada a de Herculano) "são modelos de 'robinsonadas': contam as aventuras celestes de um *herói isolado* num universo previamente deserto" [cursivo original]. Ainda nos termos de Lourenço, dois complexos, um de inferioridade, outro de superioridade, "cumprem uma única função: *a de esconder de nós mesmos a nossa autêntica situação de ser histórico em estado de intrínseca inferioridade*" [cursivo original].

É-nos, assim, difícil admitir que a existência do país ficou a dever-se a circunstâncias históricas e sociais inteiramente fortuitas. A mais fortuita delas todas – a do atraso no regresso de certo duque francês que viera ajudar na chamada Reconquista – há-de contar-se no capítulo 2.

Não se perca de vista, também, que, nesta visão providencialista da nossa existência como portugueses, bastantes elementos são relativamente recentes, inspirados numa ideologia oitocentista, a do Romantismo. Outros países se viram afectados pela mesma auto-imagem de unicidade e quase ontológica necessidade, e não em último lugar a vizinha Castela, que aí encontrava justificação para a sujeição a que foi submetendo outras nações peninsulares. De leitura mais que recomendável é, a este respeito, a obra *La invención del Pasado. Verdad y ficción en la historia de España*, de Miguel-Anxo Murado, de 2013.

Merece leitura, também, o artigo de Miguel Real, de 2014, sobre uma "visão mítica" da história de Portugal.

Assi naceu ũa lingua

O livro que o leitor tem entre mãos chama-se *Assim nasceu uma língua*. Ele vai, de facto, tentar localizar, no tempo e nas formas, o que alguém chamou "o primeiro gemido" do idioma.

Há quatrocentos anos, tivesse alguém ideado um livro semelhante, poderia ter-lhe dado o título de *Assi naceu ũa lingua*. Era o que Luís de Camões, de certeza, teria feito. Entre numerosas passagens d'*Os Lusíadas*, citem-se estas:

Quando Júpiter alto, assi *dizendo,*
Cum tom de voz começa grave e horrendo (I, 23),

Verão morrer com fome os filhos caros,
Em tanto amor gerados e nacidos *(V, 47),*

E mostrando no angélico sembrante
Co riso ũa *tristeza misturada (II, 38).*

Com efeito, a forma *assim* só no século XV timidamente aparece, e terá de esperar por 1700 para se impor. Em galego, ainda hoje *así* se conserva.

Na escrita, e certamente também na pronúncia, *nacer* era ainda a forma mais corrente no século de Quinhentos, época em que a grafia *nascer*, considerada mais latina, e portanto mais autêntica, começou a conquistar a cena. Mas ainda hoje *nacer* – tal como *crecer, decer, florecer* – é a pronúncia habitual na Galiza, no terço Norte português e no Brasil inteiro. E, como podia esperar-se, as grafias com *-sc-*, que tentavam latinizar os vocábulos, acabaram por influir na pronúncia da norma-padrão portuguesa.

A forma *ũa*, patrimonial pela queda do *n* do lat. *una*, soava com a pronúncia velar (semelhante à do ingl. *song*) que hoje achamos em algumas áreas brasileiras e no galego, grafando-se, neste último, *unha*. Até ao século XVI, em Portugal, esse *ũa* foi a única forma em uso. Mas, então, alguém teve a ideia de juntar um *a* à grafia masculina *um*, conservando todavia a pronúncia *ũa*. Só que, com o passar do tempo, esse *m* escrito começou a ser 'lido', assim se obtendo a novidade sonora *uma*. O mesmo se passou com *algũa* e *nenhũa*. Contudo, ainda em 1734, o doutrinário Madureira Feijó (em obra de que se falará) defendia as pronúncias e grafias antigas. O seu colega Luís do Monte Carmelo (que igualmente referiremos) grafará assim ainda em 1767. E um livro de Martins Sequeira, de 1957, sobre o falar do Baixo-Minho, cita esta quadra popular: "Azeitona miudinha/ Apanhada ũa a ũa;/ As raparigas d'agora/ Nũ tem bergoinha nenhũa". Moral da história: ao contrário do que alguns galegos mais líricos imaginam, as grafias e pronúncias portuguesas *uma, alguma* e *nenhuma* nada têm de genuíno, sendo produto dum gráfico quinhentista com imaginação.

A edição galega deste livro, saída em 2021 na editora Galaxia, de Vigo, chama-se *Así naceu unha lingua*. O grande Camões iria sentir-se imensamente confortável com esse título.

Nota

Em 1994, Ivo Castro lançava este aviso à navegação:

> Em relação ao português clássico, quem o quiser estudar tem de se resignar a fazer de cabouqueiro, desenterrando penosamente os seus documentos, peneirando os dados, organizando uma taxinomia inexistente e, se ainda tiver coragem e tempo de vida, formulando hipóteses interpretativas que ficarão à espera de um debate crítico só possível se outros investigadores se transviarem pelos mesmos terrenos.

Fiz tudo isso, menos o desenterrar de documentação, actividade em que se ocupa gente mais competente. No resto, fiz aquilo que há muito pedia para ser feito: somar dois e dois. É uma operação simples, os materiais é que são tramados. Foi necessário observá-los com olhos de ver, juntar aquilo que parecia estar desconexo, separar aquilo que parecia dever ver-se junto.

O livro que se vai ler é, pois, fruto desse trabalho pioneiro. Ninguém até hoje se abalançara a estes descaminhos. Mas ele – seja sublinhado – poderia ter sido escrito por qualquer dos meus colegas linguistas. Não andei por arquivos, não limpei o pó a nenhum manuscrito ou obra rara em sombrios mosteiros. Toda a informação aqui reunida estava disponível. Era, e é, pública.

Um aviso e um pedido: entre os numerosíssimos materiais portugueses, galegos, espanhóis, latinos e outros, contidos neste livro, pode ter-se imiscuído alguma informação errada ou deficiente. Fico, desde já, grato por todo o tipo de advertência ou sugestão.

Parte I
Antes do português

1

A família do sr. Caeiro

"Achado arqueológico

A única estrada para lá
é uma estrada romana…
Lá vive gente
– não sei se fala latim
mas é de crer que sim."

JOAQUIM NAMORADO

Onde há geadas ao luar

Na história das línguas que se desenvolveram a partir do latim, é difícil, se não mesmo impossível, determinar em que momento a fase latina se encontra definitivamente superada e nos achamos perante um novo idioma. O francês, o italiano, o espanhol, o catalão, o português, vários outros idiomas, foi muito gradualmente que ganharam os seus perfis. E uma coisa deveras estranha: mesmo quando, com os conhecimentos de hoje, temos já por certa a circulação duma determinada língua em certa comunidade, sabemos também que os seus falantes estavam, eles mesmos, convencidos de se exprimirem em latim.

Dá-se, entretanto, no caso da língua portuguesa, uma circunstância curiosa. Mesmo se o momento exacto dum ponto de não-retorno continua a escapar-nos, sabemos contudo em que *materialmente* esse ponto consistiu. Trata-se do desaparecimento dos sons *l* e *n* quando se encontravam entre vogais. Foi, em si mesmo, um fenómeno grandemente, ou mesmo inteiramente, imprevisível, mas as suas consequências iriam ser vastíssimas.

Imaginemos um poeta castelhano que, pelo ano 1200, visitava um Portugal ainda pintado de fresco. A fala dos habitantes haveria de soar-lhe bastante peculiar. Sim, ele teria a sensação de que os portugueses comiam sistematicamente certas letras. Diziam *moer* e não como ele *moler*, *sair* e não *salir*, *voar* e não *volar*. Trouxera ele consigo um poema seu, que assim começava em castelhano: *Volaban águilas, ángeles y diablos*. Mandara-o já traduzir para latim, com vista à sua divulgação Europa afora, e esse primeiro verso ficara: "*Volabant aquilae, angeli et diaboli*". Desejava agora vê-lo vertido na linguagem dos novos amigos, e alguém lhe fizera a vontade. Resultado? *Voavam águias, anjos e diabos*. O que deixara o nosso poeta francamente perplexo. Nessa versão portuguesa, todos os quatro *l* se haviam evaporado. E não era tudo ainda, descobriu ele depois. Os portugueses também pronunciavam e escreviam *cear* e não como ele *cenar*, *perdoar* e não *perdonar*, *soar* e não *sonar*. Está visto: também os *n* acabavam desaparecidos. Gente estranha, aquela.

É um tema, esse do desaparecimento de *l* e *n* intervocálicos, que vai acompanhar-nos ao longo de todo este livro. Não é caso para menos. Esses dois fenómenos irão revelar-se de extraordinárias consequências para o idioma. Vejamo-lo já um pouco mais de perto.

As nossas palavras *voante* e *soante* possuem uma espécie de parente próximo: as formas *volante* e *sonante*. Falamos, com efeito, em *seres voantes* ou pagamos em *moeda soante*. Ao mesmo tempo, servimo-nos dum *almoço volante* e conhecemos alguns *nomes sonantes*. Num caso acrescentamos um *l*, no outro um *n*. Verificamos, também, que as formas assim obtidas têm um carácter mais culto.

Mas nem sempre foi assim. Houve um tempo em que a língua só dispunha de duas das palavras em apreço. Descobrimos que *volante* aparece num manuscrito de Quatrocentos, que fala duma "seta volante", enquanto *voante* surgirá em 1516, impresso no conhecido *cancioneiro* de Resende. E encontramos *soante* em *Corte Imperial*, manuscrito já conhecido nos anos de 1430, no qual lemos "E dá na minha língua palavra direita e bem soante", enquanto *sonante* demorará a ver-se documentado, o que vai acontecer em 1635, num poema de Manuel de Galhegos, que diz em tom pomposo: "Oh, quem com voz e número sonante/ A todo o engenho convocar pudera".

Estes pormenores são importantes. Com efeito, a ordem mais esperável de aparecimento é esta última: primeiro a forma sem *n*, *soante*, e só depois *sonante*. O caso de *volante*, que aparece antes de *voante*, é na verdade algo anormal, e deve-se muito provavelmente a não dispormos de documentação anterior para *voante*, seja porque ninguém pôs este vocábulo por escrito, seja porque os documentos em que ele aparecia se perderam.

Sim, as formas desprovidas de *l* ou *n* (*voante* e *soante*) tiveram de ser anteriores às que os apresentam (*volante* e *sonante*). A prova está neste cenário, que é de longe o mais habitual: quanto mais recuamos na documentação menos as ditas consoantes aparecem.

Já vimos como a ausência dos *l* deixara perplexo o nosso poeta de língua castelhana, e podemos esperá-lo doutros visitantes dos demais idiomas de origem latina. Se o espanhol faz *volar* e *sonar*, o italiano fará *volare* e *suonare*, e o francês *voler* e *sonner*. Em todos eles estão, pois, presentes um *l* e um *n*. O que não admira, visto as formas latinas de que eles derivam serem *volare* e *sonare*.

Existe, portanto, algo de muito original na ausência das duas consoantes nesses dois verbos, e em formas com eles relacionadas: *voador*, *voo*, *esvoaçar*, *revoada* ou *consoante*, *assoar*. Só que – para demonstrar quanto a questão é complexa – não faltam as formas em que *l* e *n* afinal figuram: *volátil*, *evolar*, *volante* (agora como substantivo) e *sonoro*, *sonoridade*, *dissonante*, *ressonância*. Estamos, pois, perante um enigma, tanto mais intrigante quanto este fenómeno se revela frequentíssimo na nossa língua. Eis alguns casos de particular interesse, visto criarem contrastes perfeitos, mesmo se pertencendo a categorias gramaticais diferentes:

SÍNCOPE DO L	
afiar	afilar
doente	dolente
entabuar	entabular
fieira	fileira
geada	gelada adj. fem.
puir	polir
vigiante	vigilante

SÍNCOPE DO N	
Adrião	Adriano
areoso	arenoso
consoante	consonante
entoação	entonação
esvaecer	esvanecer
luar	lunar
noa	nona
nomear	nominar
ressoar	ressonar
serrão	serrano
terreal	terrenal
zuir	zunir

Veremos no capítulo 7 que este estado de coisas teve uma origem interior ao idioma e uma exterior a ele. Aqui, vamos examinar a génese da queda de *l* e *n*, esse fenómeno tão distintivo do nosso idioma – o linguista Ivo Castro chama-lhe mesmo "o acto de nascimento da nossa língua" –, e veremos igualmente os desenvolvimentos de que foi alvo.

A família Sá e o sr. Caeiro

Foi já lembrado acima como o cenário do nosso idioma contrasta com o do latim e com o de outras línguas latinas. Que aconteceu? Na transição do latim para a nossa língua, o *l* e o *n*, quando entre vogais, foram objecto de síncope. Ou seja, caíram.

Seja sublinhado que essas quedas se inscrevem numa mais geral tendência das línguas ocidentais derivadas do latim para suavizarem as consoantes entre vogais, um processo conhecido como "lenição" e que pode chegar ao simples desaparecimento. Assim, o lat. *rota* passa ao port. *roda*, fr. *roue*, e o lat. *metu* passa ao port. *medo*, esp. *miedo*. Por seu lado, o *d* latino tende a desaparecer: *pede* passa ao port. *pé*, esp. *pie*; *vedere* torna-se no port. *ver*, fr. *voir*; *cadere* dá o port. *cair*, esp. *caer*; *crudu* reduz-se ao port. *cru*.

Só que, no nosso caso, o desaparecimento em massa do *l* e do *n* intervocálicos toma feições verdadeiramente impressionantes, com drásticas consequências para o idioma. Examinemos a primeira dessas consoantes.

Os outros idiomas conservam-na sempre: o lat. *dolere* revê-se no esp. *dolor*, fr. *douleur*, ital. *dolore*, o lat. *salire* no esp. *salir*, ital. *salire*. No nosso idioma, temos *dor* (através de *door*) e *sair*. Comportamento semelhante se observa na outra consoante: o lat. *moneta* prolonga-se no esp. *moneda*, no fr. *monnaie*, no ital. *moneta*, e o lat. *venire*, no esp. e fr. *venir*, no ital. *venire*. Nós possuímos *moeda* e *vir* (através de *viir*).

São exemplos que podem multiplicar-se por dezenas. Eis alguns, que ilustram bem, na comparação com o latim, os efeitos daquela mutilação consonântica sobre o nosso idioma.

SÍNCOPE DO L

*amabilosu	>	(a)mavioso
excolare	>	escoar
insula	>	ínsua
macula	>	mágoa
*noctivolu	>	noitibó
notula	>	nódoa
stylu	>	esteo > esteio

SÍNCOPE DO N

*admonestare	>	admoestar
antenatu	>	enteado
*canalia	>	calha
*disrenare	>	derrear
granatu	>	grado

lacuna	>	lagoa
liminare	>	limiar
molenda	>	moenda
sanativu	>	sadio
serotinu	>	serôdio 'tardio'

De *moenda*, 'material destinado a ser moído', deriva o regionalismo *moenga*, consagrado no dito alentejano *Tal vai a moenga, hem?*

Esses fenómenos cortadores produziram-se com naturalidade em vários nomes próprios e apelidos. Foi a supressão dum *l* a originar os apelidos *Aguiar* (de Aquilar), *Caeiro* (de caleiro 'comerciante de cal'), *Nóvoa* (do lat. *novula* 'novinha'), *Sá* (de sala 'sala, casa'), *Saavedra* (de Salavetera 'sala, casa antiga') ou *Soeiro* (de soleiro 'sítio soalheiro'). E foi a eliminação dum *n* a criar *Iria* (de Irina, ou Irene) ou *Seabra* (de Senábria).

Tudo se vê suplementarmente ilustrado se juntarmos à forma latina a da língua mais próxima da nossa, a espanhola. Certo, as mutações operadas e as soluções finais são da mais diversa ordem, mas aqui só atentamos na presença ou ausência de *l* e *n*.

SÍNCOPE DO L

*acculare	>	*acular*	acuar
angelu	>	*ángel*	angeo > anjo
caelu	>	*cielo*	céu
colubra	>	*culebra*	cobra
fil ecclesiae	>	*feligrés*	freguês
filu	>	*hilo*	fio
molere	>	*moler*	moer
palu	>	*palo*	pau
palumba	>	*paloma*	pomba
populu	>	*pueblo*	povo
regalengu	>	*realengo*	regalengo > reguengo
salute	>	*salud*	saúde
tabula	>	*tabla*	tábua
trifolu	>	*trébol*	trevo
voluntate	>	*voluntad*	vontade

SÍNCOPE DO N

*areniscu	>	*arenisco*	areísco > arisco
bona	>	*buena*	boa
cenare	>	*cenar*	cear
corona	>	*corona*	coroa
cuniculu	>	*conejo*	coelho
generar	>	*generar*	gerar
*granutu	>	*granudo*	graúdo
minacia	>	*amenaza*	ameaça
monasteriu	>	*monasterio*	moesteiro > mosteiro
moneta	>	*moneda*	moeda
ponere	>	*poner*	poer > pôr
preconare	>	*pregonar*	(a)pregoar
sinu	>	*seno*	seo > seio
terminu	>	*término*	termo
tenere	>	*tener*	ter
vanitate	>	*vanidad*	vaidade
varcena	>	*bárcena*	várzea
venatu	>	*venado*	veado

Quanto esta "economia silábica" se mostrou sistemática está patente na drástica redução formal a que a perda das consoantes *l, n* e também *d* conduziu, com a criação de toda uma série de vocábulos de uma só sílaba. Ei-los. Estabelecemos, mais uma vez, o paralelo com o espanhol.

LATIM	ESPANHOL	PORTUGUÊS	LATIM	ESPANHOL	PORTUGUÊS
culu	*culo*	cu	lana	*lana*	lã
dolu	*duelo*	dó	rana	*rana*	rã
mala	*mala*	má	sana	*sana*	sã
mola	*muela*	mó	vana	*vana*	vã
mulu	*mulo*	mu	sede	*sede*	sé
pala	*pala*	pá	nodu	*nudo*	nó
solu	*solo*	só	nudu	*nudo*	nu
colore	*color*	cor	tenere	*tener*	ter
dolore	*dolor*	dor	venire	*venir*	vir

Esta redução do número de sílabas é ainda mais notável em *pó*, proveniente do lat. *pulvere*, simplificado em *pulvu*. Daí, atravessou duas fases: primeiro *pulu* e depois *poo*. É espectacular, mas não leva a palma no seio da romanidade. Na história do francês, deu-se a compressão do lat. *solidu* em *sou* 'moeda' e a do lat. *digitale* em *dé* 'dedal'. E o nome do mês de Agosto, *août*, do lat. *augustu*, na sequência "le mois d'août", soa simplesmente [u]. Maior redução é impossível.

Uma anotação de passagem. A disposição de materiais que vimos fazendo poderia levar a pensar que a solução espanhola se intrometeu *historicamente* entre o latim e o nosso idioma. Nada mais falso. As duas grandes línguas peninsulares derivam decerto ambas do latim, mas as suas géneses deram-se, desde o primeiro momento, inteiramente separadas.

Um idioma desconhecido

O banimento das consoantes na nossa língua tornou-se sensível, também, no âmbito gramatical. A síncope do *l* ocorre na formação de plurais de substantivos e adjectivos. Assim, palavras como *animal, anel* e *espanhol* passam a *animais, anéis* e *espanhóis*. De igual modo, *principal, fiel* e *vil* passam a *principais, fiéis* e *vis*. Por sua vez, os pronomes *qual* e *tal* fazem o plural em *quais* e *tais*. E os substantivos que terminam em *ão* – já de si, resultado duma síncope de *n* – têm a forma feminina em *oa*, como *leoa, meloa, patroa*.

Um dos efeitos, embora indirecto, da queda de *n* foi a criação de vocábulos terminados em *-ão*, que gozam da extraordinária frequência que se lhes conhece. Deles nos ocuparemos no capítulo 6.

Já antes de 1200, quando se inicia a escrita na nossa língua, aparecem casualmente, em textos latinos, palavras soltas nossas, e entre elas algumas afectadas pelos fenómenos que examinamos. Assim, já caíra um *l* em *avoengo* (ano de 922), *avó* (1010), *avô* (1024) e um *n* em *gado* (837), *terreo* (907), *seara* (933), *ter* (1047), *falcoeiro* (1142), *boroa* (1174). Seriam, na realidade, muitas mais, e podemos supor que este estado de coisas vinha de épocas bastante anteriores, só não tendo – ainda que casualmente – aparecido mais bem documentado.

Poderá, agora, perguntar-se: que pulsões, que automatismos, ou que forças, estiveram na origem destas supressões de *l* e de *n* intervocálicos? É informação que até hoje nos escapa. O historiador da língua Ivo Castro anota que o facto de tal fenómeno ser estranho aos outros idiomas latinos demonstra que ele foi exterior ao próprio latim. Supõe-se, deste modo, que um idioma particularmente vigoroso, existente no território do noroeste ibérico, teria particular aversão a um *l* e um *n* entre vogais. A acção desse idioma terá ido eliminando estas consoantes na língua ali introduzida pelo contacto com os romanos. Só não sabemos que potente idioma fosse esse.

Certos autores aludem a um vago fundamento (os linguistas falam em "substrato") de tipo celta, mas nenhum foi até ao presente satisfatoriamente identificado. Outros apontam para eliminações de *l* e *n* noutros pontos da Europa Ocidental (muito menos sistemáticas, porém, que no nosso noroeste), o que, junto com outras constantes, já sugeriu a alguns historiadores ter existido, em épocas antiquíssimas, um *continuum* linguístico desde a actual Galiza até ao Sul da Itália, quebrado por duas intervenções exteriores: primeiro, a chegada dos iberos, vindos do Magrebe e, depois, a romanização. Decerto interessante, mas tudo grandemente especulativo.

Num importante artigo, de 2005, sublinha Ramón Mariño Paz a existência, no noroeste peninsular, antes da chegada dos romanos, de falantes indo--europeus, isto é, pertencentes à grande família linguística europeia. Eram seguramente de tipo celta, o que, porém, não individualiza esse noroeste, já que os celtas se disseminaram amplamente pela Europa Ocidental. Além disso, e como sublinha o linguista galego, os materiais léxicos não indo-europeus assinalados no noroeste podem ter sido trazidos por falantes indo-europeus que ali vieram fixar-se. Mais do que isso: à chegada do contingente romano, "as terras do noroeste ibérico debían de estar habitadas por unha serie de *populi* [populações] que talvez non tiñan nin unha lingua nin unha cultura uniformes e quizais tampouco estaban cohesionados politicamente", podendo só falar-se de "unha certa unidade", daquilo que os historiadores denominaram "cultura castrexa", a dos *castros*, ou citânias, áreas habitacionais encontradas também no Entre-Douro-e-Minho.

Lê-se com proveito, a este propósito, o artigo de Carlos Barros, de 2019, "Por unha síntese celto-castrexa da Gallaecia antiga", disponível *online*.

Mais uma pergunta: de que falamos exactamente quando aludimos ao início da escrita no nosso idioma? Falamos, como já dito, de textos produzidos à volta de 1200. A sua datação é tarefa precária, envolvendo conhecimentos de alta precisão e uma aturada familiaridade com a matéria. De tudo isto dispõe o filólogo galego José António Souto Cabo, que descobriu aquele que, tudo indica, é o mais antigo texto escrito na nossa língua: o "Pacto entre Gomes Pais e Ramiro Pais", um documento de 1174, de território já português. Com isto se recuou, duma assentada, vários decénios a primeira documentação no idioma, obrigando os especialistas portugueses a rever dados estabelecidos.

Actualmente conhecem-se 47 documentos portugueses e galegos anteriores a 1256. A ordem é efectivamente essa. Até 1230, toda a documentação conhecida é proveniente de território português. A partir desse ano, passa a Galiza a comandar a produção. Existe, para isto, uma explicação circunstancial, de natureza burocrática, que Souto Cabo expõe, mas não menos uma forte dose de acaso. Só conhecemos aquilo que foi conservado, podendo inferir-se que muita documentação ficou perdida, ou não foi ainda achada. E aquilo que se conservou são, sobretudo, os "espécimes dispositivos": documentos de compra e venda, permutas, doações. Os de outro tipo, tendo servido, foram deitados fora, e só uma singularíssima casualidade fez chegar alguns a nossas mãos.

O teu cavalo e uma cabana

Aqui chegados, importa expor um fenómeno próximo desse que eliminou os *l* e *n* latinos simples. O latim conhecia, com efeito, também *l* e *n* intervocálicos *duplos*, ou geminados, que soavam alongados, com articulação semelhante à do ital. *bello* e *anno*. Que aconteceu a essas consoantes duplas? Simplificaram-se. O que em latim era *ll* tornou-se *l*, e o que era *nn* tornou-se *n*. Alguns exemplos exclusivos nossos:

LL TORNA-SE L		
*advallare	>	abalar
*cellariu	>	celeiro
*exfollare	>	esfolar
*farellu	>	farelo
*pullare	>	pular
*tabella	>	tabela
*tegella	>	tigela
*tragella	>	trela

NN TORNA-SE N		
*evannare	>	abanar
*tunna	>	tona

Também aqui a comparação com o espanhol é elucidativa. Nesse idioma, o *ll* latino manteve-se, embora com uma pronúncia diferente, que o latim desconhecia. Quanto ao *nn*, palatalizou-se em *ñ*, sonoridade igualmente estranha à língua latina. Os casos contam-se, também aqui, por dezenas. Atente-se tão-só, repita-se, no comportamento das duas consoantes geminadas.

LL TORNA-SE L

amarellu	*amarillo*	amarelo
ampulla	*ampolla*	ampola
bellu	*bello*	belo
bullire	*bullir*	bulir
caballu	*caballo*	cavalo
callare	*callar*	calar
cepulla	*cebolla*	cebola
collacteu	*collazo*	colaço
collu	*cuello*	colo
fallescere	*fallecer*	falecer
gallaecu	*gallego*	galego
gallu	*gallo*	galo
illa	*ella*	ela
martellu	*martillo*	martelo
sigillu	*sello*	selo
stella	*estrella*	estrela
villa	*villa*	vila

NN TORNA-SE N

anno	*año*	ano
canniciu	*cañizo*	caniço
capanna	*cabaña*	cabana
gannire	*gañir*	ganir
*ingannare	*engañar*	enganar
pannu	*paño*	pano
pitinnu	*pequeño*	pequeno

Há um caso curioso: o de *besta* (pronunciado *bésta*) 'determinada arma de guerra'. Em latim, existiam tanto *ballista* como *balista*. O espanhol *ballesta* deriva da primeira forma. O nosso idioma hesitou entre uma e outra, dizendo ora *balesta* ora *baesta*, mas acabou fixando-se na segunda, tornada definitivamente *besta*, com *e* aberto. Ele é reminiscência das duas vogais em hiato (assim se chama à sequência de vogais contíguas, mas em sílabas diferentes).

Admite-se geralmente que também essas simplificações de *ll* e *nn* tenham sido instigadas pelo idioma falado na região, hoje desconhecido. Tempo para isso não faltou. No noroeste ibérico, como ensina Ivo Castro, "a tardia implantação do latim entre as populações prolongou a vida das línguas pré-romanas, muito para além da sua permanência em outras partes do Império".

Não se conhecem exemplos da ocorrência dos dois fenómenos (*ll* e *nn*) numa mesma palavra, como aconteceu com *l* e *n* simples (veremos adiante os casos de *soão* e *gerais*), circunstância já de si invulgar. Mas existe um caso interessantíssimo, híbrido. Trata-se de *elo* (essa palavra tão esguia que pede reforço com *elo de ligação*), um produto da supressão de *n* simples e da simplificação de *ll*. A forma original, latina, era *anellu*, que em espanhol deu regularmente *anillo*. Entre nós, resultou tanto no irregular *anel* como num regular, mas nunca documentado *aelo. Foi esta forma, realmente insustentável, que se reduziu a *elo*. Semelhante é o caso do lat. *avellana* 'noz de Avella', cidade italiana. Daí foi tomado o esp. *avellana*, enquanto o nosso romance fazia *avelã*: simplificou o *ll* e eliminou o *n*, que já tinha nasalizado esse *a*.

Do exame destas informações depreende-se, igualmente, um facto importante a que já aludi: o nosso idioma e o espanhol tiveram géneses diferentes e, mais do que tudo, separadas. Nenhum deles foi jamais dialecto do outro. A afirmação – que achamos em certos círculos galegos – de o espanhol derivar dum suposto pan-galaico é de natureza intrinsecamente ideológica, com desprezo pela mais básica informação linguística.

Um encontro de português e espanhol há-de dar-se, sim, por volta de 1400, quando a nossa língua entrar na órbita do idioma vizinho, encandeada (no dizer de Manuela Barros Ferreira) pelo seu "ofuscante esplendor", num namoro descaracterizador do nosso sistema, que se tornaria, mais tarde, redondamente perigoso.

2

A língua disponível

"Nas histórias do português, percebe-se a projeção sobre
o passado de uma idéia moderna de língua, com o objetivo
de delimitar seu nascimento dentro das fronteiras
territoriais do Estado de Portugal."

XOÁN LAGARES, SOBRE A NOÇÃO
DE GALEGO-PORTUGUÊS, 2008

Perfeita engenharia

Tudo quanto ficou exposto no capítulo anterior é largamente conhecido e costuma ser reproduzido com maior ou menor detenção nas *histórias da língua*, que também por aí se ficam. Ora, esse conjunto de factos levanta uma série de questões, que até hoje não foram encaradas, e a solução delas será decisiva para a imagem que temos, ou possamos ter, do nosso próprio idioma.

Seja desde já claro: qualquer que seja a ortografia, é pela eliminação de *l* e *n* intervocálicos que aquela que chamamos *a nossa língua* mais fundamentalmente se distingue de idiomas vizinhos.

Tomemos uma frase de Xavier Alcalá, engenheiro de telecomunicações e ficcionista:

A miña xeración veu ao mundo contemplada polo sorriso escéptico dun millón de caveiras.

A grafia natural ao autor deste livro pedirá:

A minha geração veio ao mundo contemplada pelo sorriso céptico dum milhão de caveiras.

As grafias de *miña/minha* e *millón/milhão* são hoje distintivas das duas modalidades, mas durante uma fase inicial do idioma era comum o uso de *ñ* (ou *nn*) e *ll*. Por seu lado, a grafia port. *geraçom* tinha uso ainda no século XVI e o port. *polo* era corrente no século XVII. Mais importantes são, porém, as questões *estruturais*. Elas tornam-se palpáveis se observarmos a referida frase em espanhol.

Mi generación vino al mundo contemplada por la sonrisa escéptica de un millón de calaveras.

O que logo salta à vista é o possessivo *mi* se comparado com *a miña/ a minha*. Depois, há o feminino *sonrisa* contraposto ao masculino *sorriso*. Repare-se também nas contracções, ou na ausência delas: *por la* vs. *pola/pela*, *de un* vs. *dun/dum*. Mas onde as estruturas mais fundamen- talmente divergem – e onde as primeiras versões acima mais sistematicamente coincidem – é na presença ou eliminação de *n* e *l* intervocálicos. Comparem-se:

generación *xeración/geração*
vi<u>n</u>o *veu/veio*
ca<u>l</u>averas *caveiras*

A primeira constatação é a da *regularidade* destes mecanismos. Eles atingem uma imensidão de casos, efectivamente centenas deles, e fazem-no – não obstante a *complexidade* do processo envolvido – quase sem uma distorção, como se dirigidos por uma lei implacável.

Repare-se. Observámos, por um lado, um numeroso grupo de palavras que sofreu a queda de uma consoante (*l* ou *n*) e, por outro, um grupo igualmente numeroso apresentando uma simplificação (*ll* tornou-se *l*, *nn* tornou-se *n*). Mais surpreendente ainda é verificar que entre os dois grupos não surgiram enganos ou confusões. É, pelo contrário, fácil encontrar provas da *perfeição* em que tudo decorreu: conhecem-se excepções, mas marginalíssimas.

Isto torna-se particularmente patente em casos de contraste absoluto. Assim, o lat. *velu* 'tela, cortina' deu o esp. *velo* e o port. *véu*, enquanto o lat. *vellu* 'pele de ovelha' deu o esp. *vello* e o port. *velo*. De igual maneira, o lat. *canas* 'cabelos brancos' produz o esp. *canas* e o port. *cãs*, enquanto o lat. *canna* 'junco, caniço' produz o esp. *caña* e o port. *cana*. O paralelismo, como se vê, é perfeito.

Existe, mesmo, uma palavra em que se reúnem os dois fenómenos: a simplificação e a supressão. Trata-se de *moela*, que derivou do lat. *molella*. O *l* desapareceu, o *ll* foi reduzido. Entraram aqui, portanto, em acção os dois processos.

Estes fenómenos, repitamo-lo, são conhecidos dos historiadores da língua. Mas a *história* deles parece nunca ter despertado interesse. Uma excepção é o estudo *Algunas calas en los orígenes del gallego*, de 1983, de Amable Veiga Arias, em que o linguista galego propunha que as duas operações tenham ocorrido em simultâneo. "El movimiento debió ser simultáneo para que el sistema fonológico de la lengua pudiese seguir funcionando ininterrumpidamente." O autor não desenvolve, infelizmente, o tema, mas tem de dar-se-lhe razão. Uma realização *desfasada* dos dois processos teria acarretado um sem-número de modificações indevidas, eliminando *l* ou *n* onde houvera geminação ou conservando-os onde não a houvera.

Mas não é esta – a simultaneidade dos dois processos – a única exigência. Por um lado, uma movimentação desta envergadura teve de dar-se, também, *num período curto*, de modo a não dar azo ao propagar de soluções erróneas. Por outro lado, tudo isto se realizou num âmbito estritamente *oral* (só o latim então se escrevia), tornando indispensável que os autores da mudança, os falantes, gozassem duma impecável *memória latina auditiva* que os guiasse nas diferenças articulatórias entre *-l-* e *-ll-* e entre *-n-* e *-nn-*.

Vem então o problema maior: o de identificar esses autores da inovação, que, com tamanha eficiência, levaram a cabo uma operação com esta envergadura e esta complexidade, acabando por gerar uma nova língua, uma nova expressão "romance" (assim se designa cada sistema linguístico derivado do latim).

Estamos, de facto, diante dum panorama que nos deixa perplexos. Por um lado, aqueles indivíduos tinham de ser exímios falantes do latim. Mas, por outro, dificilmente os imaginamos pertencendo às elites, quer culturais quer religiosas, das quais só poderia esperar-se que, exactamente, contrariassem tais excentricidades, gravemente desfiguradoras do latim genuíno, esse que tanto prestígio lhes conferia. Como informa Frederico Lourenço, na sua volumosa – e, de resto, interessantíssima – *Nova gramática do latim*, de 2019, "enquanto pôde haver paganismo (foi no século v que se multiplicaram as leis contra a prática pagã), autores cristãos e pagãos escolarizados tinham a mesma formação e os mesmos modelos". Quem, então, criou a nova realidade linguística?

A primorosa obra historiográfica de Martín Fernández Calo, *Estado, poder e estruturas políticas na Gallaecia. Séculos II a.C. - VIII d.C.*, de 2018, nunca se ocupando de questões de idioma, fornece contudo uma pista, ao retratar as elites que tanto na Antiguidade romana como nos períodos suevo (411-585) e visigodo (586-711) dominavam o território que nos interessa. O autor exprime-o assim: "As elites sociais galaicas experimentaron un proceso de reforzamento progresivo durante toda a Antigüidade, o que incidiu directamente no funcionamento da política e da administración, especialmente local, pero tamén nos niveis xeográficos superiores nas etapas históricas xermánicas, en consonancia co proceso de señorialización [progressivo domínio duma nobreza] política". As sucessivas capitalidades no Reino Suevo – Ourense, Braga, Lugo – parecem não ter perturbado esse panorama.

Terão sido, então, os *nobres* galaicos a gerar uma estabilidade social favorável à consolidação de particularidades linguísticas autóctones? Ou terá essa ingerência tão adulteradora da norma latina sido obra dum grupo social exterior às elites, mas interventivo e finalmente decisor? Esta segunda suposição bateria certo com a hipótese formulada por Ramón Mariño Paz em *Fonética e Fonoloxía históricas da lingua galega*, de 2017, de que "moitas das innovacións xurdidas no latín galaico, e máis serodiamente [tardiamente] no romance galego, teranse espallado" de baixo para cima. Infelizmente, e como o autor assinala, nenhuma documentação disponível no-lo pode confirmar.

Uma perplexidade doutro tipo é-nos sugerida por um estudo de Joaquim Brandão de Carvalho, de 1989. Sendo o romance surgido no noroeste peninsular reconhecido, entre as demais línguas latinas, exactamente pelo seu pendor conservador e mesmo arcaizante, é deveras assombroso que ele se distinga por este tipo de mutações autenticamente revolucionárias. De facto, é como "inovadora e revolucionária" que a filóloga galega Pilar Vázquez Cuesta caracterizou, num opúsculo de 1996, a forma de latim que iria, ali, desembocar no novo idioma.

E vem, finalmente, a questão da cronologia. Quando se deram esses fenómenos? Uma coisa é certa: tamanhas operações "cortadoras" e "simplificadoras" pressupuseram um domínio *colectivo* da língua latina, impondo-se agora descobrir de que período haverá que datá-lo.

Uma norma precoce

No importante artigo de 2005, já citado, de Mariño Paz, concede-se que "non estamos en condicións de ofrecer unha cronoloxía precisa da latinización da Gallaecia". Contudo, "na capital galaica de Bracara e na súa área de influencia a latinización tiña que estar moi adiantada nos inicios do século v", isto é, por 400, num meio que era "urbana e culturalmente moi desenvolvido". O latim aí praticado era de natureza conservadora, mesmo de tipo arcaizante, dado o difícil contacto com as novidades linguísticas que iam surgindo em Roma e atingiam mais rápida e solidamente a Itália e a Gália. A Galécia, "unha periferia da periférica Hispania", não recebia, sequer, as alterações que floresciam no centro da Península. Do mesmo modo, as inovações surgidas no noroeste "non puideron, por falta de prestixio ou por falta de comunicación necesaria, estenderse cara ó centro". Recordemos, num contexto mais profundo, a génese separada dos idiomas noroestino e centro-peninsular.

O historiador galego da língua Henrique Monteagudo situa próximo do ano 600 o momento em que já toda a população galega falava latim. Foi, pois, por volta dessa época que as modificações que atingiram o *l* e o *n* – e outras houve, com igual êxito – tiveram de efectuar-se. E vinquemo-lo bem: foram tanto a perfeição do processo como a sua incontestável complexidade a exigirem uma efectivação rápida.

Estamos, claramente, perante um desses "períodos de turbulencia, de aceleración brusca" por que os idiomas passam, como expõe Monteagudo, apoiando-se na teoria das catástrofes, e que levam, segundo ensina Ivo Castro, a "uma conclusão rápida e em simultâneo de várias mudanças". Tais períodos de aceleração hão-de repetir-se, como veremos no capítulo 5.

Entretanto, qualquer observação directa dessa grande movimentação fonológica há-de escapar-nos, talvez, para sempre. Os mais antigos testemunhos da queda de *l* e *n* são irremediavelmente tardios: um documento latino de 882 denuncia as formas patrimoniais *elemosias* (por *elemosinas*, 'esmolas') e *moastica* (por *monastica*), enquanto *Froia* (por *Froila*) aparece num documento de 919 e *moimenta* (por *monumenta*) num de 959.

Existe, contudo, um ponderoso argumento para sustentarmos uma datação recuada para tão decisivo processo. Esse argumento é o *estado de língua* que encontramos quando, por 1200, se inicia a escrita nela. São, novamente, a extensão e a perfeição dos dois fenómenos o que exige uma realização marcadamente precoce.

A visão tradicional do estado de língua, nesses inícios do século XII, dá-a como "primitiva" e "ainda cheia de irregularidades". É-o certamente no domínio da ortografia, mas de modo nenhum no da gramática. Com efeito, quando o idioma aparece por primeira vez escrito, ele revela-se, sob uma grafia efectivamente caótica, um produto duma coerência e duma previsibilidade quase absolutas. Ora, sendo elas, como vimos, resultado de complexos processos, supuseram, e exigiram, séculos de intensa e colectiva prática *oral* nessa fase pré-portuguesa do nosso idioma. A língua esperou séculos para ser escrita… mas não para ser falada.

Seja lembrado de passagem que não temos, e nunca teremos, acesso a essa língua que terá sido, durante séculos, largamente *falada* naquela comunidade de noroeste, estendida depois para sul, a partir de 1050, aquando da ocupação de territórios até ao Mondego. Quando essa língua aparecer escrita, será sob uma forma estilizada, além de altamente seleccionada. Muitas palavras familiares e informais demorarão séculos a aparecer escritas.

Como demonstração do sucesso *estrutural* do idioma, podem, mais uma vez, servir-nos as soluções resultantes das supressões de *l* e *n*. Comecemos por examinar os primeiros cem anos gráficos do verbo *vir* (do lat. *venire*). As suas formas *uë*, *uéén*, *uééo*, *uéérë*, *ueessem*, *uenhã*, *uijr*, *vëeron*, *veeste* e *venna* podem parecer-nos hirsutas, rebarbativas. mas elas representam exactamente os actuais *vêm*, *veio*, *vierem*, *viessem*, *venham*, *vir*, *vieram*, *vieste* e *venha*. E que descobrimos aí? O produto diverso, e acabado, da subtracção do *n* intervocálico latino. Observemos, agora, *sair* (do lat. *salire*) no seu primeiro século gráfico. Damos com as grafias *saen*, *saiss'*, *saya*, *sayr*, *sayra* e *sayu*, que correspondem aos nossos *saem*, *saísse*, *saia*, *sair*, *saíra* e *saiu*, testemunhando o desaparecimento do *l* primitivo. Pois bem:

com quaisquer verbos que se examine, a experiência haverá de repetir-se. Tudo é previsível, tudo é rigoroso.

É verdade que, no meio de centenas e centenas de ocorrências, surgem algumas formas não sincopadas. No caso dos dois verbos em apreço, damos com um "uenir", um "sal". Trata-se, porém, quase sempre, segundo Henrique Monteagudo, de soluções arcaizantes, introduzidas como *convenções* de determinado género literário. O mesmo vale, no período inicial da documentação, para formas dos artigos e pronomes *o, a, os, as* (derivados dos latinos *illu, illa*). No *Testamento de Afonso* II, de 1214, encontramos um frequente *n* onde se esperaria não havê-lo. Mas Ivo Castro mostra, convincentemente, que mesmo aí não era articulado. E, se nas *Cantigas de Santa Maria*, achamos "mal *los* feriron" ou "gran chanto [pranto] fez *la* madre", isso é quase nada, num universo de muitas centenas de artigos e pronomes. Em casos de contracção (*do, da, no, da, ao, à*), não há sequer exemplos de desvio. Também os plurais (como *animais, principais, quais, tais*) se apresentam limpos de qualquer sombra do *l* dos singulares.

Um *l* antigo conservou-se em formas de pronomes pessoais. Ainda nos dias de hoje dizemos "Vou comprá-lo", "Vou vendê-la", "Vou abri-los", "Vou pô-las". Ou "Temo-la visto", "Tu sabe-lo bem" e semelhantes. Também achamos um *l* em contracções de *per* com o artigo, resultando em *pelo*. Um exemplo precoce, em aconselhamentos sanitários de 1496: "Pela manhã sejam os manjares cozidos". Antes disso, a contracção fazia-se com *por*, fazendo *polo*. Um exemplo tardio disto, de Frei Luís de Sousa, em 1606: "Caindo polas serras abaixo". Mas mesmo estas situações excepcionais são estritamente regulares.

Estamos, pois, perante uma autêntica *norma-padrão*, um conjunto complexo, mas estabilizado, de regras sistematizadas, consistentes, de funcionamento predizível. E, assim, no próprio momento em que se inicia a sua escrita, a língua que Portugal herdou da Galiza apresenta-se gramaticalmente consolidada, coerente, funcionando em pleno. Mostra-o Pär Larson no seu magnífico volume *A língua das cantigas*, de 2019.

Existia, decerto, uma natural *variação* territorial (a isto voltaremos no capítulo 5). Mas não se desenvolveu em parte nenhuma um sistema alternativo, e certamente não outra língua. Foi por isso que, quando Portugal surgiu, os seus habitantes continuaram, com naturalidade, a exprimir-se na língua em que o vinham fazendo. E, assim, a primeira língua de Portugal foi o *galego*. Era a que havia disponível.

Certo: por volta do ano 1000, já existia uma convivência *portucalense* distinguível da galega. Em termos actuais, eram *países* limítrofes. Mas o idioma de que se servia uma e outra cidadania era, sem sombra de dúvida, o mesmo. Um viajante castelhano não distinguiria um falar galego dum português. Já foram identificadas, nesse idioma geral, *tendências* divergentes a sul e a norte do Minho, que mais tarde, quando Lisboa se tornar o centro do país a sul, conduzirão a claras derivas. Mas o facto é que o galego e o português de 1400 eram incomparavelmente mais semelhantes que os actuais modelos de língua português e brasileiro.

Verdade é também que, nos primeiros séculos, não se sentiu necessidade de dar nome ao idioma de que os portugueses se serviam. E quando, no século XV, como já vimos, se lhe der o nome de *português*, ninguém no centro do poder, entretanto Lisboa, admitiria que falava a língua daqueles, a seus olhos, primitivos e incivilizados galegos.

Tem de reconhecer-se razão ao linguista galego-brasileiro Xoán Lagares quando se interroga: "Se ninguém diria que com a independência do Brasil nasceu neste país uma língua diferente da portuguesa, por que ainda em muitos manuais se coloca a independência do reino de Portugal, em 1139, ou qualquer outro fito [marco] histórico-político, como data de nascimento da língua portuguesa?".

Numa máquina do tempo

Os mais antigos textos conservados permitem aperceber-nos de como o galego se tornara um sistema complexo, funcional e produtivo. Esses textos são-nos como que uma *máquina do tempo*: mostram quão longo teve de ser o percurso para aí se ter chegado.

A grande qualidade atingida pelo idioma possibilitará que, pelo ano 1300, um texto galego, a *Crónica troiana*, evidencie já – escreve Souto Cabo num estudo de 1987, em que cita o trecho – "o alto grau de maturidade conseguido pola língua também na produçom prosística". Actualizo pela chamada Norma Agal do galego.

Pois que o verao foi entrado, em que os prados soem enverdecer e as árvores tenhem folhas e as aves começam a fazer seus cantos, Hércules nom quijo fazer mais tardada, e enviou polos reis que o haviam de ajudar. E eles chegárom logo aí. E el entrou no mar e com el todos os outros reis. E punham toda sua força em singrar ao alto mar quanto mais podiam. E andárom tanto en pouco de tempo até que vírom a terra que desejávam. E sabede que nunca vírom tam gram prazer desque de Grécia saírom, como quando vírom a cidade de Tróia. E nom quisérom aportar de dia, por tal que os nom vissem.

A especificidade linguística do noroeste peninsular inscreve-se num dado histórico entre todos relevante: desde tempos imemoriais, esse território apresentava-se como *um todo isolável* nos âmbitos demográfico, social e mesmo político, com grande estabilidade populacional e organizativa. Como Simone Marcenaro o exprime, em *La lingua dei trobadores*, de 2019: "A romanização da Galécia não trouxe uma rotura traumática da unidade étnico-territorial já ali existente". Isto é: desde uma remota antiguidade, a futura Galiza revelava-se um todo reconhecível e funcional.

Cereja em cima do bolo: o estudo da actual toponímia veio desenhar, com uma excepcional precisão *linguística*, esse antiquíssimo território. Deve-se essa investigação fundamentalmente ao filólogo alemão Joseph M. Piel. É dele a denominação *Galécia Magna*, ou *Galécia Maior*, para essa área, e os seus estudos tornaram possível a elaboração dum mapa (ver Mapa 2) por Carlos Filipe Nogueira, num trabalho de 1988. Esse território integrava a Galiza actual, uma faixa ocidental das actuais Astúrias e um sector que um dia será português, globalmente o Entre-Douro-e-Minho, tocando Vila Real e indo acabar no curso do Vouga.

Piel insiste num antigo *isolamento* cultural dessa região. O próprio latim da região tinha características muito distintivas, como adiante veremos. Esse latim chegou ao noroeste através do sul peninsular, hoje Andaluzia, e guardou traços particularmente conservadores, o que lhe conferiu uma suplementar coloração *culta*. Depois, o Reino Suevo, aí criado e mantido entre 411 e 585, tão-só acentuou, segundo o mestre alemão, o isolamento do território, consolidando o tipo de latim ali trazido em 27 a.C.

O nosso idioma foi, pois, desde o seu início uma criação *galega*. Como seu berço simbólico, propôs Ivo Castro a cidade de Santiago de Compostela. É também este linguista a afirmar, em comentário de 2005, numa explicitação única entre nós: "A língua a que chamamos portuguesa nasceu na Galiza e numa região minhoto-duriense que, na época, também era galega".

A inteira verdade é, porém, outra ainda. Esta língua, que tão naturalmente chamamos nossa, não iria precisar de um Portugal para existir. Ou seja, e para que fique claro: numa Península em que nunca tivesse surgido um "Portugal", existiria ainda um idioma com as estruturas fundamentais e distintivas deste, muito cedo definidas, e até hoje inalteradas. Certo: essa língua que hoje existisse *sem nós* não reflectiria as importantes marcas que nós lhe

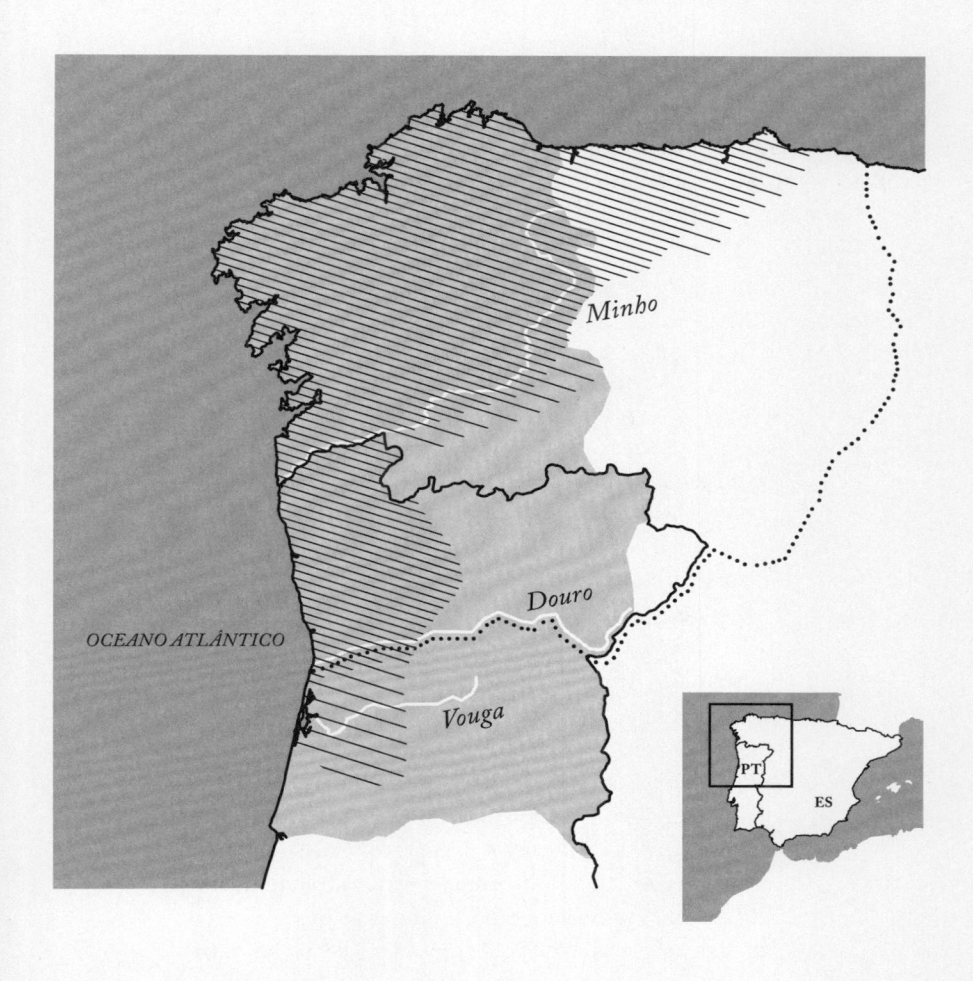

Mapa 2 *Galécia Maior segundo J.M. Piel, a partir*
de mapa de Carlos Filipe Nogueira (1988)

...... Limites província da Gaellaecia (Baixo Império Romano, séc. v)
▓ Limites Reino da Galliza (séc. xi)
≋ Galécia Maior
⟍ Extensões máximas da Galécia Maior
— Limites atuais de Portugal

imprimimos (expostas adiante, nos capítulos 5 a 7). Mas seria tremendamente parecida a esta.

De momento, manteremos para as considerações históricas as designações "o nosso idioma", "a nossa língua", e haveremos de chamar *galego* e *português* a cada conjunto que convier distinguir.

PAUSA PARA O CAFÉ

Nenhum país deste mundo teve jamais a existência previamente garantida, e Portugal não é excepção. Teria bastado qualquer insignificante conjunto de circunstâncias, num passado mais ou menos remoto, para impedir que este ou aquele país tivesse germinado e vicejasse. Acontece, porém, que, exactamente no caso português, algo deveras trivial aconteceu, que deu aquele empurrãozinho decisivo.

Em 1086, Afonso VI, rei da Galiza, e também imperador de Leão e Castela, viu-se em apertado transe na luta contra os mouros em Sagrajas, também conhecida por Zallaqa. Foi então aconselhado a pedir ajuda a príncipes aliados franceses, e assim veio da Gália o duque Eudo com um batalhão de gente rija. A ajuda foi útil, mas não em demasia, e o duque resolveu regressar à tranquilidade pátria. Só que, ainda a tempo, lembrou-se de que, perto dali onde estava, num qualquer mosteiro galego, vivia uma tia sua, e que a senhora merecia uma visitinha.

Acontece que, com ele, tinham vindo dois nobres, primos entre si, os cavaleiros Raymond e Henri. Com todo aquele atraso, acharam os dois que a terra era boa para ficarem, e foi o que fizeram. Tendo caído nas boas graças do imperador, decidiu este dar-lhes o comando de férteis e recuadas terras. A Raymond coube uma parte da Galiza, a Henri, o condado de Portucale. Não foi tudo ainda: um e outro receberam uma oferta de casamento com uma filha do poderoso senhor. Assim se faziam as coisas então. Henri desposou Tarexa, e passados tempos nasceu-lhes um miúdo, Afonso filho de Henrique.

Já se entendeu: tivesse o duque francês regressado de imediato a casa, sem se despedir da senhora sua tia, e a própria existência de um Portugal teria sido problemática.

Salinas e moinhos

As síncopes de *l* e *n* entre vogais atingem todo o seu efeito revolucionário, se não devastador, naqueles vocábulos em que se verificou a queda de *ambas* as consoantes. Também este fenómeno não foi, até este momento, objecto de suficiente atenção. Trata-se de casos de complexidade acrescida, e não admira que quase sempre de sucesso histórico relativo.

Tomemos, primeiro, o lat. *solanu*, dito do vento 'que sopra donde nasce o Sol'. Enquanto o espanhol conserva, com naturalidade, um íntegro *solano*, nós perdemos a articulação de ambas as consoantes intervocálicas, obtendo *soán*, que o galego conservou, com o valor geograficamente entendível de 'vento do sueste'. Esse *n* final não era articulado, indicando tão-só um som velar, formado no céu da boca. Em Portugal, o *soão*, subindo do Saara, chega – numa circulação contra os ponteiros do relógio – ora de leste ora também de sueste. Este relacionamento com o Sul inspirou a grafia *suão*, hoje a mais corrente. Há uma canção, "Rosa dos ventos perdida", de Adriano Correia de Oliveira, e letra de António Ferreira Guedes, que principia com "Vento sul vento suão/ Vento norte viração". Para eterna frustração dos linguistas, a etimologia popular, ou de cozinha, ganhará sempre à histórica.

Destino diferente, teve-o o lat. *salina*. A supressão das duas consoantes criou *saía*, de que o português ainda fez um efémero uso sob a forma *sainha*. Mais duradouro foi o gal. *saíña*. Sobreviveu na toponímia (existem na Galiza seis localidades de nome *Saíña*) e goza de acolhimento dicionarístico como substantivo comum. Mas o esp. *salina* acabou convencendo ambas as comunidades ocidentais. Certos autores crêem ver neste e noutros casos uma prestigiante "relatinização". Só que, como exporemos no capítulo 7, é mais consentâneo com a realidade aceitar que, na larga maioria dos casos, para essa adopção da forma latinizante, a crescente familiaridade com um espanhol já altamente latinizado funcionou, pelo menos, como forte estímulo.

Um exemplo ilustrativo de bem-sucedida supressão de *l* e *n* é *moinho* (gal. *moiño*), do lat. *molinu*. A consoante palatal é tardia, precedida pela forma *moĩo*, que se manteve por séculos.

Caso comparável é o do gal. *cuíña*, dum original *colina*, através de *cuĩa*, produto das duas eliminações. Essa forma está abundantemente presente na onomástica e na toponímia (existem 34 localidades *Cuíña*). A língua portuguesa não participou nesse processo, aliás genuinamente patrimonial, e adoptou em 1675 o neologismo *colina*, provavelmente do italiano, através do espanhol. Mas a forma *cuíña* oferece-nos o suplementar bónus desse *u* gráfico, testemunha da factual pronúncia do *o* átono, como também fazem as velhas grafias *Purtugal* e *purtugueses*. Trata-se, pois, de pronúncia antiquíssima, essa ainda hoje audível no primeiro *o* de *bonito*, *andorinha* ou *Corunha*.

Um último, e espectacular, exemplo dos apertos fonológicos a que o idioma se viu submetido é *quelha* (em gal. *quella* ou *quenlla*) 'viela estreita'. Partindo do lat. *canalicula* (caNaLicula) 'pequeno canal', passou por *canalelha > caãlelha > cãelha > caelha* até acabar em *quelha*.

Por fim, e de novo no âmbito gramatical, seja lembrado que a consistente síncope de *l* e *n* conduziu a soluções como *areais* ou *gerais* (gal. *xerais*), de que o espanhol conservou, naturalmente, as formas plenas *arenales*, *generales*.

Fagueiros fulanos

O efeito dessas duas pulsões autóctones, a eliminadora e a redutora de *l* e *n* intervocálicos, não se fez sentir indefinidamente. A certa altura, esses processos – que, lembremo-lo, estavam dependentes duma capacidade *social* de distinguir consoantes simples e duplas latinas, e de interferir nelas –, esses processos estancaram. Quando isso se deu, não o sabemos. Um exame minucioso das formas patrimoniais sincopadas e não sincopadas permitiria localizar no tempo a desactivação dos dois mecanismos. Mas tal exame nunca será fácil, já que tudo se passou, por definição, no desempenho *oral* da comunidade, e os seus reflexos na escrita são, como vimos, muito tardios e, para começar, escassíssimos.

A eficácia *cortadora* mostrou, entretanto, uma inesperada sobrevida, com as supressões de *l* e *n* efectuadas em arabismos, o que só poderá ter acontecido após 711, com a tomada moura do poder na Península. Fornecemos alguns exemplos, acompanhados dum sinónimo corrente (e, no caso de *fuão*, da forma actual).

ÁRABE	ESPANHOL	PORTUGUÊS	SINÓNIMO
fulán	*fulano*	fuão	fulano
halaq	*falaguero*	fagueiro	meigo
makila	*maquila*	maquia	quantia
almunada	*almoneda*	almoeda	leilão
assanya	*aceña*	acea (gal.)	azenha

As soluções *fuán, fuão* e *foão*, derivadas do ár. *fulán* 'alguém', implicaram, como se vê, a supressão de *l* e de *n*. Essas formas tiveram em português uma longa carreira, tendo ainda uso na pena do seiscentista António Vieira: "Foão não é nome – antes quem ignora o nome, ou o não quer dizer, diz 'foão'". A usual grafia *fuaõ* (isto é, *fu-ā-õ*) não deixa dúvidas sobre as três sílabas que o vocábulo mantinha. Ainda actualmente *foán* tem alguma circulação em galego. Mas foi a forma espanhola, *fulano*, que aí, e em português, acabou por triunfar.

Quanto ao adjectivo espanhol *falaguero*, ele caiu em desuso, substituído por *halagüeño* e *halagador*, relacionados com o verbo *halagar*, que por volta de 1500 substituiu *falagar*. O galego e português *fagueiro* ("A boa andança é madrasta da virtude e assim é fagueira aos seus criados", lê-se no *Horto do esposo*, do século XIV) testemunha já a perda do *l*.

Verdade é, porém, a julgar pelas suas formas, que estes arabismos nos chegaram através do espanhol. Destaque-se nisto *azenha*, efectivamente um espanholismo em português, enquanto o galego continua a dar-lhe, com *acea*, uma feição patrimonial.

Existe um caso, um caso único, de arabismo toponímico no Norte português. Trata-se de *Soeima*, no distrito de Bragança, onde se manifesta a queda do *l* no ár. *Soleima*, nome feminino.

No caso da capital, a forma latina *Olisipona* passou ao árabe como *Lixbona*, tornando-se *Lisbõa* (e depois Lisboa) na fala dos ali chegados nortenhos, que eliminaram o *n* intervocálico.

É legítimo pensar que, nesta remodelação patrimonial de arabismos, não é porventura já o antiquíssimo e misterioso substrato o que actua, e sim uma espécie de tradição linguística, que recorda: "Aqui entre nós, *éles* e *énes* entre vogais são para cortar". Nada estranho, sabendo-se como isso ainda persiste em mentes galegas. Havemos de vê-lo, com detenção, no capítulo 10.

Mas, historicamente, terá sido esse mesmo mecanismo a ir afeiçoando novas palavras, surgidas quando a acção do substrato e a memória do latim já definitivamente se tinham extinguido. Exemplo disso são as feições patrimoniais presentes em importações ainda medievais do espanhol como *avoengo* (de *abolengo*) e *saudável* (de *saludable*), ou *empada* (de *empanada*) e *enseada* (de *ensenada*).

Formas evoluídas

Um último apontamento neste exame da histórica eliminação de *l* e *n* intervocálicos. Essa eliminação operou transformações tais nos vocábulos originais, latinos, que não é raro o resultado deixar-nos estupefactos. Alinhamos aqui alguns casos das mais diversas áreas. Nalguns deles, deu-se, em data posterior, uma recuperação da forma inicial (também assinalada), com conservação da forma evoluída.

SÍNCOPE DO L

articulu	artigo
avolu	avô
calente	quente
calumnia	coima (também *calúnia*)
*coliandru	coentro
excolare	escoar
filictu	feto (planta)
nebula	névoa
papilu	pavio
pelagu	pego (também *pélago*)
populu	povo
simila	sêmea
umbilico	umbigo

SÍNCOPE DO N

*admonestare	admoestar
circinare	cercear
contenutu	conteúdo
*depanare	dobar
fraxinu	freixo
genuculu	geolho > joelho
jejunare	jejuar
lagena	laje
minutu	miúdo (também *minuto*)
ponente	poente
senara	seara
tenore	teor (também *tenor*)
venaria	vieira

Em galego, existem *coandro* (coentro), *fento* ou *fieito* (feto), *embigo* (umbigo), *contido* (conteúdo), *xeonllo* (joelho). Seja, também, vincado o particular peso de verbos neste contexto, ao acarretarem uma natural multiplicação das formas.

Em todas as suas correspondentes destas palavras (*artículo*, *amonestar*, etc.), o espanhol conservou as duas consoantes latinas. Pode dizer-se, mesmo, que o espanhol preservou uma genérica compleição latina no seu vocabulário. Em nítido contraste, o nosso idioma mostra, nesse âmbito, feições bastante mais alteradas.

Só que, a partir de 1400, o filtro patrimonial soçobrará, e o português iniciará um retrocesso, absorvendo numerosas formas alatinadas ou, como veremos, mais exactamente hispanizantes, com os *l* e os *n* nos seus lugares, já sem nenhum esforço de adaptação. Elas passarão a conviver com as evoluídas, patrimoniais, conferindo ao idioma um carácter marcadamente *híbrido*. A isto será dedicado o capítulo 7.

3

Um idioma por herança

"Não nos gostamos de ver ao espelho?
Pelo contrário, gostamos imenso; só que
o espelho é o da nossa imaginação."

JOSÉ PACHECO PEREIRA,
PÚBLICO, 9 ABR. 2011

Uma memória fóssil a sul do Minho

A eliminação de consoantes entre vogais, sobretudo de *l* e *n*, detidamente examinada nos capítulos anteriores, veio esculpir de modo definitivo o léxico, e até a gramática, do noroeste peninsular. Comparadas com as do espanhol, as palavras galegas e portuguesas afiguravam-se curtas e ricas em séries de vogais.

Nalguns casos, foi o português a dar folga aos mecanismos abreviadores. Pense-se em *mau* (do lat. *malu*), *coima* (de *calumnia*), *incréu* (de *incredulu*), *meão* (de *medianu*). Mais tarde, num processo habitualmente tido por "relatinização" (ver capítulo 7), haveriam de adoptar-se as formas plenas *calúnia*, *incrédulo* e *mediano*.

Marcante foi, também, a inserção dum *i* de transição (ou epentético), destinado a quebrar a sequência de duas vogais em hiato, sentida como forçada. Assim, enquanto a língua galega continuou a dizer e escrever, por exemplo, *candea* (do lat. *candela*) e *freo* (do lat. *frenu*), a portuguesa criou *candeia* e *freio*.

Não faltam, todavia, ao próprio galego formas evoluídas, por vezes violentamente evoluídas, como *queiro* 'dente do siso' (do lat. *canariu*, 'próprio dum cão') e *bieito* (do lat. *benedictu*), adjectivo comum, ou nome de papas e cidadãos, que também deu *bento*. De resto, historicamente, a patrimonial aversão a *l* e *n* intervocálicos inspirou soluções extremas, e na verdade insustentáveis, de que são exemplo acabado as formações *aa*, redução de *ala* (do lat. *ala* 'asa'), e *eãyo*, radical evolução de *inane* (do lat. *inane* 'vazio, que não tem coisa alguma'). Encontramo-las nas *Cantigas de Santa Maria*. A primeira na frase "dun gran colb' [golpe] a aa lle britou" e a segunda, encontrável duas vezes, como sinónimo de 'tolo, presunçoso'.

Nessa porfiada busca da forma mais curta, geravam-se – sempre que a queda dum *l* e dum *n* conduzia a soluções idênticas – perigosas proximidades, permanentes focos de confusão. Exemplo disso foi *cear*, que correspondia tanto a *cear* (do lat. *cenare* 'cear') como a *cear* (do lat. *zelare* 'zelar'). Ou *ceo*, que representava tanto *céu* como *cio*. No decurso do tempo, encontraram-se saídas felizes para estes e outros apertos. Um produto de síncopes diversas são, ainda hoje, os verbos *consoar* 'fazer soar conjuntamente' (do lat. *consonare*) e *consoar* 'tomar a refeição de Natal' (do lat. *consolare*). Nem um nem outro são correntes, ao contrário dos seus derivados *consoante* e *consoada*.

Só que, à data das primeiras escritas, a precisa origem de algumas formas sincopadas estava já esquecida. Mostram-no as grafias "esta mũa" (por "esta mula") e "besta mũar" (por "besta mular"), como se fosse um *n*, e não um *l*, a consoante caída. A estas tentativas desajeitadas de escrever bem chamam os linguistas *hipercorrecções*. São fruto dum excesso de zelo.

Importante é também isto: todo esse bulício desencadeado pela eliminação de *l* e *n* intervocálicos ficou confinado ao território do noroeste peninsular (ver de novo o Mapa 2, na p. 87). Os exemplos, tanto no território galego como no português, são numerosos. Resultado extremo disso, em Portugal, foi a queda de *n* e de *l* em *Painções* (Ponte da Barca), de *Paniciales*, e em *Fiães* (Melgaço), de *Fenalea*, assim como a de dois *l* em *Feitais* (Sabrosa), de *Filictales*. Fora desse território, as duas consoantes mantiveram-se, e não só a leste, no espaço centro-peninsular, mas também a sul, abaixo do Douro. Em suma: a toponímia é, ainda hoje, a prova viva duma reviravolta linguística que estava consumada quando o Reino de Portugal surgiu.

Muito recomendável é o artigo de Paulo Martínez Lema, indicado na Bibliografia final.

PAUSA PARA O CAFÉ

Como era, entretanto, o panorama linguístico a sul do Douro?

Os moçárabes – a população cristã no seio dum mundo arabizado – conservavam a sua língua latina, o *moçárabe*. Dele sabemos muito pouco, mas um aspecto é-nos perfeitamente nítido: nele, eram preservados o *l* e o *n* intervocálicos. Exemplos disso são *azêmola* e *azeitona*, que assim entraram na norma portuguesa.

A dialectóloga Manuela Barros Ferreira descreve o moçárabe como "um descendente do latim falado, já com regras próprias na maneira de construir as frases e pronunciar as palavras, isto é, uma espécie de crioulo romance, o que falariam os habitantes do sul da Península Ibérica no século VIII, no momento em que começou a islamização do território".

Incisivo é, neste ponto, o linguista alemão Johannes Kabatek quando escreve:

> *Por um lado, Lisboa era um centro importante, cuja população incluía uma vasta proporção de moçárabes falantes dum idioma romance no momento da conquista, mas, por outro,*

a língua dos conquistadores vindos do norte era o galego.
Daí que o português possa ser interpretado quer como um
galego moçarabizado quer como um moçárabe galeguizado.

Cláudio Torres, director do Campo Arqueológico de
Mértola, sublinha, num artigo de 1999-2000, a existência duma "linha de continuidade civilizacional" que só foi
"interrompida pela Reconquista, quando são introduzidas
nas terras do Sul os primeiros corpos estranhos de uma
nova formação social que, de um modo geral, catalogamos
como feudalismo". Mesmo assim, acrescenta, "o processo
de extinção do Portugal arabizado ou mediterrânico tem
sempre encontrado fortes resistências e felizmente nunca
chegou a ser concluído".

São escassos os textos que nos chegaram do moçárabe.
Em compensação, é abundante a toponímia em que as
características desse idioma ainda hoje se reflectem. E a
mais manifesta dessas características é, de facto, a presença
de *l* e *n*. Alguns exemplos:

L
Avenal (Coimbra)
Columbeira (Leiria)
Feliteira (Lisboa)
Grândola (do lat. glandula)
Mértola (do lat. Myrtilis)
Roliça (Leiria)

N
Barcarena (Oeiras)
Benedita (Leiria)
Fanados (Beja)
Fontanelas (Lisboa)
Terena (Évora)

Os nomes destas localidades, assim como o do rio *Odiana*
(tornado, por influência do espanhol, *Guadiana*), escapa-
ram ao destino que, a norte, lhes teria eliminado os *l* e
n entre vogais.

Particularmente curiosos são outros topónimos que aparecem em zona moçárabe, como *Sines* (Setúbal) e *Messines* (Faro). Estes nomes derivam do lat. *Sinu*, 'forma côncava ou em semi-círculo', que em português evoluiu para *seio*, dando igualmente *enseada*. Designava qualquer tipo de 'arredondamento': o pano em que as mães transportavam o bebé, o arredondado das velas, uma baía (o caso de Sines). Em zona moçarábica, conservou o *i* breve e o *n* intervocálico. Entre os topónimos mencionados por Manuela Barros Ferreira, figuram ainda *Corte Sines*, perto duma importante depressão pesqueira do Guadiana, e *Pego do Sino*, nas cercanias de Ourique, algo como 'Pego da concavidade' ou 'Pego do pego', dando origem a lendas de misteriosos sinos submersos que, de quando em quando, viriam à tona para fazer soar uma só badalada...

A língua do noroeste ibérico viu, nesse secular e tormentoso processo anterior à escrita, refazerem-se centenas de vocábulos, o que conferiu a essa língua uma imagem sonora – e mais tarde também gráfica – inconfundível. Nesse cantinho da Península, cedo se estabeleceu um sistema linguístico estruturalmente *irredutível*, com dinâmicas impensáveis nos territórios vizinhos. Quando, séculos mais tarde, Portugal se emancipar do conjunto político galaico, receberá em herança o produto dessa imensa movimentação. E, curiosamente, é na linguagem dos portugueses que se conserva, como que fossilizada, uma *memória auditiva* dessa convulsão linguística. Vejamos como.

A fala dos galegos rurais e a dos portugueses é caracterizada por um fechamento (nome técnico, elevação) das vogais que ficam fora do acento tónico, chamadas *átonas*. Esse fenómeno torna a fala duns e doutros menos entendível. No caso do português europeu, o *a* fecha-se (em *camarada* só o penúltimo "a" é aberto), o *e* some-se (*telefone* tem uma única silaba, *tlfón*', enquanto no Brasil tem quatro, *têlêfôni*) e o *o* soa "u" (assim soam as três vogais em *sortudo*).

Pois bem, sempre que, historicamente, o banimento dum *l* ou dum *n* deixou em contacto directo duas vogais átonas, elas acabaram fundidas numa só, mas agora soando *aberta*. Eis a razão por que, em Portugal, abrimos um *a* pretónico em *bradar* (de **balaterare*), *caveira* (de **calavaria*), *padeiro* (de **panatariu*) ou *sadio* (de *sanativu*). O mesmo se verifica em *Camões* (do lat. hisp. **calamone*) ou *Tavares* (de *talavares*). Por igual razão se abre um *e* pretónico em *aquecer* (de **adcalescere*), *freguês* (de *filiu ecclesiae*), *geração* (de *generatione*) ou *gerador* (de *generatore*), assim como um *o* pretónico em *corar* (de *colorare*).

Estas sonoridades tão excepcionais, mantidas à revelia do sistema fonológico do português europeu, constituem em si mesmas uma viagem aos primórdios do idioma. Elas são *vestígios acústicos* do grande cataclismo ocorrido, por volta do ano 600, na língua do noroeste ibérico.

Também na toponímia achamos esses rastos sonoros. Várias quedas de *l* e *n* originaram colisões de duas vogais pretónicas, resultando em aberturas ainda hoje perceptíveis e que aqui indicarei com acento grave. É o caso do *a* aberto em *Àriz* (Marco de Canaveses) que foi *Alariz*, em *Aveiro* que foi *Alaveiro*, em *Espàriz* (Guimarães e Celorico de Basto) que foi *Spanarici*, em *Pàdim* (Braga) que foi *Palatini*, em *Gàmil* (Vila Nova de Cerveira) que foi *Galamari*, em *Màriz* (Braga e Vila Nova de Gaia) que foi *Amalarici*, em *Tàgilde* (Vizela) que foi *Athanagildi*. Soa também um *e* aberto em *Bèsteiros* (Amares), do lat. *balista*, que deu *besta* (bésta), 'arma de guerra', e em *Fèteira* (ilhas do Faial, Pico e São Miguel), de *feto*, 'determinada planta', proveniente do lat. *filictu*. E achamos um *o* aberto em *Espòsende* que foi *Spanusindi*. Obtive grande parte destas informações na valiosíssima obra *Apontamentos acerca do falar do Baixo-Minho*, de F.J. Martins Sequeira, de 1957. A isto voltaremos no capítulo 9.

Tudo isso é duma importância histórica que, quanto sei, nunca foi assinalada. A persistência dessas insólitas aberturas só pode significar que esse *fechamento* das vogais átonas é um fenómeno antiquíssimo. O português europeu – conhecido por apagar sistematicamente essas vogais – conserva assim, como num relicário, um estado de língua que atravessou, intacto, 1400 anos. É obra.

PAUSA PARA O CAFÉ

No extremo leste de Trás-os-Montes, e mais particularmente em Miranda do Douro, fala-se uma língua, o *mirandês*, pertencente a uma área linguística diferente da do galego e do português: a asturo-leonesa. Nessa língua, os *l* e *n* intervocálicos latinos, simples ou geminados, foram mantidos. No mapa da p. 135, essa área acha-se indicada a tracejado no ângulo superior direito.

Podemos observá-lo nos versos iniciais do magnífico poema "Dues llénguas" de Fracisco Niebro, pseudónimo do advogado e professor universitário Amadeu Ferreira (1950-2015), grande dinamizador e promotor da língua mirandesa.

O poema descreve, de modo impressivo, o processo interior do bilingue de mirandês e português na sua trabalhosa *acomodação* a dois idiomas, tão diversos, na experiência dele (destaques e tradução meus).

> *Andube* anhos *a* filo cula *lhéngua trocida* pula
> *oubrigar a* salir *de l sou camino i* tener *de*
> *pensar antes de dezir las palabras ciertas.*

> *Andei* anos *a* fio com a *língua torcida* por a
> *obrigar a* sair *do seu caminho e* ter *de*
> *pensar antes de dizer as palavras certas.*

Pertencem, assim, à norma mirandesa formas como *bolar* (port. *voar*) e *lhuna* (port. *lua*), por um lado, e por outro *eilha* (port. *ela*) e *anho* (port. *ano*). Aquando do reconhecimento do mirandês como língua própria, em 1999, foi para ele adoptada a ortografia portuguesa, numa tarefa dirigida pela dialectóloga Manuela Barros Ferreira.

Aconchego e autoconfiança

Através do exame da queda de *l* e *n* e da simplificação de *ll* e *nn* intervocálicos, dois processos, como vimos, ordenados e sistemáticos, tornou-se claro, e mesmo inquestionável, que toda essa movimentação – e chamar-lhe *convulsão*, repita-se, não é de mais – teve lugar em época bem mais remota do que até hoje foi habitual supor, e certamente não mais tarde que 600 d.C., isto é, meio milénio antes de Portugal surgir como realidade política. Para que estes e outros fenómenos decisivos acabassem por revelar-se tão sistemáticos e tão sólidos, foi necessário terem-se iniciado muito cedo. Nesse sentido, o exame aqui feito desses fenómenos constitui, como já dito antes, uma *máquina do tempo*, transportando-nos até essas remotas eras.

Repitamos o que sobre isto foi dito no capítulo 1, pois nunca esta matéria foi expressa em *histórias da língua* ou ensaios linguístico-históricos: para que os numerosos *l* e *n* latinos intervocálicos acabassem eliminados e os também numerosos *ll* e *nn* latinos intervocálicos fossem reduzidos, uma e outra operação com a eficácia e o êxito conhecidos, foi necessário um *desempenho oral colectivo em latim*, e ele só pôde vigorar quando essa era ainda (ou já) a língua dominante no noroeste peninsular, o que remete para época marcadamente recuada, que situámos em redor do ano 600.

É-nos, portanto, claro, e nisto insisto: o idioma dos portugueses não apareceu com Portugal, ou mesmo quando um Portugal se preparava, senão bem antes. Aí está uma perspectiva inesperada, contra-intuitiva mesmo, para quem, como muitos de nós, sempre concebeu a nossa realidade histórica dentro dos acolhedores limites de "um povo, um território, uma língua". Na realidade, essa história que há séculos andamos contando uns aos outros é uma narrativa feita à nossa estrita medida, proporcionando-nos aconchego e autoconfiança. A isso nos estimulam aquelas *histórias da língua* que, implícita mas convictamente, sugerem um idioma formando-se tardia e aceleradamente a partir dum latim miraculosamente ainda em uso oral, e pronto para servir esse Portugal que não demoraria a aparecer. E assim, naquela primeira tarde portuguesa, ali estava um idioma novinho em folha, nascido por geração espontânea, prestes a estrear, para exclusivo proveito e alta recreação da nova grei.

Muito clara nessa convicção era a *História da literatura portuguesa*, de 1936, de Agostinho Fortes e Albino Forjaz de Sampaio, na qual se lia: "A língua portuguesa aparece no século XII, época da constituição da nacionalidade, embora antes, a partir do século IX, se vislumbrem alguns elementos que a hão-de formar". E assim, nesse século XII, tudo se conjugava a nosso especial favor: a nacionalidade, a língua e a escrita.

Uma amostra, esta deveras caricatural, da fixação num idioma exclusivo é dada por José Pedro Machado, em *As origens do português*, opúsculo de 1945. Tendo fornecido exemplos das síncopes de *l* e *n*, informa: "O galego também conheceu este fenómeno". A segunda edição, de 1967, conservará intocada a observação. O grande mestre da língua terá certamente tido, nos muitos anos que ainda viveu, suficientes oportunidades de afinar a perspectiva.

Actualmente, o sector mais lúcido da linguística portuguesa assume que a realidade política portuguesa se exprimiu, desde o primeiro momento, no idioma do território *galego* em que Portugal se originou, já que esse era o único idioma disponível. Começa, assim, a tornar-se conceito comum entre nós que, até 1400, o norte e o sul do rio Minho se serviram da mesma língua, crescentemente com particularidades próprias, mas insuficientes para definirem idiomas diferentes, ou sequer dialectos.

Escreve a esse respeito Johannes Kabatek: "Morfologicamente e sintacticamente, galego e português são tão semelhantes, ainda hoje, que pode presumir-se que as diferenças na Idade Média eram predominantemente de natureza lexical e fonética". Isto é, naquelas áreas que menos definem os idiomas. E a professora coimbrã Clarinda de Azevedo Maia, veterana nestas matérias, assinalava, em 1994, "a existência durante o período medieval, sobretudo durante os séculos XIII e XIV, de uma comunidade linguística no noroeste de Portugal e na Galiza, não implicando esse facto uma total homogeneidade na língua das duas regiões". E ajuntava, nesse artigo sobremaneira esclarecedor: "Até ao termo do século XIV [isto é, 1400], *é impossível separar linguisticamente* a Galiza do Norte de Portugal até ao Douro" (destaque meu). As diferenças – realmente de ordem quase só fonológica – não conseguiriam, insistamos, distinguir sequer dialectos.

O estranho é que não tenha existido, e não exista, na historiografia linguística portuguesa, o menor interesse em cartografar o que galego e português tenham tido, ou mantenham, de comum. Tratando das duas variedades, a atenção fixa-se sempre na "diferenciação", nos "traços diferenciadores", no "processo de diferenciação". Estou a citar um artigo de 2015 da linguista Sónia Duarte, da Universidade do Porto, artigo fundamental que mais vezes referiremos. Quase se suporia, no investigador português, um vago mas eficaz receio de que, investigando tais domínios, saltasse à vista uma tal proximidade entre português e galego que a imagem portuguesa do próprio idioma como único e irredutível pudesse vacilar.

Só que a história foi o que foi, e este idioma começou por não ser nosso. Esperança Cardeira, importante historiadora da língua, desenhava, em *O essencial sobre a história do português*, de 2006, esta geografia do idioma: "À entrada do ano 1000, no noroeste peninsular, uma região que se estendia da Galiza a Aveiro, abarcando, ainda uma faixa das Astúrias, delimitava já um romance com contornos peculiares". O que isto queria dizer, dizia-o ela também, numa linguagem saudavelmente fora da caixa (que aqui se destaca): "Não é ainda Portugal, não é ainda língua portuguesa. [...] *Antes de Portugal, antes do português*, no limiar do século X,

já estava constituído um romance", e as suas características distinguiam-
-no do todo peninsular.

Assim foi realmente. Por isso, a linguística portuguesa mais esclarecida
sugere que denominar *português* qualquer variedade linguística anterior a 1400
é resvalar num anacronismo, e pelo menos numa sofrível incongruência. Até
essa data, Portugal utilizou a língua que herdara ao fazer-se independente:
o *galego*. Historicamente, o português é um fenómeno tardio.

PAUSA PARA O CAFÉ

Em pleno Baixo Alentejo, junto a Vale de Açor de Baixo,
no concelho de Mértola, existem três pequenos aglome-
rados, ou *montes*, que dão pelo nome de Viegas, Eirinha
e Outeiro. *Viegas* derivou de *Venegas*, e este do ár. *Ibn
Egas* 'filho de Egas', com perda do *n*. Uma *eirinha* é uma
pequena *eira*, do lat. *area*. E *Outeiro*, do lat. *altariu*, reúne
dois ditongos decrescentes, tão característicos da língua
criada no Noroeste.

Para Eirinha e Outeiro, foi uma longa viagem, essa, da
frescura de Aveiro aos calores do Alentejo. Mas o material
chegou em perfeitas condições.

Tenha-se, porém, em conta que, mais tarde, os ditongos *ei* e *ou* se monotongaram a sul do Tejo, soando aí os
nomes das duas localidades, respectivamente, *êrínha* e *ôtêru*.

Os mitos são, no entanto, teimosos, e ainda persiste a fixação num idioma
exclusivo. Veja-se este inequívoco testemunho.

No primeiro volume, de 2013, da *Gramática do português*, obra colectiva
editada pela Fundação Gulbenkian, o brasileiro Rodolfo Ilari ocupa-se
do capítulo "O português no contexto das línguas românicas". Tudo aí é
exposto como se o idioma português tivesse surgido do seio do latim no
século XII, isto é, aquando da fundação da nacionalidade. Segundo o autor,

"os forasteiros que iam a Portugal" nesse século encontravam uma língua que soava "bárbara". A eliminação de *l* e *n* intervocálicos é, em seu entender, "um exemplo de inovação que surgiu *no território português*" (destaque meu). O infinito pessoal – que sabemos ter-se desenvolvido no espaço galaico – é dita, estranhamente, "uma construção que não tem paralelo nas demais línguas românicas". E assim durante quinze cerradas páginas. Não há, nesse decisivo capítulo, uma palavra sobre o galego, a Galiza, ou sequer a Galécia.

Não é infelizmente caso único. Entre nós, o historiador Miguel Real escrevia em 2011, numa *Introdução à cultura portuguesa*: "Portugal nasce de duas paixões: a da guerra e a do lirismo de uma visão poética e espiritual do mundo. […] Movidos pela instabilidade da terra e pelo desejo do céu, homens e mulheres amam-se no intervalo das pelejas e dos fossados, nascem as cantigas de amor, furtadas à Europa provençal, e as de amigo, genuinamente portuguesas". Aqui, a Galiza não existe, e nunca existiu.

Também para Frederico Lourenço, na *Nova gramática do latim*, o português emana, sem sombra de intermediários, do farto seio da língua latina.

Mas há, em tudo isto, um dado curioso. Essa nossa patente necessidade de reivindicar uma língua própria, incomparável e exclusiva está em forte contraste com a lentidão com que, historicamente, este nome de "português" se fez esperar. Como vimos na Introdução, só nos anos de 1430 encontramos um uso absoluto de "o português" para o idioma pátrio.

O galego, esse, já era como tal designado. Numas *Regles de trobar*, de 1290, redigidas em occitano, dizia o catalão Jofre de Foixà: "Se quiseres fazer um cantar em francês, não deves misturar nele provençal, nem siciliano, nem *galego*, nem outra linguagem" (destaque meu). Era um primeiro reconhecimento internacional desse idioma do noroeste ibérico em que se produziam excelentes líricas de amigo, de amor e maldizer. E, ao dizer "galego", o autor occitano não quis certamente excluir as produções poéticas de Portugal. Com esse nome que nos englobava, era, pois, o nosso idioma que andava já nas bocas do mundo.

Um apontamento de interesse histórico. Houve, por meados do século XX, um grupo de investigadores, ligado mormente à Universidade de Coimbra, que pôs em dúvida a origem nortenha do idioma, sugerindo antes o centro de Portugal como seu berço. Era uma ideia insustentável, hoje abandonada. Dois dados de fácil observação a contrariavam, também: a crescente diversidade de formas à medida que se avança rumo a norte e a peculiaríssima toponímia do Entre-Douro-e-Minho. A esse respeito, escrevia Clarinda de Azevedo Maia, professora da universidade coimbrã, que estudou abundantes textos medievais dos dois lados do Minho: "Os textos da Galiza caracterizam-se, relativamente aos de Portugal, por uma maior riqueza de possibilidades não só gráficas, mas também fonéticas, estas últimas como consequência da falta de unidade linguística que sempre caracterizou a região". Ora, importa sublinhar, esse é um fenómeno conhecido da *genética*: quanto mais originais os cenários, maior diversidade de traços patenteiam.

Uma história exemplar

O linguista brasileiro e o ensaísta português acima citados permitem-se aquela radical e patente negação da Galiza, não certamente porque fosse isso o que visavam, mas singelamente porque o ambiente cultural em que actuam não alimenta qualquer expectativa no respeitante àquele país. A verdade é esta: a Galiza não faz parte das preocupações expectáveis, menos ainda faz parte do *imaginário* dum português e dum brasileiro médios, ainda que cultos. A auto-imagem brasileira, e mesmo portuguesa, dispensa qualquer tipo de alusão, positivo ou negativo, à realidade galega. Nas histórias que nos contamos sobre nós mesmos, não existe uma personagem chamada *Galiza*. Ou uma referência à *língua galega*. Veja-se este episódio exemplar.

Em 1886, um advogado português, Inácio Silveira da Motta, fez uma viagem além-Minho. Num livro saído três anos depois, *Viagens na Galiza*, descreve, a dada altura, uma estada em Compostela, onde o impressionou a quantidade de hospitais. Tendo referido um deles, informa Silveira da Motta:

> Além deste hospital há o de S. Roque e o das Órfãs ou de Salomé; e houve também o da *Raiña* [destaque original], onde, segundo reza a lenda, se acolheu a boa e virtuosa viúva do nosso rei d. Dinis, quando veio em peregrinação à sepultura do apóstolo. O nome *português* [destaque meu], que este humilde asilo manteve durante séculos, corrobora porventura a poética tradição.

Eis aqui um português feliz por ver a sua língua honrada além-fronteiras. O relato reserva-nos, no entanto, um pequeno golpe de teatro. O advogado vai adquirir uns volumes de poesia, "compostos no dialecto galego", entre eles *Follas novas*, de Rosalia de Castro, na edição de 1880. E deste livro cita algumas passagens, com que pretende, diz ele, mostrar ao leitor português

> o estado em que ao presente se encontra [...] o canoro e onomatópico dialecto com que se formou e robusteceu a senhoril, enérgica, harmoniosa língua

de Barros e de Lucena, de Camões e de Vieira, de Luís de Sousa e de Manuel Bernardes, de Herculano, de Castilho e de Garrett.

É uma inesperada concepção, esta, do galego como realidade "com que se formou" o português. Nesses finais de Oitocentos, e durante muito tempo ainda, este advogado viajante esteve nisso bastante desacompanhado.

Tempos depois, no verão de 1905, o médico e contista Fialho de Almeida visita, ele também, a Galiza. Desde a morte de Eça de Queirós, em 1900, é ele o escritor mais conceituado no seu país. Esta é a segunda de três estadas suas em terras galegas, e nela redige um diário de viagem, extenso e pormenorizado, que ficará inédito durante quase um século. Só em 1996 é publicado, na editora galega Laiovento, com o título *Cadernos de viagem: Galiza: 1905*. Foi feita uma edição portuguesa, em 2001, de que se citará.

Aí vemos Fialho, certo dia, num jardim de Ourense. Tinha havido um aguaceiro e o viajante anota:

> As árvores lavadas, fresquíssimas, deixam cair uma luz verde, das copas de folha translúcida. Há cheiros de magnólias que estão agora em flor. As crianças brincam descalças, quase todas dos arredores, no jardim. Os pássaros cantam. Vozes infantis que chamam, prolongando a última sílaba: "– Pepitôoo!… Juanitôoo!… Marcial!" ou os diminutivos portugueses – "Pépiño! mira lo que voy a decirte…"

Tal como Silveira da Motta em *hospital da Raiña*, o médico alentejano acredita agora ouvir português em *Pepiño*.

Dias depois, já em Mondonhedo, Fialho encontra uma velhinha, que lhe diz: "Mire señor que soy soliña…". E o autor comenta: "Aquele dialecto quase português me acabou por enternecer. É curioso que quanto mais me interno na Galiza, ao contrário do que poderia supor-se, mais o dialecto falado se parece com o português".

Imaginamos que a senhora, que contava as suas maleitas ao médico Fialho, tentou exprimir-se em castelhano. Alguns galegos fazem-no, por cortesia, ao falarem connosco. De notar que a senhora diz *soliña*, quando está amplamente documentada, à época, a forma autóctone *soíña*. Menos verosímil parece que, há um século, os miúdos do jardim de Ourense falassem castelhano entre si. Mas não é isso aqui o importante, e antes o facto de Fialho ter suposto em *Pepiño* um diminutivo português, e agora, ouvindo *soliña*, discernir duas realidades, mas realidades semelhantes. Dito doutro modo: não é que a fala do distante Mondonhedo se aproxime mais da portuguesa do que as outras. É Fialho, que até então só ouvira à sua volta falar castelhano (e assim sistematicamente no-lo reporta), se apercebe de que o cenário linguístico galego é mais complexo, e que qualquer coisa nele remete para o seu idioma materno.

"As antigas fezes"

Ao longo da história portuguesa, sempre foi ténue a percepção duma afinidade entre português e galego. Uma excepção é Duarte Nunes de Leão, na sua *Origem da língua portuguesa*, de 1606. Tendo sublinhado a "notável diferença" entre a língua francesa e as de Castela, Galiza e Portugal, afirma sobre as duas últimas: "Eram antigamente quase ũa mesma, nas palavras e nos ditongos e pronunciação que as outras partes de Espanha não têm". Espanha indicava, à época, o conjunto da Península.

Outras referências históricas ao galego, já de si raras, não são lisonjeiras. O académico António das Neves Pereira, escrevendo em 1793, tem, mesmo, uma imagem forte. Após um rasgado elogio à escrita de António Vieira, que considera ousada e renovadora, o filólogo escreve: "A este insigne escritor devemos o ter a linguagem mais expurgada das *antigas fezes do dialecto galiziano*, que a cada passo se acha de mistura nos autores que lhe precederam" (destaque meu).

Convenhamos: não é dizer pouco. O grande orador fora precedido de João de Barros, de Camões, de Lucena, de Luís de Sousa, de Rodrigues Lobo, todos mestres aclamados do idioma. Mas não, Vieira trazia uma tarefa *desgaleguizadora* que nem a eles poupa. Em passagem anterior, havia Neves Pereira mencionado, entre as fontes do léxico português, "o dialecto Galiziano". Mas esse era um ponto de vista entretanto superado. Ao comentar, agora, certa construção defeituosa, designa-a por "galegada".

Esta rejeição explícita do galego não destoa num panorama de secular e sistemático desbaste de marcas galegas do português, um processo denominado, pela própria linguística portuguesa, *desgaleguização*. Vamos estudá-lo no capítulo 5.

Mas conheciam os portugueses o galego? Pode duvidar-se. Em festas religiosas celebradas desde meados do século XVII, num Portugal já restaurado, cantavam-se, pelo Natal, pelos Reis, noutras ocasiões, numerosos *vilancicos*. Foram todos editados, à época, e somam, até cerca de 1720, várias centenas. A larguíssima maioria deles é em castelhano (objectivamente, a língua dum inimigo longo tempo guerreado), segue-se um grupo em português, e há ainda dois conjuntos menores: em galego e em língua de preto. Nesse ternurento contexto natalício, o galego parece cair a matar.

> *Galeguiños, galeguiños,*
> *ay, que os traygo que contar,*
> *que o miniño garridiño*
> *ha nacido galeguiño*
> *esta noite em hũ portal.*

Ou ainda:

> *Ay meu Rey, meu Senhor,*
> *meu lindo fidalguinho,*
> *ay morrome por bós,*
> *porque sois galeguinho.*

Hoje sabemos que os autores destes textos não eram de língua galega e que eles tão-só reflectem a imagem do indivíduo galego, sempre rústico, infantil, mesmo boçal. Reflectem, também, a imagem que se fazia do seu idioma. Daí as formas estereotipadas, fortemente castelhanizantes, e na realidade linguisticamente pobres, bem diferentes das produções galegas genuínas contemporâneas delas, compiladas ao longo de decénios pelo beneditino setecentista Martín Sarmiento. Um exemplo:

> *Farruquiño, se te fores,*
> *deixame a tua navalla;*
> *a quen me falar d'amores*
> *para lle raxar a cara.*

Repare-se no uso do futuro do conjuntivo (*fores, falar*) e em *raxar*, forma aparentada a *rachar*. É uma curiosa cantiga de amigo, duma mulher que se dirige a um Farruquiño (nós diríamos *Chiquinho*) que ainda não partiu mundo afora, mas nunca fiando.

A predominância do vilancico castelhano tem, seguramente, que ver com o prestígio desse grande idioma vizinho, um prestígio que as desavenças políticas nunca afectaram. Mas provavelmente há mais. O grande filólogo Manuel Rodrigues Lapa, que dedicou a estes textos em 1930 um detido exame, supõe que a pouca frequência do vilancico português radica, também, num receio: o da demasiada proximidade com essoutra "linguagem rude", o galego.

4

A invenção do galego-português

"Se [a língua] é 'atestada pelo menos desde o século VIII', quando ainda não existia a entidade política chamada Portugal (e nem mesmo o Condado Portucalense) e se somente no século XIV se estabeleceria uma 'fronteira linguística' entre o galego e o português, por que chamar a língua de 'galego-português' e não simplesmente galego, uma vez que a entidade político-geográfica chamada Galécia existia desde a época dos romanos?"

MARCOS BAGNO, "O PORTUGUÊS NÃO PROCEDE DO LATIM", *GRIAL*, 2011

Primeiros contactos

Em Portugal, ignorava-se tudo quanto, em matéria de poesia popular, se produzia na Galiza de Seiscentos e Setecentos, que era assinalável. E só a partir de meados do século XIX se dará a redescoberta internacional da grande lírica medieval, contida em manuscritos redigidos no que se convencionou chamar galego-português.

O primeiro contacto directo dum público português com um galego mais recente dá-se em 1877, quando Teófilo Braga, publicando o seu *Parnaso português moderno*, nele inclui, na ortografia original, poemas galegos contemporâneos. Entre eles, quatro de Rosalia e cinco de Valentín Carvajal. E porque faz ele isso? Teófilo explica-o detidamente, dedicando ao galego 26 cerradas páginas da sua Introdução. Diz ele, no essencial, que o galego foi a língua em que primeiro se poetou na corte de Castela e na de Portugal; que a actual lírica galega é uma das "formas arcaicas" da poesia portuguesa; que "a conquista romana veio muito cedo influir na constituição do dialecto galego" (o autor usa dialecto sem qualquer depreciação); e Martín Sarmiento, investigador setecentista galego, aqui citado com assentimento, afirmara: "Cuando Portugal estaba en posesión de los Moros, se hablaba ya en Galicia el idioma vulgar". São, uma por uma, concepções do maior interesse e que, quanto sei, nunca entre nós se haviam expressado. Pelo menos tão curiosa é a factual ausência, entre nós, de referências a este insólito estudo de Teófilo.

Um circunstanciado historial das relações de Sarmiento e outros autores galegos com o português é oferecido em artigo de Xosé Ramón Freixeiro Mato de 2015. Para uma visão de conjunto das relações culturais entre a Galiza e Portugal de Oitocentos à actualidade, é indispensável o artigo de Elias Torres Feijó de 2009.

Tem de dizer-se que, nesse último quartel do século XIX, vários outros intelectuais portugueses exprimiram uma adesão cultural à Galiza e ao galego que ainda agora nos deixa perplexos. Assim, o historiador Alexandre Herculano, numa carta de 1874, ao colega galego Benito Vicetto, tem afirmações, que ele poderia supor acabassem publicadas, como as seguintes: "A Galiza é um país altamente simpático a Portugal", "A Galiza deu-nos população e língua", "O português não é senão o dialecto galego, civilizado e aperfeiçoado". Esta última tese é, linguisticamente, insustentável. Mas não será a última vez que um português se crê na posse dum instrumento mais aprimorado, e um dia alguém há-de querer oferecê-lo aos galegos numa "salva de prata". Lá chegaremos.

Em 1882, numa *Gramática* liceal, Francisco José Monteiro Leite informava, repetindo Nunes de Leão, que a língua *galiziana* "foi no princípio da nossa monarquia quasi uma mesma com a nossa", e deixava implícito que foi nessa língua que o rei d. Dinis compôs as suas cantigas. Ainda mais directo foi Oliveira Martins, afirmando, em carta ao galego Salvador Cabeza León publicada em 1891: "O português não é outra coisa senão o galeciano que tomou caracteres próprios com a cultura principalmente quinhentista. Antes as duas falas não se distinguiam".

Eram tomadas de posição que surgiram para de novo se eclipsarem. Era, até, necessário atalhar essa concepção, nitidamente perigosa, dum português que se desenvolvera do galego.

Alguma perplexidade

A afirmação do académico setecentista António das Neves Pereira acerca das "antigas fezes do dialecto galiziano" figura num opúsculo do professor Ivo Castro, *Galegos e mouros*, texto duma conferência que deu em 1996, em Santiago de Compostela. Trata-se dum estudo de fundamental importância, pela informação que reúne e pela argúcia das observações. Ivo Castro reproduz essa e outras afirmações de filólogos e linguistas portugueses, no decurso da história, acerca do galego. Vamos examinar dois desses pontos de vista: o de Adolfo Coelho e o de José Leite de Vasconcelos, os mais destacados linguistas de finais do século XIX e inícios de XX em Portugal.

Escreve Adolfo Coelho na segunda edição de *A língua portuguesa*, de 1887:

> No século XV o galego, como se acha em documentos de Santiago de Compostela, tem as mesmas feições que o português do século anterior, abstraindo dalgumas raras formas particulares. Português e galego foram todavia diferenciando-se cada um do seu lado, de modo que cada um se acha em face do outro como um dialecto perfeitamente definido, não porque o português seja um dialecto do galego ou o galego dialecto do português, mas porque português e galego saíram duma mesma base comum, a língua galécio-portuguesa dos séculos XII a XIV.

Primeira constatação: até cerca de 1400, português e galego diferenciavam-se em questões de pormenor. E nós sabemos que assim foi. Os investigadores, galegos ou portugueses, apontaram até hoje, a norte e a sul do Minho, certas diferenças fonológicas e morfológicas, nenhuma das quais atinge qualquer *estrutura* do idioma. Segunda constatação: português e galego procediam ambos duma língua única, que durara de 1100 até ao século xv. Já vimos como esta convicção persiste.

Vejamos a perspectiva de Leite de Vasconcelos. O essencial está contido num artigo aparecido na *Revista Lusitana* (1887-89). Citamos conforme o original:

> O *português-galego* diferenciou-se cada vez mais, constituindo de um lado o *galego* (com os seus dialectos) e do outro o *português* (também com os seus dialectos e subdialectos). Vê-se, pois, que estão ambos nas mesmas relações com o latim, e que se não deve dizer nem que o galego provém do português, nem este daquele.

É uma afirmação estranha, essa, de galego e português se encontrarem "em idênticas relações com o latim", sobretudo quando se acrescenta que nenhum provém do outro. A sugestão é que um e outro provêm *directamente* do latim. Mais explícito é Vasconcelos quando escreve: "Há razões para crer que a língua não foi formada no norte e depois propagada para o sul com a Reconquista" e, ainda, que "no sul, antes das conquistas de d. Afonso Henriques, se falava já português".

Sejamos coerentes: se galego e português provieram, um e outro, directamente do latim, eles foram, desde o primeiro momento, *línguas diferentes*. Em que se diferenciavam então? Sobre isto nem uma palavra.

Um pensamento mágico

Leite de Vasconcelos não ficou sozinho nessa convicção de terem galego e português tido histórias geneticamente separadas. A obra filológica de Manuel de Paiva Boléo, da Universidade de Coimbra, concebe um português originado na região coimbrã, reconhece serem Norte e Nordeste as zonas mais conservadoras e arcaicas, mas nunca atribui qualquer papel à Galiza na génese e formação do idioma.

Sabe-se que os pontos de vista de Leite de Vasconcelos, em toda esta matéria, foram marcados por uma assinalável ambivalência. Um estudo exaustivo da questão foi feito pela investigadora Beatriz García Turnes no seu livro *Ideas sobre o galego e as orixes do português na lingüística lusa do século XIX*, de 2008. De grande interesse é também um artigo, anterior, "Leite de Vasconcelos e o galego", de Carme Hermida, de 1987.

Também a questão terminológica – *português-galego, galego-português, galeco-português, galaico-portugalense* – está bem estudada num artigo de Ivo Castro e Yara Frateschi Vieira, de 2009, no qual se examina a longa troca de correspondência entre José Leite e Carolina Michaëlis, a filóloga e publicista alemã que se fixou e trabalhou em Portugal desde finais do século XIX. Desse excelente estudo, retenho dois pontos mais picantes: que Vasconcelos propõe *galeco-português* para evitar *galego*, termo socialmente pouco cotado, e que Carolina está à vontade para adoptar *galego-português*, por ser ela "imune a certos pruridos nacionalistas".

A visão genericamente reinante nos meios linguísticos portugueses, repetimo-lo, entende a independência de Portugal, em meados do século XII, como factor decisivo na emancipação do português como idioma, dada por concluída à volta de 1400. É esse o momento em que o galego-português sai de cena. Assim o exprime o historiador Fernando Cristóvão. "A língua portuguesa", escreve ele, "inculta e rude nos formulários tabeliónicos ou religiosos do século XII, *rapidamente se emancipou da fase galego-portuguesa*, adquiriu feição literária já no século XIV" (destaque meu), etc. É a visão de línguas primitivas e rudes, opostas às nacionais e cultas.

Mas a concepção dum galego e dum português evoluindo *ambos* do latim continua viva. O mais recente afloramento de tal visão é encontrável na volumosa *Gramática do português*, da Fundação Gulbenkian, já citada. Aí escreve Luísa Segura, linguista da Universidade de Lisboa:

> Se é um facto que galego e português compartilharam uma fase comum, a fase do galego-português, tendo tido uma evolução comum a partir do latim e em divergência com os outros romances hispânicos, a verdade é que se sabe hoje que muito cedo – ainda na Idade Média – estas línguas começaram a divergir e que essas divergências se acentuaram sobremaneira a partir do momento em que Portugal se tornou um reino independente e o português se tornou língua de um Estado soberano.

Repare-se: mesmo falando-se numa fase do galego-português, e duma evolução comum a partir do latim, em toda essa evolução está já presente, como que por magia, um idioma português. Se o ousado rótulo de Carolina Michaëlis, *galego-português*, era já na altura uma correcção política, hoje continua a sê-lo.

Ora, já o vimos e já o repetimos: esse idioma que, por volta de 1200, surge na escrita assenta em estruturas de tal envergadura e tal complexidade que exigiram séculos de circulação oral. O único nome que cabe atribuir-lhe é *galego*. Mas a simples ideia de que, algum dia, um idioma estrangeiro possa ter sido a língua de Portugal é-nos insuportável. Foi dessa repugnância que nasceu esse famoso *galego-português*, um passe de mágica que, para conforto do nosso patriotismo, elimina intermediários entre o latim e o português. E note-se: esse magno evento de um português e de um galego brotando irmãmente, mas já separados, do farto seio latino é, por questão de segurança, imaginado em data nunca anterior ao ano 1000, quando, com um Condado Portucalense em formação, já praticamente existem *portugueses*.

Só que nunca se explicou como, em tempo recorde, se passou do latim a *duas* línguas dele derivadas, e muito menos se expôs que especificidades únicas e inconfundíveis as distinguiriam, a ponto de merecerem já *nomes* diferentes. Em suma: em tudo isto, reinam uma visão mágica da história e uma indisfarçável leviandade. Objectivo? Não afrontar mais do que o necessário o patriotismo português.

Um cenário perfeito

Há pouco mais de dois séculos, ignorava-se quase tudo quanto se havia produzido em língua vulgar, antes de 1500, em territórios galego e português. Há-de parecer-nos actualmente inconcebível, mas só a partir da década de 1820 começa a ter-se conhecimento dos textos medievais galegos e portugueses, e mesmo esse conhecimento só lentamente se foi difundindo. Diz-se, e poderá ser verdade, que Rosalia de Castro morreu, em 1885, na convicção de ter sido o primeiro poeta em língua galega. Facto é, também, que as edições dessa literatura medieval galega e portuguesa se fizeram sempre fora da Galiza, e quase sempre igualmente fora de Portugal. Elas foram aparecendo na França, na Itália, na Espanha, na Alemanha. Assim se foram conhecendo os vários *Cancioneiros*, os escritos doutrinários dos príncipes de Avis, a quase totalidade das nossas crónicas quatrocentistas.

Almeida Garrett, ao escrever, em 1826, o seu *Bosquejo da história da poesia e da língua portuguesa*, refere de passagem uns trovadores, mais o rei d. Dinis, que cultivou as letras, daí saltando para Gil Vicente. Um pouco mais tarde, em 1845, Francisco Freire de Carvalho publica um *Primeiro ensaio sobre a história literária de Portugal*, no qual tem algo mais a contar sobre a produção dos séculos XIV e XV, aduzindo já vários nomes e títulos de obras, algumas delas de conhecimento recentíssimo. Mas é visível o pouco contacto directo do historiador com as obras de que fala, à falta de edições correntes. O mesmo vale, ainda em 1862, com a quinta edição do *Bosquejo histórico da literatura*, de António Borges de Figueiredo. Foi, como vimos, o publicista Teófilo Braga a fornecer, na década de 1870, uma primeira e informada panorâmica de toda essa produção.

Esta lenta descoberta literária é, pois, contemporânea de vários outros importantes processos oitocentistas: o da construção duma *história de Portugal* consistente (com Herculano e Oliveira Martins), o duma consciência retroactiva, mas aguda, da nacionalidade e, não menos, o da confecção duma tradição, a nossa *invention of tradition*. Dito doutro modo: aquela descoberta duma produção literária medieval em português veio mesmo a calhar.

O percurso ideológico dum Teófilo historiador da literatura foi magnificamente exposto por Carlos Ferreira da Cunha, numa tese de doutoramento de 2002, na Universidade do Minho. Esse percurso inscreve-se, mormente a partir de 1873, na criação dum "imaginário colectivo nacional", num "processo de construção identitária". Trata-se duma autêntica "invenção de Portugal" em termos culturais, particularmente literários e históricos, acompanhando "a descoberta progressiva dos Cancioneiros medievais". Escreve o autor da tese: "Na génese da literatura portuguesa Teófilo descobre a existência de uma escola trovadoresca nacional, a partir da qual se teria desenvolvido organicamente a literatura nacional". A lírica dos *Cancioneiros* entroncava, agora, directamente na "pura tradição conservada no povo português".

Esta completa apropriação por Portugal duma lírica que já não é sequer galego-portuguesa achamo-la hoje, como vimos, em Miguel Real: as cantigas de amor vieram-nos da Provença, as de amigo são "genuinamente portuguesas".

O que o conhecido ensaísta faz é relacionar intimamente dois dados históricos casuais: a fundação do reino de Portugal (a chamada "primeira tarde portuguesa") e o início documental do lirismo. Eles são decerto contemporâneos, mas trata-se de pura coincidência. Com Portugal ou sem ele, esta produção lírica ter-se-ia dado. Com ou sem lirismo, Portugal poderia ter surgido.

Manuel Rodrigues Lapa, escrevendo em 1973, é taxativo: "Quando dizemos o nosso lirismo, pretendemos significar o lirismo galego-português. E, se repararmos bem, fora de toda a preocupação nacionalística, as primeiras manifestações da arte trovadoresca e até os maiores trovadores, tirante d. Dinis, acusam o predomínio evidente do elemento galego sobre o elemento português, o que pode fazer supor que o foco irradiador da nova poesia esteja sobretudo na região de Além-Minho. Pelo menos, a procedência averiguada da maior parte dos trovadores assim o indica". Esse predomínio galego é, mesmo, segundo dados de Henrique Monteagudo, em artigo de 2017, avassalador.

Mas o indevido relacionamento íntimo de factos aleatoriamente contemporâneos produz o quadro que faz emergir simultaneamente uma Nação, uma Literatura, uma Língua. Como escreve Xoán Lagares: "Este tipo de explicação histórica identifica o reino medieval de Portugal com o moderno Estado-nação português e faz nascer, ao mesmo tempo, a nação e a língua, de acordo com o ideal do nacionalismo linguístico". É esse o panorama que Miguel Real desenha, aparecendo Nação, Língua e Literatura nele geneticamente fundidas, como se nascidas dum mesmo movimento orgânico. É o *puzzle* em que tudo encaixa, satisfazendo a necessidade portuguesa de saber-se único e pleno de êxito. Achávamos já esta leitura mítica da história em Teixeira de Pascoaes, num livro de 1915 que ficou célebre, *Arte de ser português*:

> Portugal é uma raça constituindo uma Pátria, porque, adquirindo uma língua própria, uma História, uma Arte, uma Literatura, também adquiriu a sua independência política.

É esta concepção essencialista da história – surge um país, surge uma língua – a que prevalece em mentes portuguesas. A ocorrência quase simultânea dos primeiros testemunhos linguísticos e da emergência do Estado português – co-ocorrência, insistamos, inteiramente fortuita – condicionou para sempre também a visão portuguesa da *língua*. Inserir-se nela o galego só viria perturbar um belo sonho. Veja-se este caso elucidativo.

Num artigo de 2014, Ivo Castro, falando do primeiro rei português, Afonso Henriques, morto em 1185, afirmava que a língua materna do monarca lhe permitia "conversar com os de Vigo, Compostela, ou mesmo Corunha, que compartilhavam de dialectos nascidos do mesmo latim, transformados pelos mesmos processos". E acrescentava o professor: "Essas afinidades linguísticas mantêm-se no terreno até aos dias de hoje, mas para as reconhecer é necessária alguma aplicação, porque vão contra a corrente da construção de um país em que Afonso Henriques e os seus descendentes se empenharam com sucesso".

Que diz o nosso linguista? Que galego e português tiveram origem no mesmo tipo de latim, que passaram pelos mesmos processos, que as afinidades se mantêm "no terreno" até hoje. Mas também – e aqui Ivo Castro, habitualmente frontal, serve-se de eufemismos – que o admitir tal coisa vai "contra a corrente da construção de um país" próprio. Menos codificado, é a confissão de que, em Portugal, a simples admissão de afinidades linguísticas com a Galiza equivale, hoje ainda, a desafiar a concepção de país *independente*. Eis um facto estarrecedor: para um português, língua e independência são, e continuam a ser, conceitos indissociáveis. Pôr um em causa faz correrem perigo os dois.

Em forte contraste com essa genérica posição portuguesa, está o artigo de 2011 do gramático brasileiro Marcos Bagno, citado na epígrafe a este capítulo. Nele se transcreve a passagem do livro de Esperança Cardeira *O essencial sobre a história do português*, em que se fala de "antes de Portugal". A filiação directa do galego, e não do português, ao latim é a noção central, assim se avalizando outras descendências do galego, em formação no Brasil e outros pontos do globo aonde os portugueses levaram o idioma.

Saudades ao solzinho

É esta, pois, uma história de persistentes mal-entendidos, de repetidos desencontros. Infelizmente, não há outra. Ou... sejamos optimistas: *ainda* não há outra. De momento, vale essa aconchegante narrativa que, de há séculos, nos contamos ao canto da lareira. A identificação do galego como realidade próxima, mas em si consistente, só viria criar insegurança.

Existe um testemunho galego dessa resistência portuguesa a uma língua galega demasiado próxima. Deixou-no-lo Daniel Castelao na sua obra magna, *Sempre en Galiza*, em passagem de 1947. A propósito de certo intercâmbio estudantil, de coimbrões em terra galega, relata o mais célebre intelectual galego do século xx:

> Os visitantes universitarios do alén-Miño esmerábanse en falarnos nun castelán risible, i endexamais deixaron un soio libro portugués posto á venda nas nosas libreirías. Consideraban natural que os galegos soio poidéramos mercar obras portuguesas traducidas infamemente ao castelán, porque non sabían que podíamos leelas no idioma de orixe. Lémbrome que no ano 1906 fun eu a Coimbra nunha Tuna académica e os estudantes lusitanos asañábanse cando eu lles falaba en galego, coma se con eso lles lembrase calquera orixe bastardo.

Mais perto de nós, achamos um caso extremo dessa negação e, pelas circunstâncias geográficas, francamente grotesco. Em 1987, José Saramago, já então festejado autor, falou num Congresso de Língua Galego-Portuguesa, na cidade de Ourense. Nessa conferência, e referindo-se a "nós, portugueses", observava: "Se não merecemos mais do que os outros a língua *por termos sido seus criadores*, também seguramente a não merecemos menos, tanto nos direitos como nos deveres". E referia Portugal como "o próprio país de origem" do idioma (destaques nossos). Feitas em plena Galiza, estas afirmações eram, pelo menos, um sumo de indelicadeza. Sabe-se que, mais tarde, Saramago desenvolveria uma amizade, e mesmo um carinho, pela nação galega. Em *História do cerco de Lisboa*, romance de 1989, descrevendo uma cena de traduções cruzadas entre latim e árabe, anota o narrador: "O que não sabemos é se haverá por aqui alguém encarregado de passar ao galego um resumo de quanto se disser, para que se vão inteirando do debate os portugueses de uma língua só". Não é a sugestão de serem português e galego a mesma língua, mas a afirmação de o galego ser acessível a um português monolingue.

Outra convicção portuguesa: a de serem, no largo universo, os únicos a perceberem devidamente o sentimento da *saudade*, e de serem, por isso, também eles a terem engendrado um nome para tal. Estamos redondamente enganados. A saudade é um sentimento galego genuíno, e o nome que lá lhe dão é, por incrível que pareça, também *saudade*. Certo: os galegos não matam saudades, coisa em que nós somos peritos, mas sofrem com elas na alma iguais angústias. Já, em 1746, o publicista Martín Sarmiento referia "as nosas saudades, o noso tormento, as nosas tristuras". Há pelo menos três séculos que, também na Galiza, poetas e teóricos debatem esta estranha sina.

Um escritor português actual imagina-nos igualmente únicos no planeta a poder gozar dum *solzinho*. Veja-se esta cena narrada pelo cronista António Lobo Antunes, numa revista *Visão* de 2007:

> Agora é manhã e está sol. Se eu fosse Deus parava o sol sobre Lisboa, escreveu Fernando Assis Pacheco. Tão linda a minha cidade com sol, tão lindo o meu país com sol. [...] Sinto-o na rua, mesmo com estes vidros baços.
> – Está solzinho, que horas são?
> perguntava o cego. Estes nossos diminutivos de que tanto gosto. Esta maravilhosa língua tão plástica, tão dúctil. Que sorte escrever em português.

Nitidamente, o autor mostra-se convencido de que só em língua portuguesa seria possível uma palavra com a plástica, com a ductibilidade, de *solzinho*. E pode supor-se que, com ele, uma imensa mole de compatriotas.

Eles ficariam bem surpreendidos ao saberem que, para lá do rio Minho, se escreve, e se diz, com naturalidade "*Solciño* que naces pra dourar os campos", "Temos un *solciño* morno", "Senteime nun banco ao *solciño*". Mais surpreendidos ficariam ainda, se soubessem que, historicamente, as primeiras manifestações escritas do *solciño* galego são nitidamente anteriores às do *solzinho* português.

Está visto: a Galiza vem complicar um tudo-nada esta nossa, já de si complicada, arte de ser português. Mas, lirismo por lirismo, os portugueses terão de habituar-se, sem brados d'alma, à ideia de que outros dizem também: "Da miña lingua vese o mar".

Parte II
Portugal constrói uma língua

5

Em ruptura com o Norte

"São palavras tão familiares, ou melhor, soam tão familiares, que não parecem neologismos. As pessoas ouvem-nas, repetem-nas, e ficam convencidas de que sempre as utilizaram."

JOSÉ EDUARDO AGUALUSA,
MILAGRÁRIO PESSOAL, 2010

Em busca de fluência

Chegou, efectivamente, o momento de nos perguntarmos: em que idioma é dito esse rebate lírico de Vergílio Ferreira, "Da miña lingua vese o mar"? Ou, pegando por outra ponta: a que língua pertencem os vocábulos *jeitosinho* e *xeitosiño*?

Limpemos uma primeira teia de aranha: não é a ortografia, o modo de redigir as palavras, o que define uma língua. Uma frase portuguesa grafada em caracteres eslavos, hebraicos ou chineses, continuará a ser portuguesa. Historicamente, certos textos gregos antigos foram preservados por haver cópia deles em grafia árabe. De *jeitosinho* e *xeitosiño*, produtos patentemente complexos, só pode dizer-se terem sido gerados pelo mesmo programa. Se pertencem, ou não, a uma mesma língua, é questão diferente.

E por falar em teias de aranha: no primeiro volume, de 1712, do importantíssimo dicionário português de Bluteau, faz-se referência ao latim *areneosus* e dele se diz que "significa cheo de teas de aranha". Estas formas *cheo* e *tea* são genuínas no idioma, obtidas pela queda de *n* e de *l* no lat. *plenu* e no lat. *tela*. Assim, o espanhol, que conserva as duas consoantes, dirá "*lleno* de *telas* de araña".

Pois bem, enquanto o galego conservou aquelas antigas formas, o português inseriu um *i* entre as vogais e diz hoje "*cheio* de *teias* de aranha". Houve uma razão para isso. Esse *i*, chamado *epentético*, tornava fluente o embate das duas vogais que a queda de *l* e *n* deixara contíguas, ou em hiato. Por isso se fala também em *i anti-hiático*. Falámos dele no capítulo 3. É aquilo que ouvimos quando alguém diz *a-i-água, aquela-i-eira*.

Tomemos o exemplo do lat. *recelare*. Dele se cria a forma patrimonial *recear*. Por derivação verbal (dita regressiva neste caso), obteve-se *receo*. Esta é a forma galega, e foi também durante muito tempo a forma portuguesa, sendo corrente ainda no século XVII. Mas já no século XV achamos escrito *receio*, o que indica que já então assim era dito. E, de facto, assistimos, nos séculos seguintes a uma conquista de espaço por parte de *receio*, enquanto *receo* vai recuando. Por volta de 1550, os dois usos achavam-se equilibrados.

A inserção dum *i* que se deu no substantivo deu-se também em algumas formas verbais. Dizemos, por exemplo, *recear, receamos, receava*, mas *receio, receias, receia, receiam*. Isto é, o *i* é introduzido sempre que a primeira das duas vogais em hiato é acentuada.

Este fenómeno deu-se em dezenas de substantivos e adjectivos em que o *l* e o *n* foram suprimidos. Na selecção abaixo, achamos primeiro a forma latina, depois a forma galega e a portuguesa temporária, a portuguesa actual e, por fim, a espanhola.

LATIM	GALEGO	>	PORTUGUÊS	ESPANHOL
candela	candea		candeia	*candela*
tela	tea		teia	*tela*
arena	area		areia	*arena*
avena	avea		aveia	*avena*
ballaena	balea		baleia	*ballena*
catena	cadea		cadeia	*cadena*
cena	cea		ceia	*cena*
centenu	centeo		centeio	*centeno*
frenu	freo		freio	*freno*
strena	estrea		estreia	*estrena*
vena	vea		veia	*vena*
alienu	alleo, alheo		alheio	*ajeno*
plenu	cheo		cheio	*lleno*

Uma curiosidade: a forma medieval *aveia* receberá, em Quinhentos, a companhia do cultismo *avena*, 'flauta pastoril', criando-se assim novo par divergente.

Em galego, estão em uso também formas com *i* anti-hiático, mas são claramente minoritárias. Sirva de exemplo esse último adjectivo. Na documentação, encontramos *cheo* em número vinte vezes superior a *cheio*.

Servimo-nos dos recursos *online* portugueses para uma contagem, século a século, das formas verbais *creo* e *creio*. Nos resultados abaixo, a grafia pode (como é hábito, aliás, acontecer) reflectir algum atraso em relação à factual pronúncia. Comece-se a leitura por baixo.

SÉCULO	*CREO*	*CREIO*
XIX	0	1840
XVIII	12	131
XVII	73	166
XVI	163	68
XV	121	4
XIV	68	0
XIII	39	0

O retrocesso de *creio* no século XVIII tem que ver com um fenómeno cultural: a menor disponibilidade da produção escrita que em Portugal então se deu.

A introdução maciça dum *i* epentético na pronúncia do português é tão--só a primeira ilustração dum vasto processo, que agora vamos examinar mais de perto, conhecido por *desgaleguização*. Xoán Lagares di-la também "desruralização", o que faz todo o sentido. O funcionário, o comerciante e o armador de Lisboa não se reconheciam, nem desejavam reconhecer-se, numa língua que cheirava demasiado a campo.

∿

PAUSA PARA O CAFÉ

Neste livro, já se o disse, nem a ortografia nem a pronúncia são temas de primeira importância. Interessam-nos as *formas*: como se originaram, como se desenvolveram. O modo como foram ou são grafadas, ou como soam, é aqui de interesse secundário.

Mas o tratamento duma forma como *creio* permite recordar que a norma de Lisboa-Coimbra confere ao ditongo *ei* uma sonoridade muito particular, com *a* fechado, a saber [ɐj] no Alfabeto Fonético Internacional. Assim, a forma verbal *creio* soa *crâiu* ou [krɐju], *queixa* soa [ˈkɐjʃɐ], *seis* soa [sɐjʃ]. Isto dá-se, quer o ditongo seja acentuado, quer não seja. Teremos, pois, *feito* [ˈfɐjtu], *feitor* [fɐjˈtor], *feitura* [fɐjˈturɐ]. Essas e as seguintes reproduções acham--se no dicionário da ACL.

Esta solução sonora estende-se ao ditongo *ei* nasal, soando *âi*, ou [ɐ̃j], desde que final de palavra, ou em sílaba única. Assim, temos *porém* [puˈrɐ̃j], *fazem* [ˈfazɐ̃j], *quem* [kɐ̃j]. Este o motivo por que, em verso português europeu (e ao contrário do Brasil), *bem* e *mãe* rimam, como acontece no poema de Fernando Pessoa "O menino de sua mãe". Situação porventura ainda mais curiosa é a de *a* e *e* acentuados, quando seguidos de *lh* ou *nh*. Os dois soam como um *a* fechado. Deste modo, *sanha* e *senha* não se distinguem [ˈsɐɲɐ]. E a situação repete-se em *lanho* e *lenho*, que soam [ˈlɐɲu].

Esse *a* fechado é audível em *abelha* [ɐˈbɐʎɐ], *espelho* [iʃˈpɐʎu], *coelho, conselho, grelha, telha,* e em *cenho* [sɐɲu], *tenho* ou *venho, tenha* ou *venha,* e dezenas de palavras de semelhante configuração. Em "Filhos da madrugada", canção de José Afonso, ouvimos "Quando a noite vier que venha/ Lá do cimo duma montanha", com finais rimando.

Esta série de pronúncias com *a* fechado difundiram-se a partir de Lisboa por volta de 1800 e foram-se consolidando no decorrer desse século.

No Norte do país, o ditongo *ei* soa habitualmente *êi,* continuam a distinguir-se *sanha* e *senha, lanho* e *lenho,* enquanto soa claramente um *ê* em *espelho* e *abelha, venho* e *venha* e casos semelhantes.

"Uma província distante"

O ano de 1400 é decerto muito redondo, mas foi à volta dele, e a partir dele, que se acumularam factores de mudança na paisagem política e cultural portuguesa. A vitória militar em Aljubarrota, em 1385, provou-se determinante num aumento de autoconfiança nacional, e muito particularmente meridional. De facto, o arranque da segunda dinastia, nos anos subsequentes, foi sentido como um triunfo lisboeta. Com ele chegou à boca da cena social uma camada jovem, que, em número significativo, apoiara o Mestre de Avis contra o rei castelhano, assim afastando do poder a nobreza de matriz nortenha que até então dominara a política portuguesa. Era de Coimbra para o sul que, a partir de agora, se decidia a marcha do futuro. Os desígnios nacionais tornavam-se, também, outros. Até aí, uma reconquista da Galiza encantara certas mentes decisórias, sobretudo no Norte português. Doravante, e como Ivo Castro o exprime, "o norte de Portugal perde o estatuto de berço do reino e passa a ser visto como uma província distante. E a Galiza, com a qual tem as maiores afinidades, torna-se ainda mais distante".

Sim, agora é o Magrebe que atrai os olhares. Ceuta é tomada em 1415, Tânger demora, mas não se desiste dele, e cedo se farão os reconhecimentos e a ocupação da África atlântica.

Militarmente, Castela era, e continuaria a ser, o inimigo. Mas isso não impedia que o forte centro de cultura que era Toledo irradiasse até Lisboa. Portugal entra então na órbita cultural de Castela (e nela se manterá por três séculos mais), sendo a capital castelhana firme referência dos sectores portugueses cosmopolitas nas letras, nos comportamentos, no vestuário. Os príncipes de Avis, a nova casa real, gente de vasta iniciativa cultural, davam o exemplo, buscando contactos no centro peninsular. Sabemos hoje, graças à comparação de textos, que o infante d. Pedro, redigindo a sua *Virtuosa benfeitoria*, se serviu duma versão castelhana do original latino. José Antonio Sabio, um historiador da tradução castelhana e portuguesa, vem investigando essas "influencias e intercambios de ideas entre la Corte de Aviz y la castellana".

Por esse ano de 1400, Portugal buscava, pois, novas referências, começava a *reformular-se*, e nessa nova fórmula contava pouco o Entre-Douro-e-Minho, e a Galiza ainda menos, ambos agora eficazmente marginalizados. Aquele velho Portugal de cunho nortenho era uma fase superada, e assim começava essa história do esquecimento da Galiza que duraria até hoje.

No anterior ciclo político, havia sido a nobreza, e mais precisamente a nobreza setentrional, a empenhar-se decisivamente no idioma. Segundo o ensaísta José Carlos Ribeiro Miranda, da Universidade do Porto, o "galego-português" tinha-se tornado, na Galiza e em Portugal, a "língua do poder de grandes grupos senhoriais em fase de afirmação própria", protectores de trovantes e poetas. Essa língua "aristocrática" tinha sido, é verdade, em finais do século XIII, abraçada pela administração, numa intervenção do culto rei d. Dinis, mas a nobreza iria manter-se como estimulante, e beneficiadora, duma política linguística no terreno.

Pois bem, essa classe nobre, de forte marca nortenha, e mesmo genealogicamente galega, perdera em Aljubarrota o jogo político. Era uma machadada no estatuto do idioma por ela promovido. Os traços minhotos e durienses, outrora chegados a sul de roldão com a Reconquista, e até ali dominantes, cediam lugar às marcas de entre Mondego e Tejo, de que usava a trupe agora chegada ao centro do poder. Daqui em diante, exprimir-se em Coimbra ou Lisboa à rústica moda do Norte não prestigiava ninguém. O Sul ganhava, assim, espaço para desenvolver, e mais tarde impor ao resto do país, um *padrão* linguístico seu. Com isto se saldava, no marcante retrato de Ivo Castro, "um acto de recusa das origens".

O resultado é este que Castro expõe, traçando um frisante paralelo (destaque meu):

Um lisboeta nativo, descendente de muitas gerações de habitantes da capital e do sul do país, *fala uma língua que não é autóctone* e não descende do latim aí falado no tempo do Império Romano, mas que foi transplantada a partir da Galécia Magna após a Reconquista cristã. Exactamente como a língua falada no Rio de Janeiro ou em Maputo foi aí transportada a partir de Portugal.

Há, pois, um novo *programa* linguístico posto em marcha no cenário quatrocentista. Desenha-se uma descontinuidade, mesmo se esta se provou relativa. Xoán Lagares explana-o nestes termos: "A construção da língua nacional exige a criação de uma norma-padrão, que passa imediatamente a ser considerada 'a' língua, ao mesmo tempo em que se ocultam ou se minimizam as diferenças linguísticas internas às fronteiras da nação". Tratava-se, com efeito, duma "padronização da língua realizada por uma elite culta", e isso ia ser "um elemento fundamental para a coesão do território" encarada agora da perspectiva de Entre-Mondego-e-Tejo. Esse seria o português *comum*, forjado, ainda segundo Lagares, na "desruralização", isto é, na "desgaleguização", no sentido vasto duma Galécia romana, que apanhava o Entre-Douro-e-Minho. E, como é sabido, a diferenciação face ao exterior e a unificação portas adentro foram sempre reflexos condicionados de qualquer Estado-nação.

É aqui que uma simples etiqueta mostra utilidade. Ivo Castro fez sua uma sugestão do seu mestre Luís Lindley Cintra: tomar *1420* como referência temporal, símbolo das "grandes mudanças ocorridas na língua e na sociedade". Nesse ano se poderiam ancorar três conjunturas históricas decisivas: a paz peninsular finalmente iniciada, a idade adulta dos Infantes de Avis, a alvorada dos Descobrimentos.

Também Esperança Cardeira se serve de linguagem simbólica, espacial neste caso: "Pela fronteira entre a dinastia afonsina e a dinastia de Avis passa um meridiano que divide o primitivo galego-português de origem setentrional de um português que ensaia a constituição de uma *norma*". Essa norma, essa "gramática do português médio", com que a desgaleguização se torna "definitiva", descreveu-a Cardeira no volume *Entre o português antigo e o português clássico*, de 2005. É ela, também, quem traça este atraente panorama:

> Ao protagonismo político dos príncipes de Avis na afirmação de um Portugal independente parece corresponder um protagonismo cultural na afirmação de um idioma português. E como a independência do idioma decorre do seu afastamento dos idiomas vizinhos, o português ter-se-á afastado não só do castelhano mas também do galego.

O livro de Esperança Cardeira é exemplo inexcedível de informação. Mas aflora aí, tem de se dizer, uma leitura heróica dos factos, aquilo que viemos chamando pensamento mágico, esse que, esperamos, os portugueses não estarão condenados a alimentar. Traça-se-nos um panorama de adeus do português aos dois idiomas vizinhos, algo como… "e agora cada um à sua vida".

Ora, nem o afastamento do galego foi, ou poderia ser, tanto como isso, um galego de que o português ficara definitivamente repleto, nem se deu afastamento algum do castelhano, antes nos reservando os séculos seguintes o exacto contrário: uma crescente convergência com ele, de que só decisivos *factores externos* vieram, em meados de Setecentos, livrar-nos a tempo. A este tema regressaremos no capítulo 9.

Quando o falante descomplica

O quadro linguístico em que aqui mergulhámos, e que se estende de 1400 a 1450, é o duma forte *aceleração*, só comparável àquele em que, pelo ano 600, o idioma tomara forma definitiva. No entender de Ivo Castro, esse período é "aquele em que a língua portuguesa mais rápida e mais essencialmente se transformou". E mais precisamente: "Os dados da língua literária apontam para uma conclusão rápida e em simultâneo de várias mudanças, que afetaram bastante a estrutura do português e, no prazo de poucas gerações, o diferenciaram da língua medieval e, igualmente, dos dialetos setentrionais e do galego". Noutro texto, caracteriza esse período, até, como aquele "em que, no espaço de uma geração, se resolvem vários processos evolutivos em simultaneidade que não pode ser casual e se transformam dramaticamente as estruturas e a aparência da língua".

Sem novidade, essa ingente tarefa implicou prioritariamente o desbaste das marcas nortenhas. Ivo Castro, num artigo tornado clássico, de 1993, expôs e desenvolveu todo um rol de medidas que iriam concretizá-lo. Estão entre elas: a síncope do *d* intervocálico em formas verbais como *fazedes* ou *fazede*, tornados *fazeis* e *fazei*; a uniformização de finais em *ão*, que fez possível rimarem *leõ* e *pã* com *mão* (matéria de que nos ocuparemos em pormenor no próximo capítulo); a redução do sistema de quatro sibilantes para um sistema de duas.

Como se vê, tratava-se sobretudo de simplificar factos de língua galegos. Onde a Galiza e o Entre-Douro-e-Minho operavam distinções, a nova norma dispensava-as. Consciente disso ou não, o falante meridional tornava norma a indistinção, isto é, *descomplicava*. Num importante artigo de 2017, as linguistas Maria Alice Fernandes e Esperança Cardeira admitem, aliás, que essa *nivelação* "pode ter sido consciente e visado o distanciamento face às variantes setentrionais, portuguesa e galega". Tratava-se, com efeito, sublinham as autoras, da "construção de um símbolo identitário próprio da nova dinastia reinante – a Casa de Avis". É desse artigo que se extrai o Mapa 3. Nele está tracejado, a noroeste, o pequeno território, mais tarde português, que participara na criação original do idioma (o tracejado designa a Galécia Maior de Piel). Indicam-se, também, as etapas da ocupação cristã que conduziram à formação de Portugal.

Bastantes outras novidades esperavam o idioma. O exame de textos quinhentistas e seiscentistas revela o progressivo abandono de formas como *ũa*, *algũa*, *nengũa*, com o seu som velar, substituídas por *uma*, *alguma*, *nenhuma*; dos pronomes *polo*, *pola* e *todolos*, *todalas*; da conjunção comparativa *ca*; do pronome dativo *che*, com as suas contracções *cho*, *cha*, etc.; das variantes *cousa*, *dous* e ainda *chuiva*, *fruita*, *truita*, *escuitar*. Estas últimas conservam algum uso estilístico arcaizante, como em "Não se pescam truitas a bragas enxuitas" (em Mário de Carvalho, *Contos vagabundos*, de 2000). Vários destes materiais vinham já sendo abandonados desde Quatrocentos, dando razão a Ivo Castro quando faz suspirar um observador desse século perante a velocidade com que a língua se pusera a envelhecer. "A olhos vistos", anota o mestre linguista.

Facto é que essa desmedida operação de afastamento das formas nortenhas (e, nos capítulo 9 e 10, exporemos mais pormenores) exigiu séculos. Só em Seiscentos, por exemplo, esse distanciamento se tornará explícito a nível vocabular, quando surgirem obras didácticas visando o *correcto* uso do idioma. Uma dessas obras, um prontuário de 1666, foi examinada pelo linguista galego Fernando Vázquez Corredoira, num livro fundamental, de 1998. Aí se acham "emendadas" formas como *calidade*, *cantidade*, *frol* 'flor', *polo que*, *antre*, *assi*, *despois*.

No século de Quinhentos, recorda Juan M. Carrasco na obra colectiva *A lingua galega no Solpor medieval*, já em Portugal se desenvolvera uma consciência da padronização do idioma. E com essa consciência cresce outra, a da existência de variedades regionais, especialmente a norte. Nisto se destacou, lembra o linguista, João de Barros, "que reivindica o falar norteño (polo menos o seu léxico) por ter alí orixe o portugués", sustentando que no Entre-Douro--e-Minho se conservava "a semente portuguesa" da língua. Daí ser Barros crítico contundente de quantos desprezavam o vocabulário dali originário.

A aversão ao galego estava, porém, instalada, e haveria de receber a sua expressão mais crua no texto já aqui abordado, de 1793, em que Vieira é enaltecido por haver expurgado o idioma das "antigas fezes do dialeto galiziano". A história do português é, em larga medida, a história das suas tentativas de afastamento do galego.

Mapa 3 *Áreas linguísticas e extremas da Reconquista*

〰 Territórios pertencentes à Galécia Maior, segundo Piel
······ Ocupação cristã ao longo do tempo, de 987 a 1191
── Limites atuais de Portugal

PAUSA PARA O CAFÉ

Na minha adolescência no Minho, na década de 1950, tive oportunidade de captar, ainda vivo na fala local, todo o tipo de formas, bastantes delas (soube-o depois) compartilhadas com o galego.

Estão entre elas *antre* 'entre', *auga* e *augar* (ou *ògar*), *barregar* 'gritar', *bô* 'bom', *cando* 'quando', *cascar* ou *malhar* 'bater', *catro*, *ceia* 'refeição da noite', *chão* (pronunciado 'tchão'), *crecer*, *decer*, *ferruge*, *fruita*, *home* 'homem, marido', *jantar* 'refeição do meio-dia', *leira*, *lameiro*, *onte*, *orde*, *peco*, *pinchar* 'saltar', *rejo* 'rijo', ou expressões como *a mor parte*, *a modinho*, *coma ele*, *eu e mais tu*, *mais ca mim*, ou as formas verbais *imos*, *fije*, *puje*. Também se ouvia un *n* ligando um som nasal a uma vogal: "Quem *no* tem?", "Eu bem *nas* vi chegar".

Hoje, tudo isto se acha em rápido processo de desaparecimento. As gerações novas, sobretudo nos meios urbanos, à parte alguma vaga sonoridade, exprimem-se de forma quase indistinguível da norma-padrão.

A riqueza dos séculos

O abandono das formas nortenhas é, todavia, só um aspecto, e nem o mais elucidativo, da realidade linguística desse período de Quatrocentos. Contudo, esse tema – o da perda, o da mudança – é o que mais fascina os historiadores. O outro lado da medalha, a preservação através dos séculos de bastos haveres patrimoniais, quase nunca é objecto de atenções na *história* dum idioma. Ora, as histórias dos léxicos são sobretudo as da sua conservação, e nisso elas revelam-se cheias de surpresas, guardando informações do maior interesse. Veja-se o nosso caso.

As peças de teatro de dois autores quinhentistas, Gil Vicente e Jorge Ferreira de Vasconcelos, contêm – como já referido na Introdução a este livro – um apreciável número de palavras que aí se acham por primeira vez documentadas. Nunca nenhum autor as pusera por escrito, ou o texto em que o fizera perdeu-se nas voltas do mundo. Mas é-nos inteiramente transparente que bastantes dessas palavras estavam em uso havia muito. Esta circunstância irá repetir-se, aliás, nos bons dicionários setecentistas e oitocentistas, que reúnem mais vocabulário do que até aí se fizera, sendo então documentadas por primeira vez numerosas palavras de nítida circulação *oral* anterior, não raro por séculos.

Assim, quando vemos, numa peça de Vasconcelos de 1555, certo Artur dizer dum castelhano "Está amuado", verificamos, por um lado, que o termo nos é familiar e transparente e, por outro, que nem o adjectivo *amuado* nem o verbo *amuar* tinham ainda tido existência documental. Podemos, no entanto, tranquilamente inferir que os dois vocábulos não são invenção sua, ou sequer neologismos do tempo, tendo, antes, todo o aspecto de formação autóctone, relacionável com o adjectivo *muar*, 'relativo a muar, animal híbrido', forma atestada trezentos anos antes, com síncope do *l* no lat. *mulare*.

O que, porém, nos permite toda essa série de inferências é que *amuar* não é o único verbo de feição patrimonial estreado por Ferreira de Vasconcelos. Digamos mais: é na obra dele, redigida por volta de 1550, que se estreiam em texto português *dezenas* de vocábulos em igual condição. E compreendemos. O ambiente descontraído duma peça de teatro associa-se bem a um à-vontade expressional até aí factualmente inexistente, ou só muito raro. Dito doutro modo: as palavras estreadas por Vasconcelos andavam desde há muito na boca de todos, mas ninguém ousara pô-las por escrito. Ou foram realmente escritas, mas, mais uma vez, os suportes perderam-se.

É nas suas peças que achamos os adjectivos *acanhado, corriqueiro, destemido, fragueiro* 'rude, agreste', *interesseiro, meiguiceiro, menineiro*. São adjectivos que a língua portuguesa continua a compartilhar com a galega (ainda que alguns faltem hoje nas obras galegas de referência), e essa circunstância justifica a suspeita duma marcante antiguidade desses materiais. Outros adjectivos houve, nas peças dele, que não sobreviveram, ou tinham já na altura pouco uso, como *enxovedo* 'idiota', *tredo* 'traiçoeiro', *versudo* 'cabeludo'.

O dramaturgo Vasconcelos foi, no seu século, um caso particularmente meritório, mas outros autores quinhentistas nos permitem esse sugestivo olhar sobre o passado. Prosseguindo na área adjectival – a única em que pretendemos um exercício exaustivo –, exemplificaremos em Gil Vicente com *idoso, rabugento*; em Sá de Miranda com *tristonho*; em João de Barros com *nojento* e *rixoso*; noutros autores com *abençoado, agourento, ferrenho, íngreme, lampeiro, sabichão*. São, insista-se, exemplos, e só de criações autóctones.

Existem, depois, os adjectivos que, sendo igualmente patrimoniais, isto é, exclusivos do português (e alguns deles também do galego), foram tomados do latim. Também aí não faltam estreias quinhentistas, algumas de muito presumível uso anterior. Falamos de, entre mais, *austinado, cônscio, esparso, graúdo, ínvio, lêvedo, mouco, negregado, opinioso, pernóstico, prisco, sôfrego, submerso, trôpego* e *utente*.

Estranhamente, da observação da obra de Camões conclui-se que não o incentivavam investimentos em material autóctone. Em toda a sua obra só um adjectivo é criação caseira e é estreia: *insofrido*. Achamo-lo n'*Os Lusíadas*, em "estas ondas insofridas" (v, 43), isto é, 'ainda não navegadas', sendo o significado actual 'impaciente'. Em contrapartida, são em maior número, na obra inteira, os latinismos que estreou e que o português conservou em exclusivo – como *abominoso, celso, cógnito, frondente, fulvo, piscoso, rúbido* –, nenhum deles, aliás, propriamente famoso.

Que significa tudo isto? Que não era aqui, no âmbito da nossa *exclusividade*, que Camões sonhava deixar a sua marca. Maior contraste com o seu contemporâneo Ferreira de Vasconcelos é difícil. A este, que nunca viu em vida uma peça sua impressa, estava reservado, na memória do léxico português castiço, um papel incomparavelmente mais importante. A história das línguas guarda estes presentes inesperados.

Um latim misterioso

É provável que todo e qualquer estudo sistemático do léxico conduza a resultados significativos, e mesmo a importantes revelações. Como exemplo disso, o exame que fiz aos verbos exclusivos de galego e português levou a várias informações úteis, e também a dados de difícil explicação.

Para começar, o número de verbos exclusivos e comuns a galego e português revelou-se impressionante: pelo menos 230. Alguns têm ligações mais ou menos próximas a formas (por exemplo, um substantivo) existentes na romanidade, como *alicerçar, faiscar, engaiolar, peneirar, sublinhar, vadiar*. Outros têm conexões mais restritas, só peninsulares, como *agoniar, galgar, mirrar*. Vêm depois as formações com base num substantivo, num verbo ou num adjectivo exclusivos do noroeste peninsular, como *ajeitar, alourar, beirar, esfarelar, esmagar, mexericar*. Temos, finalmente, os verbos de origem latina que só o galego e o português possuem, num total de 55, como *aquecer, cheirar, encher, mergulhar, rejeitar, sugar*.

Casos existem, porém, em que a origem latina é tão-só suposta, já que não se achou documentação dum correspondente latino. Há uns vinte verbos nestas condições, entre eles *abalar*, *estourar* e *pendurar*. A estes se juntem outros, com algum uso galego, mas que as actuais obras de referência galegas não mencionam, como *aleijar* 'ferir', *definhar*, *findar*, *resmungar*.

Noutros casos, a origem mantém-se inteiramente desconhecida. Isso dá--se em *afastar*, *cambalear*, *murchar* e alguns outros.

O grande volume documental português permite, em toda esta matéria, um número elevado de boas datações. Mas não faltam, ainda assim, exemplos duma primeira datação galega. Voltaremos a este ponto no capítulo 8.

A par deste grande grupo duma exclusividade galega e portuguesa, existem dois outros: o dos verbos exclusivos de galego e o dos verbos exclusivos de português. As coisas tornam-se particularmente interessantes ao examinarmos mais de perto as suas ligações ao latim. A prospecção que realizei veio, com efeito, confirmar o que Joseph Piel enunciara num artigo de 1962: que existe um apreciável número de vocábulos galegos de que se ignora a exacta origem, mas cuja fisionomia e cujo significado os relacionam inelutavelmente com o latim. Em ensaio posterior, de 1981, Piel, autenticamente fascinado com a descoberta, concretizou o seu pensamento: "Um exame sistemático dos vocabulários galegos, gerais e regionais, permitiria trazer à luz muitas dezenas de lexemas novos integráveis no latim provincial galaico". Ora, só a julgar pelo número de verbos, a previsão do mestre alemão já batia certíssima. A nossa margem de ignorância sobre a exacta génese deles era, e continua a ser, uma fonte de perplexidade.

Mas, se já é sublinhável a quantidade de verbos exclusivos galegos cuja proveniência latina é tão-só *suposta*, o número de verbos portugueses em tais condições revela-se ainda superior. No estado actual da minha investigação, são dez esses verbos galegos, alguns deles de uso muito frequente (fornece--se tradução portuguesa):

*accaptare	*acadar* 'conseguir'
*applanare	*achaiar* 'alisar'
*applanitiare	*reachanzar* 'aplanar'
*germullare	*xermolar* 'germinar'
*inaddere	*engadir* 'acrescentar'
*lustricare	*lostregar* 'relampejar'
*prudire	*proer* 'picar, sentir desejo veemente'

*repullitrare	*rebuldar* 'divertir-se dando saltos'
*sanitare	*sandar* 'curar', dif. de gal. e port. *sarar*
*versicare	*visgar* 'entrever'

Do lado português, o rastreio conduziu aos seguintes treze verbos de suposta origem latina (também com tradução galega):

*agoniare	*engonhar* 'actuar con lentitude'
*anatiare	*adejar* 'axitar as alas'
*caproneare	*acabrunhar* 'desalentar'
*consertare	*consertar* 'arranxar'
*expatefare	*espatifar* 'esnaquizar'
*geniculare	*engelhar* 'engurrar'
*laesiare	*lesar* 'lesionar'
*regredere	*regredir* 'retroceder'
*remussinare	*resmonear* 'resmungar'
*requaesitare	*requisitar* 'requirir'
*scarrare	*escarrar* 'esgarrar'
*subbracchiare	*açambarcar* 'acaparar'
*vasculeare	*vasculhar* 'escudriñar'

Por uma questão de método, ative-me às formas dicionarizadas. Outras existem, e Piel, nos seus artigos, avança várias em galego, sem todavia sugerir para elas um étimo latino.

A fase seguinte deste meu estudo será a identificação dessas formas supostas. Em princípio, elas poderiam ter existido no latim comum sem que disso tivesse ficado documentação. Mas é altamente improvável que isso valha para todas elas, ou mesmo para uma maioria. Somos, antes, levados a pensar que as formas relacionáveis com o galego tenham pertencido ao "latim provincial galaico" aventado por Piel.

No caso dos verbos portugueses, a perplexidade é maior. Terão eles pertencido a um tipo de latim ainda desconhecido? A alternativa é serem, eles também, provenientes do latim do noroeste peninsular, mas haverem, por razões dificilmente rastreáveis, sido conservados só em terreno português.

Numa palavra, ainda nos estão reservadas, em matéria de vocabulário, algumas excitantes buscas.

6

Ão, *uma espécie invasiva*

"Ontem, ao terminar mais uma revisão deste meu novo livro, resolvi emendar o que tinha escrito, a palavra *verãos* para o corrente *verões*. O que acha?

Fez bem. A forma canónica é, de facto, *verãos*, mas aquela que tem mais largo uso é *verões*. Nesta matéria de plurais de -*ão*, praticamente toda a etimologia acabou subvertida, fora os casos de *mãos*, *irmãos*, ou *cães*, *pães*, *capitães* e poucos mais."

DUMA CORRESPONDÊNCIA PARTICULAR

Uma deriva portuguesa

Se há uma imagem de marca na grafia do português, é certamente o ditongo *ão*. Além de única, essa criação portuguesa tornou-se abundantíssima. Só que isso jamais conseguiu entusiasmar os portugueses, tendo-lhes sido, não raro, um motivo de desconforto. Se a história admitisse algum cinismo, seria caso para dizer: "Bem feito". Sim, a culpa foi toda nossa.

Esse ditongo, gerado num português ainda primitivo, conheceu, a partir do século xv, uma proliferação desenfreada. Ele fez parte daquele pacote de escolhas, algumas decisivas, com que o português quis despedir-se das formas nortenhas do idioma. Verificou-se então, como vimos no capítulo anterior, uma ruptura complexa, cheia de implicações e sempre muito gradualmente consumada. Mas, nesse amplo movimento, deu-se uma irrevocável viragem, um ponto de não-retorno, e o *ão* português veio configurá-los de modo deveras espectacular.

A supressão do *n* intervocálico latino tinha originado, como constatámos, sequências vocálicas imprevistas. O que era *luna* passa a *lua*, o que era *corona* passa a *coroa*, o que era *verano* passa a *verao*. A vogal tónica era levemente nasalizada. O velho *n*, agora abandonado, tinha deixado essa sombra, essa memória. Por vezes sobrava, até, mais do que a memória, já que o escreviam, pequenino, sobre a vogal. Daí se originou o til (~), aparecido por volta de 1200. Estavam criadas as grafias alternativas: *lũa*, *corõa*, *verão*.

Nas novas configurações, o número de sílabas original, latino, mantinha-se. Assim, em *verao* ou *verão*, havia um *a* aberto, embora levemente nasalizado, e contavam-se três sílabas. Quanto ao *o* final, ele soava *u*, como em latim, e como sempre foi no galego genuíno e no português. Era exactamente o caso de *chao* (ou *chão*), de *mao* (ou *mão*) e do adjectivo *vao* (ou *vão*), eles também, insista-se, de duas sílabas. Os plurais – *veraos*, *chaos*, *maos*, eventualmente com til – conservavam as mesmas características.

Mas as coisas vão mudar quando, a sul do Douro, essa sequência *ao* (ou *ão*) se transformar em ditongo. Outras ditongações estavam, aliás, a dar-se em formas produzidas pela queda do *l*, como *pao* (do lat. *palu*) ou *veo* (do lat. *velu*), tornados *pau* e *véu*.

Compreende-se. Tinham-se criado sequências insustentáveis, hiatos. E os hiatos, ou encontros de sons de igual natureza (aqui duas vogais), tendem, em todos os idiomas, para uma resolução. Uma das saídas de tais apertos é a transformação em ditongo. Sabe-se, para mais, que o sistema criado na Galécia Magna gerava com facilidade (supõe-se que por acção de um substrato céltico) ditongos decrescentes: *pai, dei, vou, meu, fui, pois*. Tudo isso conduziu a que surgissem, por um lado, *pau* e *véu* e, por outro, com ditongo nasal, *verão* (antes com três sílabas) ou *mão* e *chão* (antes com duas).

O português desenvolvia, por então, outros dois ditongos nasais: os que figuram nos plurais em *ães* e *ões*. Formas como *caes* (duas sílabas) ou *razoes* (três sílabas) haviam surgido após a eliminação, também aí, de um *n* latino. Tinham uma vogal tónica aberta e algo nasalizada, sendo grafadas, por vezes, *pães* e *razões*. Haviam começado por ser hiatos, eles também, e o português ia-os resolvendo, criando ditongos nasais (*ãe*, *õe*, a juntar ao mencionado *ão*), sonoridades inauditas na latinidade (no fr. *teinte*, para dar um exemplo, não existe ditongo).

Na escrita, todavia, todo este processo foi lento, como nos é sugerido pela espantosa sobrevivência das grafias antigas. Ainda em 1697, no seu importante dicionário, Bento Pereira escreve *pao* (pau) e *mao* (mau). E a grafia *mao* (de mão) é comuníssima em Seiscentos, mesmo em Setecentos, não obstante a confusão que, forçosamente, já se teria estabelecido com o adjectivo *mau*.

Autocontaminações

No sistema noroestino, existiam outras terminações nasalizadas. Havia a de *ã* (também grafada *am* e *an*), como em *cã*, *pã*, *tã*, *estã*, *darã*, e havia a de *õ* (também grafada *om* e *on*), como em *razõ*, *entõ* ou *nõ*. Em formas verbais, elas podiam ocorrer também em posição átona, como em *digã* (digam, digan) ou *vierõ* (vierom, vieron).

Um facto inesperado vai determinar para sempre o rumo dos acontecimentos. No eixo Lisboa-Coimbra, o novíssimo ditongo *ão* começa a exercer uma forte atracção em seu redor. Formas que, geneticamente, nada com ele relacionava, como essas terminadas em *ã* ou *õ*, passam a pronunciar-se com *ão* final. Assim surgem as grafias *cão*, *pão*, *tão*, *estão*, *razão*, *então*, *não*, dezenas de outras. Como se chegou a isso? Supõe-se que as primeiras afectadas foram as formas verbais *dã*, *estã* e *sõ*, que sofreram a influência de *vão* (proveniente de forma latina própria, *vadunt*) e que passaram a soar *dão*, *estão*, *são*. Os falantes não têm preocupações etimológicas e criam estas estranhas analogias. Por seu lado, e paralelamente, substantivos como *mão* e *irmão* teriam contaminado a sua área, levando as terminações do tipo *pã* e *leõ* a soarem como *pão* e *leão*. Os próprios neologismos se foram acomodando à nova sonoridade, como o arabismo *alvardã*, que cedo se torna *alvardão* (e evoluirá para o actual *aldrabão*).

Não é tudo ainda. Aos poucos, até as formas átonas vão sendo afectadas, com consequências para centenas de formas verbais. No século XIII, o que era *falã* (ou falam, falan) já aparece grafado *falão* (leia-se fálão). No século seguinte, o que era *chegarõ* (ou chegarom, chegaron) aparece grafado *chegarão* (leia-se chegárão).

Para um conhecido historiador do idioma, Serafim da Silva Neto, esta uniformização de três antigas terminações era tão-só uma de tantas indistinções fonéticas que o Centro-Sul então criava. Território linguisticamente colonizado, permitia-se inovar, falhando-lhe "as raízes profundas da tradição". Achamo-lo na *História da língua portuguesa* do mestre brasileiro. Digamo-lo com menos diplomacia: a nova norma-padrão desenvolvia resistências às distinções nortenhas, crescentemente sentidas como especiosas.

Silva Neto supõe, mesmo, que os meridionais, falantes de moçárabe, tinham de desenvolver esforços – nem sempre com sucesso – por adaptar-se ao novo "ideal linguístico", essa "fala dos heróis da Reconquista". Ivo Castro é, porém, doutra convicção. No artigo de 2007, escreve, com referência à ocupação moura (destaque meu):

> No início da ocupação, as comunidades moçárabes, constituídas por cristãos que mantiveram a sua identidade religiosa e cultural, criaram um ambiente fechado e saudosista adequado à conservação da língua; mas depois foram-se progressivamente diluindo na sociedade árabe e *é improvável que os reconquistadores tenham encontrado alguém que ainda falasse romance.*

Também no português a norte do Douro acabaria por dar-se uma convergência das três terminações, mas num uniforme *õ*, passado a *ou*. Enquanto isso, na Galiza perduraram as terminações antigas, audíveis em *can, falan*, em *non, entón*, em *chao, vrao, irmao* (convivendo com *chan, verán, irmán*). Este *n* final é velar, e não é articulado, como seria numa pronúncia espanhola.

O novo padrão português estava, assim, definitivamente traçado. O processo iria, contudo, ser lento. Em Quatrocentos, escrevia-se sempre *ocasiom, patrom, consideraçom* e quase sempre *liçom, condenaçom, tentaçom, coraçom*. Isso só pode indicar que a pronúncia *õ* se mantinha de boa saúde. Por volta de 1500, a fusão das três terminações originais (*ã, õ* e *ão*) ia adiantada, como mostram análises do *Tratado de Tordesilhas* e da *Carta de achamento* do Brasil, ou estava mesmo estabelecida, como ensina Clarinda de Azevedo Maia na sua clássica *História do galego-português*. Mas em todo o século de Quinhentos eram ainda vulgares as grafias *razom, coraçom, entom* ou *disserom, chegarom, forom, virom*.

Mesmo em pleno século XVIII, vemos com frequência escrito (e publicado) *cam, pam, tam* e *nom*. Tudo isto sugere uma longa coabitação de pronúncias antigas com as novas.

Ora, exactamente porque extensas no tempo, estas perturbações do sistema original iriam gerar uma desordem ortográfica duradoura. Pior sorte teve a morfologia, na qual a contaminação das terminações *ã* e *õ* pelo triunfante *ão* instalou, nos plurais, um caos de que nunca mais nos libertámos.

Esplendores do caos

Nos anos de 1820, a ACL deu a lume, na exacta ortografia em que os encontrou, vários inéditos de historiadores há muito desaparecidos. Um deles era Cristóvão Rodrigues Acenheiro, um bacharel de Évora que, em 1535, produziu umas *Chronicas dos senhores reis de Portugal*. Na opinião de Alexandre Herculano, a obra é "um rol de mentiras e disparates" que mais mereceria "o pó das bibliotecas". Porém, como documento *ortográfico*, essa publicação fornece um impagável flagrante do caos em que a grafia portuguesa se afundara desde que o ditongo *ão* se veio substituindo aos sons finais *ã* e *õ*.

Casos ainda benignos são as contínuas hesitações entre *cham* e *chão, capitam* e *capitão, tam* e *tão, coraçam* e *coração, criaçam* e *criação*, entre *nom* e *nam, escreverom* e *escreveram*. Já reveladoras de um esforço crítico são as propostas de tipo *chegárão, ficárão, tomárão*, embora coexistam com *chegaram, ficaram, tomaram*. Mas o contínuo vaivém entre grafias como *chamavam* e *chamavão, deram* e *derão, sustinham* e *sustinhão, foram* e *forão* sugere a medida da instabilidade. Certo, há aqui uma margem de segurança: essas formas nunca admitiriam um *ão* acentuado. O caso vai, contudo, mudar de figura quando – como formas de passado – se grafar aqui *partiram* e ali *partirão*, ou *romperam* e *romperão*, ou ainda (note-se o requinte) *levárão* e *levarão*.

A gravidade da situação torna-se patente no passo seguinte, que nada fizera prever: a contaminação atinge agora o *ã* e o *õ* não-finais. Vemos o cronista Acenheiro grafando *candeia* e *cãodeia, mancebo* e *mãocebo, quando* e *quãodo, tomando* e *tomãodo, Infante* e *Infãote, grande* e *grãode*. Toma-nos a impressão de deverem estas segundas formas ser entendidas como uma angústia da correcção, um "bom português" a todo o custo. (Anote-se que, na maioria destes casos, a grafia é realmente *aõ*. Ela irá ganhar adeptos e será corrente no século XVII.) O verbo mais frequente na narrativa de Acenheiro, *mandar*, apresenta variedades como *mãodou, mãodava, mãodaria, mãodára* ou *mãodarão* (no contexto, uma forma do passado). E há formações, pelo menos, tão curiosas como *Abrãoches* (Abranches) e *Bargãosa* (Bragança).

Exemplo comparável, mas já extremo, acha-se numa carta, de 1583, do jesuíta Melchior de Melo, onde lemos: "Muitos *hãodão* [andam] aqui movidos pera entrar na Companhia".

Deve dizer-se, ainda assim, que vinha já de trás uma notável indefinição ortográfica. Em finais do século xv, nos primeiros livros impressos em português, vemos a negativa *não* grafada *nã, nam, nan, no, nõ, nom* e *non*. Caso particularmente sensível é a forma verbal *são*, que serve um plural, mas igualmente a primeira pessoa do singular. Em Portugal, o primitivo *som* – que se conserva em galego – derivou primeiro para *sam* e depois para *são*, encontrável em todo o século xvi. Num opúsculo de mística teológica de 1568, achamos "Eu *sou* o caminho", "Eu *sam* aquele certo e seguro caminho", "Eu *são* a verdade primeira". Mas em breve essa forma *sou*, recentemente criada por analogia com *estou*, e possivelmente também por fuga à ambivalência com (*eles*) *são*, acabaria vencedora.

As *Chronicas* de Acenheiro, concedamo-lo, eram um caso extremo de desordem gráfica. Os seus hipercorrectivos *ão* só reaparecem em manuscritos do século xvii, onde lemos: *mãode* (mande), *aõbos* (ambos), *sãoto, taõto*. Mas a barafunda ortográfica percorre os textos da época. No poema *O naufrágio de Sepúlveda*, de Jerónimo Corte-Real, de 1594, achamos repetida esta insólita solução: "Hum *anciano* varão de aspecto grave", "Esse *anciano* varão, ali prostrado", "Hum *anciano* varão feito pedaços". E Bento Pereira, o célebre dicionarista de Seiscentos, que também reuniu provérbios, redige assim um deles, claramente a rimar: "Nam há geração sem rameira e ladram".

Em 1893, o ainda jovem José Leite de Vasconcelos grafava, ele também, *dissérão, permanecêrão, tornárão-se*. Mas era, já, um caso isolado, que não faria escola.

E, assim, durante séculos, o escrevente português foi torturado por uma grafia irracional, que não destrinçava futuros (*chegarão, virão*) de passados (*chegaram, viram*). Que não distinguia formas verbais (*trabalham, casaram, encontram, precisam, cantam, tropeçam*) de substantivos (*trabalhão, casarão, encontrão, precisão, cantão, tropeção*). Que continuamente criava uns fantasmáticos *brincão, vinhão, usão, farião, digão, tratão*. Só a corajosa Reforma Ortográfica de 1911 pôs cobro a tamanha balbúrdia.

PAUSA PARA O CAFÉ

A 1º de dezembro de 2009, lia-se no blogue Assim Mesmo (<letratura.blogspot.com>), de Helder Guégués:

> *Quando chegam ao sexto ano de escolaridade, alguns alu-*
> *nos ainda representam a desinência -am com o morfema*
> *-ão, e vice-versa. Ou seja, confundem as desinências. "Eles*
> *cantão muito bem." "Eles dam tudo o que têm."*
>   *É, por isso, interessante ver que o vocábulo* acórdão,
> *sentença proferida por um tribunal colectivo, provém de*
> acordam, *a 3ª pessoa do plural do presente do indicativo*
> *de acordar.*

Os desmandos continuam, mesmo se criativos. Numa tabuleta, lia-se recentemente: "Não autorizo que *colhão* figos".

Aldeãos, aldeões, aldeães

À medida que *pam* e *cam* se iam tornando *pão* e *cão*, à medida que *razom* ou *coraçom* se convertiam em *razão* e *coração*, dava-se uma uniformização com o final de singulares como *mão, chão, verão*. Mas os plurais continuavam a divergir. Havia *pães* e *cães*, havia *razões* e *corações*, havia *mãos, chãos, verãos*.
    Verãos? Sim, assim o escreve Garcia de Resende, em 1533: "À tarde el-
-rei quis ir nadar ao Tejo como muitas vezes fazia nos verãos". Lógico: *verão, verãos*. De igual modo fará ainda, um século mais tarde, Francisco Manuel de Melo. Mas já Camões, a meados do século XVI, vai por outro caminho: "Assim, passando aquelas regiões/ Por onde duas vezes passa Apolo/ Dous invernos fazendo e dous verões". E Manuel Severim de Faria, em 1631, refere alguém que em Goa passara tempos "invernando em terra e embarcando-se os verões nas armadas". Qualquer um destes quatro autores foi, ou é ainda, tido na conta de clássico do idioma. Facto é que a forma

tardia, inesperada, estava destinada a vingar. Hoje, por cada uso de *verãos*, os utentes de português optam vinte vezes por *verões*. Algo semelhante se dará com *serão*. O regular *serãos* é já em Quinhentos fortemente desafiado por *serões*, forma que sairá vitoriosa.

Destino ainda mais imprevisível estava reservado a *aldeão*. Esta forma surgira, com naturalidade, dum latinizante *aldeano*, e fazia o plural *aldeãos*. Mas, no século XVII, começa a aparecer *aldeões*. Assim escreve Melo, entre outros. Em Oitocentos, esta forma ganha terreno e, no século XX, leva clara vantagem à original. Actualmente, para dez *aldeões*, há um *aldeãos*. Simplesmente, saída do nada, surgiu uma terceira forma, *aldeães*, que começa numericamente a fazer sombra à original, e já é aceite em gramáticas e prontuários. Pode supor-se, até, que este final *ães* tenha passado a soar particularmente letrado, "correcto".

Mais tumultuoso ainda, se possível, é o percurso de *charlatão*. Os dicionários dão-lhe origem italiana (de *ciarlatano*), que é exacta, mas o vocábulo chegou-nos, em inícios de Seiscentos, pelo espanhol. Por um lado, ele surge em traduções deste idioma ou na pena de portugueses bilingues, por outro, e é o que aqui interessa, logo recebe o plural *charlatães*, nitidamente inspirado no esp. *charlatanes*. Mas, em Oitocentos, aparece um plural concorrente, *charlatãos*, que vai disseminar-se no século XX. Não é, ainda assim, o fim das surpresas. Surge uma terceira forma, *charlatões*, que acaba por ultrapassar – é o actual estado de coisas – as duas outras. Os prontuários e dicionários, atentos à contemporaneidade, ou conformados, acatam as três variantes.

O caso de *vilão* é semelhante, mas aí o tumulto começa bem mais cedo. *Vilãos* atravessa dois séculos, mas, em 1497, surgem os primeiros *vilões*. No século seguinte, ainda *vilãos* domina a cena. Mas ninguém menos do que Jerónimo Cardoso, o mais famoso dicionarista de Quinhentos, traduz "solus sapit" por "dir-se-á do sábio que está entre vilões e néscios". No século XVII, *vilões* bate já a forma original numa proporção de quatro contra um. Duzentos anos depois, a proporção é de quinze contra um, situação que se prolonga pelo século XX. Mas é então que se introduz *vilães*, forma sempre claramente minoritária, mas, como as duas restantes, sancionada pelas obras de referência.

Do mesmo acolhimento gozam os três plurais de *ancião*, do antigo *anciano*. Durante séculos, a forma é a esperável, *anciãos*, ainda hoje claramente dominante. Mas, no século XIX, iniciou-se a marcha tanto de *anciões* como de *anciães*, que mostram excelente vitalidade.

Outros vocábulos ficaram-se por duas variantes: *capelães* e *capelões*, *guardiões* e *guardiães*, *refrãos* e *refrães*, *vulcãos* e *vulcões*. Uma consulta do prontuário ou dicionário, em papel ou *online*, é procedimento recorrente de quem redige português. Uma das mais populares dessas obras de referência, o *Prontuário ortográfico moderno*, de J. Manuel de Castro Pinto e Manuela Parreira, com seis edições, elenca várias opções para *aldeão, corrimão, ermitão, guardião, verão* e *vilão*, mas exprime preferência pelo plural em *-ões* "por tenderem a ser as mais usadas". Repare-se: *corrimãos* seria sempre, podia supor-se, o mais defensável.

Nada disso evitou que acabasse instalada a ambivalência, ou a hesitação, na morfologia do idioma. Um artigo no *Diário de Notícias* informa que a GNR encontrou em certa casa "duas pitãos". Num telejornal da SIC, em referência ao Barça, o locutor Bento Rodrigues (aliás, de puríssima dicção) diz primeiro "catalãos", hesita, e corrige para "catalães". Um presidente da República, em momento menos vigiado, chamou-nos "uma República de cidadões" (forma, aliás, com bons exemplos históricos). Numa gala de Natal da TVI, um apresentador alude a "símbolos pagões". Nada de grave. Sobre este último exemplo, lembre-se um antigo *pagano*, que exige o plural *pagãos*, de facto o mais corrente. Mas um clássico de Quinhentos, João de Barros, falava em "mouros e pagões". O mesmo fazia, no século seguinte, António Brandão na sua *Monarquia lusitana*. Fazem-no, hoje, bastantes falantes.

Ainda em 1734, o já referido doutrinário Madureira Feijó corrigia plurais como *melães, munições* e *tostães*, séria indicação de que circulavam à época.

Causa-nos tudo isso incómodo? Sim e não. Achamos que seria preferível uma morfologia unívoca, que nos evitasse a indecisão e o receio do ridículo. Mas a hibridez, muito orgânica, do nosso idioma (a expor no próximo capítulo) absorve bem essa pequena mágoa.

Para mais, e durante bastante tempo, o espanhol serviu de bússola ao falante português, numa forma algo descarada de assumirmos a nossa subalternidade. Só conhecemos esse recurso através de obras de consulta. Mas a própria persistência dele sugere-nos que era de praxe em locais de ensino.

O espanhol como guia

Quando começaram os portugueses a dar-se conta do rebuliço em que se metera o idioma? Não o sabemos exactamente. Mas um primeiro sinal de desconforto surge em 1536, na *Gramática* de Fernão de Oliveira, a primeira da nossa língua, quando se abordam os plurais de palavras em *ão*. O autor tenta organizar os dados: finais em *ães* quadram a "ofícios" (*escrivães, capitães*), finais em *ãos* a nacionalidades (*africãos, indiãos*). Mas tais "regras" não respondem por numerosos casos, e elas próprias apresentam excepções. Alguma clareza virá, diz Oliveira, "se olharmos ao singular antigo". Assim, *lição* levou a *lições*, *pã* a *pães*, *cidadão* a *cidadãos*. Mas é recurso de pouca valia: o que era *lição* é agora *lição*, o que era *pã* tornou-se *pão*. E o nosso primeiro gramático conclui, conformado: "O falar muda-se quando e como quer o costume".

O seu sucessor directo, João de Barros, na sua *Gramática*, saída em 1540, não se mostra mais animado. O motivo aduzido é que é surpreendente: o ubíquo *ão* não nos veio de uma fatal deriva do 'falar', mas de uma pronúncia e grafia "galegas" que, se ainda fosse possível, faríamos bem em "desterrar". É por falarmos "agalegadamente" que juntámos um *o* à legítima terminação *am* de *razam*. Para piorar as coisas, acrescenta ele, os galegos não foram coerentes. Quando se lhes esperaria os plurais *cãos* e *pãos*, eles fazem um singular *pam* e *cam*, e ei-los safos.

Isto não é linguística, e antes a expressão de um incómodo gramatical, que há-de tomar formas ainda mais curiosas. De momento, lembremos que, menos de um século depois, Severim de Faria, nos *Discursos políticos*, de 1624, afirmava exactamente o contrário. "O ditongo *ão* é próprio nosso, e o corrompemos do *om* francês e galego, em que não há muitos anos acabavam as mais das dicções que hoje terminamos em *ão*". É fantasia da mais pura.

Duarte Nunes de Leão começa por constatar, na sua *Ortografia da língua portuguesa*, de 1576, que o ditongo *ão* é aquele "sobre que há mais opiniões, e dúvida, em que lugares se há-de usar". Uma coisa é certa, porém: a grafia *ão*, e não *am*, é a que corresponde ao som final efectivamente proferido. Escrevam-se, pois, com *ão* quer o singular de substantivos quer as formas verbais do plural: *amão*, *amavão*, *amárão*, *amarão*. Repare-se nas duas últimas formas, que um acento vem distinguir. Será esta a exacta proposta de ortografistas nos séculos seguintes.

O plural dos substantivos é um problema, reconhece Leão. Mas para tal existe uma solução prática: veja-se como faz o espanhol. Diz ele *capitanes*, digamos nós *capitães*. Diz ele *aldeanos* e *corazones*, digamos nós *aldeãos* e *corações*. A par disso, há duplicações que o uso introduziu (*cidadãos* e *cidadões*, *vilãos* e *vilões*) e que há que respeitar.

O recurso ao espanhol volta a ser aconselhado por Álvaro Ferreira de Vera, numa *Ortografia ou Modo para escrever certo*, de 1631. "Todas as vezes", escreve ele, "que na língua portuguesa acabar qualquer nome em *ão*, havendo dúvida no formar do plural, veja-se como se termina na língua castelhana." E dá exemplos como *gavilanes* e *gaviães*, *villanos* e *vilãos*, *opiniones* e *opiniões*.

Outro tanto recomenda João Franco Barreto, numa *Ortografia* de 1671. "Os plurais mais dificultosos da nossa língua", observa o autor, "são os que vêm de singulares que soam em *am*; nos quais se embaraçam muitos que, cuidam, sabem de ortografia, porque têm diversas terminações; e para acertar nelas é muito proveitoso e necessário ter bastante conhecimento da língua castelhana, pola grande correspondência que a nossa tem com ela." E ainda mais explicitamente: "Para acertarmos nos guiaremos pela lingua castelhana". Exemplifica com *alemanes* e *alemães*, *sermones* e *sermões*, *cortesanos* e *cortesãos*.

Uma anotação intercalar: este capítulo baseia-se no estudo que fiz, em 2011, historiando as atitudes portuguesas face ao ditongo *ão*. Outra importante informação é fornecida no já referido artigo de 2015 de Sónia Duarte, que expõe as várias referências ao galego por parte de doutrinários portugueses no decorrer dos séculos.

Repare-se, de passagem, que Duarte Nunes fizera um tão explícito reenvio para o idioma centro-peninsular *antes* do período filipino (1580-1640) e que João Franco Barreto o faz bastante *depois*, o que esvazia qualquer sugestão de obediência política. Mas nem por isso é menos notória a normalidade com que a morfologia portuguesa, perante um problema que os seus naturais criaram, passou a incorporar essa dependência dos conhecimentos dum idioma estrangeiro.

Em 1769, João Pinheiro Freire da Cunha, num *Tratado de ortografia* (que teve 8ª impressão em 1813), dirá que o bom domínio da "diversidade de formação" desses plurais "depende do conhecimento da língua espanhola". Mas, admite, este conhecimento já não está tão largamente disponível, e, por isso, ele fornece exemplificação detalhada.

Não se pense, porém, que a recomendação de observar o comportamento espanhol ficará por aqui. Em 1923, Ivo Xavier Fernandes, numas *Questões de língua pátria* (editadas no Rio de Janeiro e, sublinhe-se, reeditadas em Lisboa em 1947 e 1950), exprimia-se assim: "Em caso de dúvida e sempre que se possa recorrer ao castelhano, nele se achará indicação segura sobre a maneira de formar o plural português". Em 1952, um estudioso há-de considerar "mau critério mandar recorrer ao espanhol em simples regras pátrias de flexão portuguesa", e propõe, como alternativa, listas de exemplos "o mais completas possível". É o reconhecimento de que, na falta da erudição etimológica ou da muleta espanhola, estamos condenados à memorização ou à consulta pontual.

Dois casos, mais recentes ainda, pedem atenção. Em 2013, o linguista brasileiro Cláudio Moreno avançava a dica espanhola na página *online* Sualíngua. Começando pela constatação de que "a tripla possibilidade para o plural" de *vilão* ou *aldeão* está "apenas refletindo o estado de hesitação de nossa língua", logo ajuntava: "Algo que pode nos ajudar – e muito! – nesses casos é olhar por cima do muro e ver o que nosso vizinho de sempre, o espanhol, anda fazendo, pois lá existem três singulares para três plurais: *hermano, hermanos; león, leones; alemán, alemanes*! A boa notícia é que podemos aproveitar isso para nossa língua". E uma última insistência: "Quem souber espanhol deve aproveitar a comparação; pode haver um ou outro vocábulo desviante, mas em geral o sistema funciona direitinho".

Só que também Espanha adentro soa o insólito conselho. Em 2009, o professor galego Valentim Fagim publica *Do ñ para o nh*. Trata-se de uma gramática do português, considerado língua da Galiza, que visa demonstrar como o galego conteria, implícita, a norma portuguesa. E vem esta questão das pluralidades. "Para as palavras acabadas em *ão*", ensina Fagim, "basta conhecer os plurais dessas palavras em castelhano." Tomem-se *manos, panes, razones*. "Feito isto, é tirar o *n* e escrever em seu lugar um til." E assim se obtêm os gal. *mãos, pães, razões*.

Se em toda esta quase cómica história algo é decididamente trágico, é de certo esta brutal inversão dos dados. O lusismo galego, que Valentim Fagim deste modo representa, não só propõe aos galegos o abandono dos seus regularíssimos plurais (*mans, pans, razóns*), como propõe importar para a Galiza essa gigantesca disfunção morfológica portuguesa que, originada há setecentos anos, nasceu exactamente de uma rejeição dos usos galegos. Ser esta uma tragédia histórica ainda seria, porém, o menos. O que não se desejaria a ninguém, menos ainda aos galegos, é o rosário de constrangimentos que o ubíquo *ão* trouxe, séculos a fio, aos desviantes portugueses.

A atribuição – patentemente errónea – do ditongo *ão* ao galego, feita por João de Barros, era já um sintoma de desconforto. Mas, na genérica perspectiva de então, qualquer infelicidade linguística tinha a sua origem nos estádios nortenhos do idioma…

O arrimo dos gramáticos portugueses ao espanhol para determinação dos plurais portugueses é descrito num exaustivo artigo de Sónia Duarte, de 2019.

Engenharia e voluntarismo

Foi sempre costume atribuir aos ditongos nasais, e em particular a este, a alegada dificuldade dos estrangeiros em aprenderem o nosso idioma. O já citado Álvaro Ferreira da Vera afirma, nuns *Breves louvores da língua portuguesa*, opúsculo de 1631, que isso lhe granjeou fama de "grosseira". O autor contesta-o por inteiro. Não só esses ditongos não desfeiam o idioma, como o apodo foi, na verdade, invenção de portugueses "malcontentes". Assim seria. Mas deixa à mostra que essas sonoridades continuavam fonte de incómodo.

A má fama que o ditongo *ão* daria ao idioma volta à baila num texto de Rafael Bluteau, de 1721, uma "Prosopopeya del idioma portugués a su hermana la lengua castellana", com que abre o *Diccionario castellano y portugués*. Alude o lexicógrafo a vários povos que "continuamente" lançariam em rosto, ao idioma português, os seus inúmeros *ãos*. Numa tirada algo artificiosa, confessa o autor, português adoptivo, que a culpa é do espanhol, que criou *concepción, deliberación*, etc. Perante tal, e para em alguma coisa se "diferenciar", restava ao nosso idioma, já de si tão "identificado" com o vizinho, decidir-se por outro arranjo. E assim surgiram *concepção, deliberação* e o resto. Mas sempre bons amigos, ou não fossem ambos, espanhol e português, *lenguas de ángeles*.

Anos mais tarde, em 1728, numa conferência sobre ortografia, Bluteau sairia em defesa do malfadado ditongo. Era ele rude, áspero? Talvez. Mas os idiomas precisam disso para a sua "consonância". Tentar banir o *ão* do idioma, o sonho de alguns, e sobre que já se haviam escrito "volumes inteiros", seria irresponsável, dada a "desordem" que a medida acarretaria. O conferencista acabaria agradecendo "a Real complacência para o mais áspero dos nossos ditongos".

Esta retórica tinha um interlocutor, entretanto falecido. Era o bacharel José de Macedo, que, em 1710, com o pseudónimo de António Melo da Fonseca, fizera imprimir em Amesterdão um volumoso *Antídoto da língua portuguesa*, em que propunha o radical banimento do ditongo *ão*. Os "volumes inteiros" de que falava Bluteau eram afinal só este. O livro fora dedicado ao absolutista João V, a quem pessoalmente se rogava um decreto que banisse o ditongo, e daí a gratidão de Bluteau pela "Real complacência". A obra de Macedo, de mais de quatrocentas páginas, tocava temas candentes à época e deveria ter gerado polémica, e pelo menos um debate. Mas o apelo à intervenção do soberano terá inibido a discussão pública. E um pseudónimo também nunca é grande estímulo.

O ponto de vista de José de Macedo ficava sintetizado nesta passagem: "Não há razão para que nos descontentemos da nossa língua, antes há muitas e muito boas para que justissimamente a estimemos muito. Só a frequência com que usamos do ditongo *ão* nos deve ser odiosa, e só deste triste vício procede a facilidade com que muitos engenhos cuidam que é mais formosa a língua castelhana". Dito doutro modo: o nosso idioma é magnífico e os que dizem o português inferior ao espanhol têm um único argumento: a nossa fartura de *ãos*. É do modo de extirpá-los que o livro vai ocupar-se.

O autor entrega-se aí a um titânico mas detalhado exercício de engenharia linguística que visa substituir os finais em *ão* por sequências mais latinas e, por acréscimo, mais italianas e espanholas. Se o latim é o supremo objecto de emulação, são decerto bem-vindas maiores parecenças ao italiano e mormente ao espanhol, tido, à época, como a mais perfeita das línguas neolatinas. Assim, vocábulos como *sermão* ou *ladrão* poderiam tornar-se *sermone* e *ladrone*, com os plurais *sermones* e *ladrones*. Palavras de tipo *vilão, verão, escrivão* fariam *vilano, verano, escrivano*, com os competentes plurais. De modo semelhante, *pão* e *cão* passariam a *pane* e *cane*, com plural *panes* e *canes*. Para *multidão, lentidão* e aparentados, a solução é *multitude, lentitude*. Havendo já variantes, convinha aproveitá-las: entre *escuridão* e *escuridade* guardava-se a segunda. De caminho, aprimoravam-se *manhã* ou *rã* com as novidades *manhana* e *rana*. E *não, tão, quão* regressariam aos latiníssimos *non, tam, quam*. Caso se achasse (e Macedo achava) que a final *ano* é "mais agradável" que *one*, seriam de ponderar formas como *perdano* e *coraçano*, mais eufónicas que *perdone* e *coraçone*. Havia, aliás, lembrava-o o autor, precedentes históricos: já se passara de *fuão* para *fulano*, ou de *romão* e *castelhão* para *romano* e *castelhano*. Era agora questão de alargar sistematicamente tais soluções.

O bacharel sabe, e di-lo, que uma proposta desta envergadura não só provocará a galhofa, que ele compreende, como despertará todo o tipo de resistências. Pensa nos poetas do passado ou nos vivos já conhecidos: dum momento para o outro, as suas rimas ficariam antiquadas. Pensa, também, nos muitos embaraços que esperam a conversação em sociedade. Mesmo assim Macedo avança a proposta, fazendo supor que não a tinha por totalmente descabida e, mais, que ela pode ter correspondido a anseios contemporâneos ou, pelo menos, a debates em círculos eruditos. Certo é que, em linguística, o voluntarismo nunca levou a melhor sobre as rotinas, por mais incómodas que as achemos.

Atencioso, José de Macedo redige ainda, na nova feição gráfica e sonora do idioma, a longa "Écloga primeira" de Camões. Destaquem-se aí os versos "Como se vano [*vão*] as cousas convertendo", "No chano os olhos seus, na mano a face", "O campo enchero [*encheram*] de amorosos gritos", "Que em torno estano ao corpo sepultado". Soluções como *enchero, penduraro* [penduraram], *negaro* [negaram] inspiravam-se claramente em pronúncias do Entre-Douro-e-Minho.

Anos mais tarde, uma extensa passagem do *Verdadeiro método de estudar*, de 1746, de Luís António Verney, mostra que o assunto ainda mexe. Sustenta o pedagogo, ele também, que a grafia *ão* deve ser banida. Não por inadequada (de facto é assim que se diz, mesmo grafando-se *am*), mas para esquivar certas discussões técnicas. Não se escreva, pois, *falão* (nem, ajuntarei, *fálão*), mas *falam*. O que já é uma concessão, pois a grafia ideal, acha Verney, seria *falaom*.

Para distinguir géneros gramaticais, usem-se as grafias *irmam* e *irman*, *vam* e *van*. Mas mesmo isto, reconhece, o escrever "tudo extensamente", não tornará estas "desinências" menos "feias e ásperas". Os portugueses, na sua defeituosa articulação, dão-lhes um irremediável "soído fanhoso do nariz". O influente pedagogo não teve, ainda assim, mais sorte do que os outros. O constrangedor *ão* mantinha-se de pedra e cal.

Pouco antes, em 1741, alguém recordara o *Antídoto* de Macedo. Era o estrangeirado Cavaleiro de Oliveira, no livro *Mémoires de Portugal*, editado ele também na capital da Holanda. Faríamos bem, diz, em aproveitar sugestões dessa obra "engenhosa", com que se limariam do português algumas "grosserias". A eliminação do ditongo *ão*, aprova-a Oliveira por inteiro. Com algum interesse próprio, diga-se. A edição dessas suas memórias (hoje diríamos ensaios) teve a recusa, confidenciou ele, de alguns editores estrangeiros, que não se ajeitavam com aquele extravagante til sobre uma vogal.

Esta má fama do nosso ditongo atravessaria os séculos. Ainda em Setecentos, e na apresentação do poema "O hissope", podia ler-se: "Concedemos que a linguagem portuguesa é abundante de termos e frases, é harmoniosa (e mais seria se muitas palavras não terminassem no canino monossílabo *ão*)". E, num artigo de 1916, sobre "A língua e a arte", o ensaísta Hipólito Raposo haveria de declarar *ão* "o ditongo mais característico e mais feio da língua portuguesa".

Entretanto, os doutos reformadores da nossa ortografia tinham, em 1911, resolvido a questão com uma medida simples: escreve-se *ão* o ditongo tónico (*pensão*, *casarão*, *satisfação*) e *am* o ditongo átono (*pensam*, *casaram*, *satisfaçam*). Isso não evitaria, ainda assim, recentes grafias como "Condenados *estavão* em preventiva", "*Diram* os mais optimistas", "As portas *estaram* sempre abertas".

Os sábios de 1911 não mexeram nos plurais dos substantivos: a sua tarefa era estritamente ortográfica. Também jamais alguém conseguiu, ou sequer tentou, pôr ordem nesse caos. Continuaremos a folhear as obras de consulta ou a confiar-nos à informática. É esse o preço, sempre actualizado, da emancipação linguística daquele jovem e rebelde Portugal.

7

Português, língua promíscua

"Tivemos sempre queda –
não era para o multiculturalismo,
era para a 'misturança' mesmo."

FRANCISCO JOSÉ VIEGAS,
PÚBLICO, 8 ABR. 2013

Uma aventura solitária

Logo no primeiro capítulo deste livro, verificámos a coexistência em português de formas como *voante* e *volante* ou *soante* e *sonante*. Vimos não serem exemplos únicos, já que o idioma conhecia outros pares de tipo comparável: *doente* e *dolente*, *gear* e *gelar*, *vigiante* e *vigilante*, *consoante* e *consonante*, *luar* e *lunar*, *ressoar* e *ressonar*, *terreal* e *terrenal*. Determinante é sempre, vimo-lo também, a ausência ou a presença de *l* ou *n* intervocálicos.

Na sua sistematicidade, e na sua amplidão, este fenómeno é único no inteiro âmbito das línguas latinas. Mesmo o galego só parcialmente acompanha aqui o português, já que desconhece vocábulos como *dolente*, *xelar* ou *resonar*, *sonante*, *terrenal*. Foi o português que, depois de herdar a avalanche de formas galegas criadas pelo banimento de *l* e *n*, se pôs afanosamente a recuperar as duas consoantes perdidas, acumulando dezenas de pares semelhantes aos aí expostos. O galego deixou, efectivamente, o português sozinho nesta aventura.

Se é certo que o português começou cedo a reintroduzir consoantes eliminadas (*dolorido* e *mantenente* datam de 1280), é por volta de 1400 que, em Lisboa e Coimbra, se irá investir a fundo nessa recuperação. Este processo faz parte da vasta "elaboração" (termo técnico para um processo de criação de nova língua) que o português então enceta, num porfiado afastamento das soluções vigorantes a norte.

As *histórias da língua portuguesa*, não ignorando decerto os materiais lexicais em si mesmos, nunca os sistematizaram, preferindo atribuí-los, insistentemente, a uma nunca questionada "relatinização". Na sua *Introdução à história do português*, Ivo Castro aponta dois factores dum "processo modernizador" do idioma: "a relatinização do léxico e a adopção do castelhano como segunda língua literária do país". Voltará a referir "a entrada maciça de empréstimos lexicais tomados ao latim literário", nunca dando impressão de entrever que esses dois factores – a relatinização e o elevado e duradouro estatuto que o espanhol adquire em Portugal – são, se virmos bem, um e o mesmo factor. Para o português, vale, com vários séculos de adianto, o que do galego afirma o hispanista holandês Jan Schroten: "Otro efecto de estos casos de latinización del vocabulario gallego es que los resultados *no se distinguen* de los que daría una castellanización del vocabulario" (destaque meu). Isto vem na linha do que afirmavam, em 1995, Benigno Fernández Salgado e Henrique Monteagudo: "Os cultismos latinos que penetraron no galego desde o século xv fixérono case exclusivamente a través do castelán". Com efeito, foi aproveitando-se de quanta relatinização o próprio espanhol já fizera que o português se modernizou. Existiu, é certo, uma relatinização só portuguesa (veja-se a próxima Pausa para o café ou *Quies ad cafaeum*). Mas ela, sendo interessante, não é espectacular.

Insista-se nisso: qualquer aproximação renascentista ao latim era, para o utente português coevo, mesmo culto, indistinguível do aproveitamento do espanhol. O utente desprevenido juraria serem belos e úteis latinismos os adjectivos *primoroso, paulatino, circunvizinho, confinante, oloroso, titubeante* ou *polvoroso* que achava em textos espanhóis. Pura ilusão. Eles eram, como bastantes outros mais, simples produtos centro-peninsulares.

Existe, de resto, um paralelo histórico conhecido: a intensa latinização da língua inglesa na sequência da invasão normanda de 1066. O normando, uma variedade medieval de francês, tornou-se em Inglaterra língua da elite, e remodelou profundamente o léxico inglês. Ao longo dos séculos, o inglês importou milhares de vocábulos franceses, sendo actualmente cerca de 27% do inglês corrente de origem francesa, por vezes competentemente camuflada. Alguns exemplos de galicismos em língua inglesa: *approach, beauty, cache, debris, endeavor* (de *en devoir*), *entrepreneur, fashion, issue, liaison, malaise, point, pressure, queue, retard, suite, surprise, touch, voice*. Ninguém chamaria a isso uma latinização.

Não houve, no caso português de 1400, uma invasão de exércitos espanhóis, e sim uma adopção do espanhol, pela elite, como língua modelar. Daí uma imensa *transferência* de materiais ao longo de três séculos, uns de proveniência latina, outros de fabrico próprio castelhano, por vezes com prestigiantes feições latinas. Com isto, o português ganhou novas aptidões, nova agilidade e uma expressividade acrescida.

QUIES AD CAFAEUM

A nossa história sempre gostou de imaginar os humanistas portugueses como "operosas abelhas", dia e noite ocupados em transmutar o mel latino para português. No contexto do Renascimento, Ivo Castro fala mesmo numa "entrada maciça de empréstimos lexicais tomados ao latim literário (e através dele ao grego) e injectados no léxico português". Repare-se no sugestivo *injectados*.

Houve, decerto, uma latinização *exclusiva* portuguesa, mas não foi espectacular e, sobretudo, ela é, em importante medida, posterior ao Renascimento.

Seja dito, de passagem, que essa latinização exclusiva do português nunca foi objecto de estudo por parte dos historiadores do idioma. Erguem-se louvores à língua portuguesa, exalta-se a sua índole *latina*, mas os materiais latinos próprios dela nunca despertaram a mais básica curiosidade. Somos uns líricos. No resto, contentamo--nos com meia bola e força.

Do meu levantamento, destaco aqui substantivos, adjectivos e verbos de origem latina entrados no português entre 1500 e 1700, tanto sob forma praticamente inalterada (os chamados *cultismos*), quer sob forma evoluída (os *semicultismos*). Poderá verificar-se, também aqui, alguma datação tardia, dificilmente superando, porém, o meio século. Para informação etimológica, remeto para um bom dicionário.

Em matéria de substantivos, citem-se *juba* (século XVI), *benesse* (1510), *surto* (1553), *nódoa* (1555), *alvitre* (1560), *celeuma* (1572), *questiúncula* (1642), *catadupa* (1651), *súmula* (1666), *tabela* (1690).

Vimos, em capítulo anterior, adjectivos quinhentistas, alguns deles também galegos. Recordamo-los: *austinado, cônscio, esparso, graúdo, ínvio, lêvedo, mouco, negregado, opinioso, pernóstico, prisco, rombo, sôfrego, submerso, trôpego* e *utente*. A eles vêm somar-se *salutar* (1611), *insciente* (1649), *apenso* (1660), *ínscio* (1679), *enfezado* (1687), *subserviente* (1690), *controverso* (1697). Adjectivos de data posterior a 1700 serão referidos no capítulo II.

Camões é um caso à parte. Introduziu vários cultismos adjectivais que se conservam em exclusividade portuguesa (*abominoso, celso, cógnito, frondente, fulvo, piscoso, rúbido* e outros ainda menos frequentes) e fez dezesseis estreias peninsulares de que o espanhol veio a tirar algum rastreável proveito (*altíssono, esquálido, estridente, flavo, hirsuto, horríssono, ignavo, imaturo, infando, lanígero, obsequente, ovante, pânico, rábido, sibilante, undívago*). Estas novidades camonianas não são, nitidamente, os materiais mais indispensáveis.

Passemos aos verbos. Vimos já também uma série de verbos só portugueses de origem latina provável. De origem certa, temos os seguintes: *angariar* (século XVI), *munir* (1572), *deliciar* (1589), *poluir* (1589), *aliciar* (século XVII), *grassar* (1638), *conspurcar* (1661), *reflectir* (1663), *locupletar* (1664), *exarar* (1670), *exaurir* (1674), *anuir* (1679), *indigitar* (1690), *evolar-se* (1692), *surripiar* (1697). Verbos de data posterior serão referidos, também, no capítulo 11.

No estrito âmbito das traduções levadas a cabo por humanistas, André de Resende adiantou-se, em 1530, ao espanhol com *hórrido*, mas não ao italiano. Coisa idêntica aconteceu a António Pinheiro, em 1541, com *malevolência*. O mesmo Pinheiro introduziu em 1551 *venialidade*, só bastante mais tarde encontrável noutras línguas latinas. É um ganho, decerto, mas muito comedido.

Perdoe-se a ironia, mas foi uma sorte não estarmos dependentes dos nossos humanistas para a modernização do léxico pátrio.

O nosso processo de recuperação latinizante (repitamo-lo) entende-se bem mais adequadamente no cenário da larga *familiaridade* com o espanhol que, a partir de 1400, se desenhou e que conduziu a uma obstinada *convergência* do português com ele, como forma de modernização própria.

Felizmente que, a partir daí, o nosso idioma iniciou, também, algum recentramento sobre si mesmo, construindo soluções próprias para a expressão de novos conceitos. Veremos, no capítulo 10, entre mais, a vasta exploração que o nosso idioma fez dos sufixos *-idão* (*aptidão*, *gratidão*, etc.) e *-ice* (*meiguice*, *tolice*, etc.).

Outro exemplo dessa exploração de recursos caseiros: enquanto galego e português compartilham um bom número de substantivos e adjectivos em *-eito* (*afeito*, *desafeito*, *desfeito*, *despeito*, *estreito*, *proveito*, *refeito*, *sujeito* e alguns mais), o português desenvolveu formas próprias como *atreito*, *defeito*, *efeito*, *perfeito*, *preceito*, *respeito*, *trejeito*.

O espanhol como modelo

O resultado mais determinante e rico em consequências do afastamento do galego foi essa entusiástica abertura às criações do idioma centro-peninsular, cedo tornada *dependência crónica*. Também nisto os príncipes de Avis foram pioneiros, adquirindo as obras castelhanas disponíveis, tirando proveito de traduções feitas em Burgos e Toledo, atraindo intelectuais da Meseta castelhana ao convívio lisboeta.

Os materiais importados do espanhol traziam um perfume de cultura e modernidade. Isso valia particularmente quando se remodelavam formas antigas, reinserindo nelas os *l* e *n* outrora suprimidos. E, se é verdade (como já aqui lembrado) que essa pintura nova aflorava já, aqui e ali, antes de 1400, a partir de então a remodelação intensifica-se. Alguns exemplos desta recuperação:

REINTRODUÇÃO DE L

caendas	>	calendas
dooroso	>	doloroso
fiiz	>	feliz
maíça	>	malícia
nevooso	>	nebuloso
paadar	>	paladar
saíva	>	saliva
seenço	>	silêncio
torvoento	>	turbulento

REINTRODUÇÃO DE N

absteença	>	abstinência
bõaça	>	bonança
canhoaço	>	canhonaço
estimo	>	estímulo
lumioso	>	luminoso
madroa	>	matrona
mãifesto	>	manifesto
opoente	>	oponente

remãescer	>	remanescer
romão	>	romano
sãar	>	sanar
sazoado	>	sazonado
teevroso	>	tenebroso

Dir-se-ia (mais uma vez) estarmos perante uma mera relatinização, já que todas estas reintroduções de *l* e *n* coincidem com as soluções originais, latinas. E – disso podemos estar certos – esse aval do latim terá tido um efeito tranquilizador.

O facto é que a reintrodução das duas consoantes conduziu, num muito significativo número de casos, à coincidência com soluções *originais* espanholas, uma inequívoca mostra de influência directa. Foi o acicate do espanhol, crescentemente presente na vida diária dos portugueses, a inspirar, e sustentar, essa remodelação. O espanhol funcionava, assim, como *correctivo*. Vejamos exemplos disso:

PORTUGUÊS			ESPANHOL
ciada	>	cilada	*celada*
piar	>	pilar	*pilar*
aprisoar	>	aprisionar	*aprisionar*
baroíl	>	varonil	*varonil*
descomual	>	descomunal	*descomunal*
doaire	>	donaire	*donaire*
gaança	>	ganância	*ganancia*
manteedor	>	mantenedor	*mantenedor*
paação	>	palaciano	*palaciano*
temoeiro	>	timoneiro	*timonero*

Nem sempre, porém, os materiais do passado se perderam. Foram muitos, mesmo, os casos em que ficaram a conviver as duas formações: a já existente no idioma e a moderna. Com isso se obtiveram numerosos *dobletes*, ou *formas divergentes*, como são designadas, apresentando alguns casos uma perfeita oposição, mesmo se as formas (vimo-lo no capítulo 1) pertencem a diferentes categorias gramaticais, ou têm significados díspares.

COM SÍNCOPE DE L	*SEM* SÍNCOPE DE L
cio	zelo
consoada	consolada adj. fem.
dorido	dolorido
gear	gelar
mágoa	mácula
paço	palácio
pego	pélago
saudar	saludar

COM SÍNCOPE DE N	*SEM* SÍNCOPE DE N
areia	arena
cardeal	cardinal
expoente	exponente
frear	frenar
limiar	liminar
romã	romana adj. fem.
teor	tenor
vaidade	vanidade

Anote-se, de passagem, que os vocábulos *toa* e *tona* (nas locuções *à toa* e *à tona*) não são formas divergentes. Eles diferem já na origem. Enquanto *toa* é um regressivo de *toar* ('rebocar embarcação', do fr. ant. *toer*), *tona* deriva do lat. *tunna* 'pele'.

No caso dos dobletes acima, poderia sempre aventar-se um influxo latino. Outros, porém, denunciam a interferência directa dum espanhol omnipresente na vida social portuguesa. Exemplos disso são:

PORTUGUÊS			ESPANHOL
rinchar	+	relinchar	*relinchar*
acantoar		acantonar	*acantonar*
arrincoar		arrinconar	*arrinconar*
entretimento		entretenimento	*entretenimento*
malsoante		malsonante	*malsonante*
sustido		sustenido	*sostenido*
toadilha		tonadilha	*tonadilla*

Caso particularmente ilustrativo é o do adjectivo *são* (do lat. *sanu*) e seus compostos. A forma privada de *n*, *são*, é a única documentada desde início. Foi Camões a introduzir, em 1572, *insano*, forma latina já corrente em espanhol, onde remonta a 1444. Data de 1587 o composto *malsão*, cópia do espanhol *malsano*, documentado desde 1385. Em suma: enquanto o espanhol conhece a série regular *sano, malsano, insano*, o português sobrevive no habitual amálgama de *são, malsão* e *insano*.

Não menos assinalável é o doblete *mirão/mirone*, formas provenientes do esp. *mirón*. É de 1622 a primeira atestação de *mirão*, "indivíduo que não joga mas observa o andamento do jogo", como define o dicionário Houaiss. Mas, em inícios de Oitocentos, surge *mirone*, um fantasioso singular do esp. *mirones*, com o valor de 'observador, particularmente de desastres'.

Certo: uma recuperação de teor latinizante deu-se em todas as outras línguas latinas, com larga criação de dobletes, ou formas divergentes. Nisso, o francês é famoso, sobretudo pelo contraste das novas formações, de nítida compleição latina, com as antigas, frequentemente já irreconhecíveis, tão drástica foi a deriva formal em que, no decorrer dos séculos, o vocabulário francês entrou.

Aquilo que, porém, distingue aqui a língua portuguesa é a elevada *regularidade* das soluções, quer modernas quer antigas, até com razoável *previsibilidade* dos resultados, para o que concorreu, evidentemente, estar o espanhol a servir-nos de sistemático espelho.

Essa reintrodução de duas consoantes patrimonialmente eliminadas constituiu uma autêntica *desconfiguração do sistema*. O português teve de aprender a viver com ela.

Uma dependência crónica

Esta *acomodação* ao modelo espanhol foi, pois, contemporânea daquilo que se diria um regresso ao latim. Neste âmbito, qualquer suposta relatinização é uma racionalização *a posteriori*. Como assinalado noutros momentos deste livro, o utente histórico não tinha a possibilidade – mas tampouco tinha a preocupação – de distinguir aquilo que o aproximava ao latim daquilo que o fazia ao espanhol. O dado objectivo é que, na vida real, o figurino espanhol lhe era incomparavelmente mais próximo e, portanto, convidativo do que o latim.

Ivo Castro fala de "um paradoxal caso de amor com o castelhano" por parte do português. Não é para menos. Essa pacífica *promiscuidade* com o idioma do poderoso reino vizinho conviveu sempre bem, entre nós, com a declarada auto-suficiência duma comunidade crente em si, vitoriosa nos campos de batalha, bafejada pelos fados.

Nunca o espanhol foi sentido como uma fonte de perigo. E, assim, mesmo aqueles que, ritualmente, exprimiam uma ou outra reticência face ao idioma da Meseta, como os seiscentistas António Vieira e Francisco Manuel de Melo, mesmo eles puderam ser valentes castelhanizadores do léxico português. É em obras de Melo que achamos pela primeira vez cerca de trinta adjectivos criados em Castela, entre eles *atarantado, carinhoso, desprevenido, estrondoso, indesculpável, maltrapilho, novato, presumido* ou *sonso*. E foi em sermões e cartas de Vieira que se estrearam em português *aparatoso, assombroso, cabal, disparatado, interessante, jactancioso, lastimável* ou *valentão* e mais umas quinze criações adjectivais espanholas. Tudo isto se estabeleceu entre nós com naturalidade: eram palavras que, durante dezenas de anos, os portugueses tinham lido em textos espanhóis ou ouvido a pregadores e educadores chegados do centro peninsular. E, sim, *interessante*, entrado no português em 1672, é – como vimos na Introdução – uma invenção espanhola de 1605. O francês, o italiano e o inglês só irão adoptá-la a partir de 1718.

Existem números avassaladores. Só entre 1500 e 1600 o português incorporou 248 adjectivos de fabrico espanhol. Contam-se entre eles *airoso, aziago, boçal, cabisbaixo, castiço, empedernido, mulato, nublado, polvoroso, pujante, sangrento*. Alguns deles assentam em radicais estranhos ao nosso idioma, como *aire, nublar, polvo* 'pó', *pujar* e *sangre*.

E atente-se nisto, já sublinhado na Introdução: em transferências mútuas de léxico, espanhol e português ocupam posições insanavelmente *assimétricas*. Por cada lusismo hoje em voga no espanhol (sirvam de exemplo *barullo, caramelo, despejar, enfadar, resguardo*), estão em uso no português nada menos que oitenta espanholismos.

Seja assinalado: na edição hispano-americana da sua *História* da língua portuguesa, de 2013, Ivo Castro abandonou a fixação latinista da renovação do nosso léxico e vincou o largo aproveitamento do espanhol. Fê-lo com referência à investigação por mim levada a cabo, o que muito me honra.

PAUSA PARA EL CAFÉ

Como saber que temos que ver com um *espanholismo*? Para poder determiná-lo, praticam-se apertados critérios. Eis os mais determinantes:

a. *a origem directa duma determinada forma é o espanhol, tenha a forma sido criada nesse idioma, ou proceda dum idioma anterior (habitualmente o latim), tendo-se dado, em certos casos já examinados, uma derivação (por exemplo, em airoso, pujante) sem que existisse em português a base dela (aire, pujar);*

b. *a forma teve nítida circulação em espanhol antes de haver a primeira documentação em português;*

c. *o contexto desta primeira documentação aponta para um provável aproveitamento do espanhol: é uma tradução dessa língua; o autor é um reconhecido bilingue ou está familiarizado com o espanhol; o documento exibe outras marcas de aproveitamento;*

d. *observa-se uma inicial escassez da forma em português, face à continuidade do seu uso em espanhol;*

e. *a palavra insere-se numa família (atinar, atinado, atino, desatinar, desatino, etc.) ou num campo lexical (a 'expressão oral', a 'pilhéria', o 'engano doloso', outros ainda) que sabemos particularmente atraentes;*

f. *quanto mais inesperada uma forma coincidente for, mais lícito é supô-la criação de uma só das línguas (desabrido, cabisbaixo, etc.).*

Verificar tudo isto supõe um aturado labor e, de preferência, uma longa experiência acumulada. Habitualmente, o longo contacto com os materiais desenvolve no investigador uma *intuição* porventura útil.

Uma derradeira sugestão: a dum estudo aprofundado da *natureza* e *características* das relações de português e galego com o espanhol. Tudo leva a crer que estamos, intrinsecamente, condenados à sua influência. Importaria, pois, conhecer-lhe, a esta, os meios e os modos, de maneira a conseguir uma mínima gestão e, mesmo, uma certamente precária, mas não impossível, intervenção.

A *dependência* portuguesa das soluções espanholas acabou por tornar-se crónica. O utente apropriava-se, na língua do reino vizinho, de tudo quanto se sentia, ou julgava, necessitado. Na maioria das vezes, escapava-lhe essa apropriação, pouco preocupado que estava (e ainda está) com a proveniência do vocábulo que lia, ou ouvia, por primeira vez em texto português. Habitualmente, já o teria ouvido ou lido em contexto espanhol.

Entre 1450 e 1730, um português, sobretudo se culto, consumia durante a sua vida um número impressionante de produtos espanhóis. Eles eram as obras de catequese e espiritualidade, as leituras de lazer (aventuras, viagens), as obras de consulta (mormente dicionários), os cânticos religiosos (como os numerosos vilancicos ouvidos nas igrejas), eles eram os volumes de poesia espanhola (durante muito tempo os únicos impressos disponíveis), as peças de teatro de companhias espanholas, ou mesmo portuguesas com textos em espanhol de autores portugueses. E havia ainda os professores, os confessores, as madres de convento, os pregadores, vindos de Castela. E havia os muitos poetas portugueses que escolhiam exprimir-se em espanhol. Um contacto directo, *in loco*, de vida social em espanhol, tinham-no as muitas centenas de jovens portugueses que frequentavam as universidades de Salamanca e Alcalá de Henares. Também o início da imprensa em Portugal foi importantemente marcado pela tradução de obras espanholas. Em suma: durante séculos, a *presença* do espanhol foi, na vida dum português, uma realidade constante.

E não se esqueça o nosso lado. O cidadão português desenvolvera um ilimitado fascínio por Espanha e pelo espanhol. Esse fascínio é, hoje ainda, visível em cada página dessa assombrosa *Fastigínia*, o longuíssimo relato que o magistrado Tomé Pinheiro da Veiga redigiu das festividades em Valadolid, em 1605, pelo nascimento dum príncipe herdeiro espanhol. Por ali passa uma Espanha entregue a semanas de descuidada folia, para que o visitante português é aliciado, e onde deliciado se perde, tudo documentado em constantes falas de língua espanhola. Da obra existe uma excelente edição moderna do professor Ernesto Rodrigues, da Universidade de Lisboa.

É, de facto, de fascínio que importa falar. Inclusive por esse idioma espanhol, sentido como língua lógica e consistente, dotada duma ortografia estável, duma *economia silábica* previsível, livre dessas bizarrias de um *l* e um *n* ora ausentes ora presentes.

Foi assim que o utente de português aprendeu a sobreviver, como ainda hoje sobrevive, numa paisagem vastamente *híbrida*, feita de formas completas, com *l* ou *n*, em feliz convivência com formas truncadas – na verdade, evoluídas –, sem um ou sem outro.

É por isso que, por um lado, temos *sonante, sonoro, sonoridade, ressonância, dissonante*, por outro, *soar, soante, consoante, ressoar*. Por um lado, *volante, volátil, evolar*, por outro, *voar, voo, voador, revoada, sobrevoar, esvoaçar*. Por um lado, *colorir, colorido, coloração, incolor, colorante*, por outro, *cor, corar, corado, corante, descorado*. Por um lado, *doloroso, dolência, indolor*, por outro, *dor, doer, doído, condoído, doença, adoecer*. Por um lado, *zelo, zelar, zelador*, por outro, *cio, cioso, ciúme, ciumento*. Por um lado, *componente, oponente, exponencial*, por outro, *poente, expoente, depoente*. Por um lado, *tonal, tonalidade, detonante, detonador*, por outro, *toada, entoar, entoação, destoar, destoante*. Por um lado, *miúdo, miudeza, esmiuçar*, por outro, *minuto, minúcia, minucioso*. Por um lado, *donativo, donatário*, por outro, *doar, doador, doação*. Por um lado, *género, genérico, generalizar, generalidade, regenerar*, por outro, *gerar, geração, gerador, geracional*. Por um lado, *monetário*, por outro *moeda, moedeiro*. Por um lado, *arena, arenal, arenoso*, por outro, *areia, areal, areoso*. Por um lado, *corona, coronal, coronária*, por outro, *coroa, coroar, coroação*. Por um lado, *tábua, tabuada*, por outro, *tabuleta*. Por um lado, *miudeza*, por outro, *minudência*. E poderíamos prosseguir longamente, incluindo casos exóticos como esse impagável *colorau* 'pó de pimentão', transcrição da pronúncia informal espanhola *colorao* 'vermelho'.

Aí está uma perfeita desordem instalada, só dominável por quem tenha, desde criança, sido treinado nesta imprevisibilidade, neste autêntico caos de economia silábica. E se, na selecção de casos acima feita, ainda pudera invocar-se um certo 'ar' latino, de boas famílias, já salta à vista a pura indisciplina, inequivocamente induzida pelo espanhol, de *pau* mas *palito*, de *quente* mas *acalentar, acalanto, calentura*, de *gado* mas *ganadeiro, ganadaria*, de *miúdo* mas *minudência*, de *manter* mas *mantenedor, mantenimento*, de *grão* mas *granito*, *granizo*, de *lâmpada* mas *lamparina*, de *vão* mas *devaneio, devanear*, de *intervir* mas *prevenir*, de *verão* mas *veraneio, veranear, veraneante, veranico*. São exemplos, bastantes mais há.

Não custa crer (tenho de repeti-lo) que uma das fontes do histórico fascínio português pelo espanhol foi a persistente impressão dum conjunto ordenado, harmonioso, isento de todo o tipo de surpresas ao virar da esquina. E o que é mais: uma vez encetado o processo, a preferência irá sempre para as formas intocadas, com o *l* e o *n* nos seus lugares, doravante sentidas como mais modernas e cultas. Não faltaram sequer os excessos, como a popularização, no século XVI, de *colores* e *dolores*, decerto entrevistos como chiques, à custa das triviais *dores* e *cores*, ou a tentativa, em Seiscentos e Setecentos, de implantar *venida* por 'vinda' ("Depois de quatro idas e *venidas*"). Este espanholismo teve, mesmo, êxito no valor de 'ataque imprevisto', entretanto dicionarizado: "Tem *venidas* capazes de derrubar com elas um gigante".

O galego, como se verá no capítulo 9, manteve-se longo tempo à margem dessa reintrodução de *l* e *n* intervocálicos, por ele próprio tão denodadamente suprimidos em épocas remotas.

Claro: nenhum falante português jamais se incomodou com o retrocesso a que a sua língua se entregou, se é que algum dia estabeleceu uma conexão entre *palito* e *pau*, ou estranhou *gado* mas *ganadeiro* e *ganadaria*. E a verdade toda é que nunca, até este momento, alguém mostrou estranhá-lo, contentando-se com a observação (e às vezes nem isso) de que tais coisas existem.

A questão é que o português vive atulhado dessas e de muitas outras inesperadas misturas induzidas pelo espanhol, como *antigo* mas *antigualha*, *Castela* mas *castelhano*, *dobro* mas *doblez*, *fedor* mas *hediondo*, *ilha* mas *islenho*, *lume* mas *vislumbre*, *menino* mas *ninharia*, *névoa* mas *nublado*, *nu* mas *desnudar*, *pó* mas *polvorosa*, *sangue* mas *sangrento*, *telhado* mas *tejadilho*, e não fica por aí. Seja anotado, de passagem, que o dicionário da RAG não admite nenhum desses segundos termos, que nós usamos com a maior naturalidade.

Tem de constatar-se que – mesmo ficando-nos pelo fenómeno ausência/presença de *l* e *n* latinos – a economia silábica do português demonstra uma incoerência a toda a prova, uma desarrumação para que não se descortinam, nem porventura existem, soluções.

Urge, porém, questionar-nos: como pôde essa desvairada subversão do acervo patrimonial ganhar tamanha dimensão? Duas respostas se apresentam. Primeiro: tudo foi fruto de processos alargadíssimos no tempo, que ninguém pôde seguir no seu desenrolar, e muito menos influir nele. Segundo: nunca Portugal conheceu um órgão regulador, uma Academia, que interferisse a esse nível, o da morfologia, tão vulnerável quanto precário. E ainda bem.

Semelhante interferência teria redundado numa infindável frustração e, não custa a crê-lo, num caos ainda maior.

O resultado é esse que hoje vemos: uma língua híbrida e promíscua, um emaranhado indestrinçável de materiais surgidos, uns, em processos antiquíssimos, interiores à comunidade falante e, outros, gerados numa movimentação de sinal contrário, facilitada pela familiaridade com uma língua estrangeira aliciante e prestigiosa. Eis um cenário por que, *a priori*, nenhum ser pensante e prudente optaria, mas que o utente acabou por interiorizar, com uma destreza que (perdoe-se a extrapolação) denuncia uma, decerto não única, mas incomum aptidão para a desordem.

E, vendo bem, existe uma leitura *positiva* dos dados. Eles revelam, no indivíduo português, um lado transigente, integrador, cosmopolita. Não: em questão de língua, o português nunca se fez esquisito. E essa virtude transmitiu-a ele, depois, a brasileiros e outros falantes.

Uma coisa se nos torna, porém, evidente: se a síncope de duas consoantes deveras relevantes significou (recordando o marcante dito de Ivo Castro) "o acto de nascimento da nossa língua", e tudo leva a crer que sim, pois constituiu uma intervenção no sistema nada menos que *revolucionária*, conferindo ao idioma a sua feição mais irredutível –, então o aparecimento do português veio significar, por efeito da deriva em que o idioma entrou, convergente com as soluções espanholas, um desafio ao sistema autenticamente *contra--revolucionário*. Importa, pois, reconhecê-lo: o português é, em si mesmo, a *subversão*, definidora e sistemática, do seu próprio "acto de nascimento".

Parte III
O galego e o português

8

O léxico exclusivo
de galego e português

"Muitas pessoas galegas não compreendem porque em Madrid ou Barcelona não entendem o português, quando elas percebem. Nós não só somos capazes de compreender, mas o mais importante, somos capazes de comunicar, sem nunca ter estudado. Estamos em cima de um tesouro."

JOSÉ RAMOM PICHEL, *FALAR A GANHAR*, 2013

Afrontas e namoros

De quanto ficou aqui exposto, pode inferir-se que existe um extenso vocabulário compartilhado por galego e português, e também deles exclusivo.
No capítulo 5, examinámos, primeiro, uma série de adjectivos e, em seguida,
um bom número de verbos, sobretudo nas suas relações com o latim. Aludimos aos 230 verbos exclusivos de galego e português, dos quais 55 de fonte
latina segura e 22 de fonte latina suposta. Não faltaram, ao longo dos capítulos, as referências a substantivos e adjectivos. Vamos agora observar, no seu
conjunto, esse acervo comum e exclusivo. Comecemos pela gramática.

Galego e português compartilham palavras funcionais como sejam os
advérbios *cedo* (< lat. *citu*), *ontem* (gal. *onte*) (< *ad noctem* 'na noite passada'),
anteontem, trasantontem, perto, longe, onde, ainda, perante, algures, defronte (gal.
de fronte), *entrementes, destarte, dessarte, rente/rentes.* O mesmo vale para as
preposições *após, até* e *consoante*, para a conjunção *porém* e para a interjeição
de admiração ou chamamento *ó.* Ou para a distinção de *dois* e *duas.*

Comuns e exclusivas são também várias locuções adverbiais:

à beira	à pressa	às costas
à beirinha	à toa	às turras
a eito	aos poucos	de cor
à espreita	às apalpadelas	de mansinho
a monte	às avessas	se calhar

de manhã, de manhãzinha, à tardinha, à noitinha
a jeito, com jeito, de jeito, sem jeito

Um razoável número de pronomes goza igualmente de exclusividade, embora
se trate, para alguns deles, mais exactamente da forma. São eles: *eu, nós, vós;
o meu, a minha, o teu, a tua, o nosso, a nossa; isto, isso, aquilo; connosco, convosco;
estoutro, essoutro, aqueloutro; ninguém.* Também as contracções de preposi-
ção com artigo ou pronome são próprias de português e galego: *ao, à; do, da;
no, na; dele, dela; nele, nela; deste, desta; neste, nesta; doutro, doutra; noutro, noutra;* e os respectivos plurais.

Passemos à observação dos substantivos. Trata-se, sempre, de vocabulário
corrente, na esfera familiar ou culta. Mas outro vocabulário, sobretudo do
âmbito de profissões ou ofícios, poderia ser mencionado.

E seja primeiro a classe porventura mais curiosa de substantivos: a dos chamados deverbais regressivos. Tendo-se um verbo, cria-se a partir dele um substantivo. Só que, em vez de fazê-lo adicionando um sufixo (como em *apartar > apartamento, esperar > esperança*), cria-se uma forma mais curta. É o que acontece em *compra*, de *comprar*, ou em *venda*, de *vender*.

O galego e o português possuem mais de sessenta deverbais regressivos próprios:

abalo	delonga	namoro
aceno	desabafo	obriga
achega	desarranjo	perda
aconchego	desforra	pertença
adivinha	desleixo	pulo
afronta	desterro	molha
agoiro	embrulho	rebento
amuo	enfeite	recolha
apanha	enleio	recomeço
arranjo	ensino	rega
arrepio	entulho	repenique
berro	escolha	resumo
bojo	espirro	retalho 'fragmento'
brado	espreita	rodopio
cata (andar à cata)	estouro	seca
cheiro	esturro	socalco
choco	fecho	urro
cisma 'ideia fixa'	furo	varejo
confronto	lanço	vasculho
debulha	latejo	venda (de vender)
deixa	mergulho	vinco

Estas formações, simples na aparência, são na realidade aquilo que existe de mais complexo e mais requintado na morfologia duma língua, sobretudo pela obtenção de conceitos predominantemente abstractos. Pense-se no que aconteceu em *arranjar*, que produziu *arranjo*, e em *desarranjar*, donde se fez *desarranjo*.

Algumas das formações expostas são patrimoniais, isto é, vêm dos primórdios do idioma, aparecendo logo na primeira documentação escrita. Estão neste caso *brado, cheiro, espreita, perda, venda*. Bastante antigos são também *afronta, delonga, fecho* e *furo.* Vêm, depois, as formas encontráveis no teatro do século XVI: *achega, aconchego, arrepio, desarranjo, espirro, mergulho, pulo, vasculho.* É provável que – como vários adjectivos que já examinámos – elas provenham de vários séculos antes, mas só então tendo entrado na escrita, certamente devido ao seu teor informal. O facto de pertencerem também ao galego reforça essa suposição de antiguidade. E temos, por fim, datações historicamente recentes: as de *arranjo, cisma, desleixo, namoro, recolha,* de que vai havendo notícia ao longo do século XIX. Anote-se o facto, deveras curioso, de *desarranjo* ter documentação muito anterior a *arranjo.* Na Introdução, vimos outros exemplos dessa distorção cronológica.

Também de carácter patrimonial são aquelas palavras que, originando-se na subtracção de *l* e *n,* apresentam significado próprio, desconhecido noutros idiomas latinos. Assim, não são exclusivos *lua* (apesar da forma própria) ou *lunar,* mas *luar* sim. Acham-se nesta situação os vocábulos (já aduzidos) *mágoa* e *nódoa,* em que se deu a perda dum *l,* ou *enteado* e *lagoa,* com perda dum *n.*

Pândegas e cachoeiras

No âmbito dos substantivos, é grande a exclusividade galega e portuguesa. Vamos distribuí-los por conjuntos.

Seja o primeiro o do panorama da natureza. Só galego e português possuem *bátega, beira* 'margem', *beira-mar, bouça, cachão, cachoeira, calhau, cheia, clareira* (gal. *clareiro*), *clarão, enchente, enxurrada, enxurro, estrume, invernia, giz, laje, lajedo, lamaçal, lameiro, leira, lusco-fusco, maresia, moita* (*mouta*), *negrume, nevoeiro, nortada, orvalho, pedregulho, pegada* 'vestígio', *penedia, penedo, pó, poalha, poeira, relento, seixo, Sete-Estrelo, socalco, sol-pôr* (*solpor*), *trovão* (*trebón*), *trovoada* (*treboada*), *xisto.* Também há exclusividade de nomes do reino vegetal: *bugalho, carvalheira, carvalho, castanheira* (*castiñeira*), *ervilha* (*ervella*), *feto* (*fento*), *pêssego* (*pexego*), *trevo, videira, urze* (*urce, uz*) e ainda *caule, cavaco, ceifa, colheita, cortiça* e *farelo.* E de nomes de animais: *andorinha* (*anduriña*), *borboleta* (*bolboreta*), *cadela* e *cão* (*can*), *cágado, cobra* (termo genérico), *eiró* (*eiroa*), *golfinho, isco, joaninha, lontra* (gal. também *londra*), *macaco* (termo genérico), *mergulhão, minhoca, papagaio, polvo, rato, toupeira, vagalume* e ainda *galinheiro* e *pombal.*

No âmbito da paisagem e actividade humanas, encontramos *adega, adro, alfândega, alicerce, beiral, casario, celeiro, choupana, corredor, janela, lar, lareira, limiar, lixo, pelouro, peneira, rua.* Com base em *alicerce* e *peneira,* formaram-se os verbos *alicerçar* e *peneirar.*

A fisiologia está presente em *cachaço, cachola, costas, cotovelo (cotobelo), coxa, fura-bolos* 'dedo indicador', *olheiras, pescoço, tornozelo (tornecelo), toutiço* e ainda *dentuça, larica, morrinha, soneca.* A pessoa humana está representada em *alfaiate, fedelho, feitor, frei, freire, freira, mergulhador, rapariga, rapaz, transeunte.* E a linguagem técnica em *alfândega, auto-estrada, fornecedor, jornal, jornalismo, jornalista, lenda, parceria, sondagem (sondaxe), testemunha.*

Particularmente bem representados estão dois domínios. Primeiro, o da abstracção, com *ardência, asneira, azedume, bênção (benzón), berro, brincadeira, delonga, descontracção, dosagem, feitio, feitura, lazer (lecer), lembrança, léria, miudeza, nascença, nomeada, nudez, pândega, penhor, pertença, remorso, requinte, serventia, singeleza, sumiço (sumicio), vizinhança, viço.* Dentro desse domínio, é notória a presença do 'movimento' em *balbúrdia (ballordo), burburinho (borboriño), frémito, guinada, reviravolta.* Acha-se, depois, o sector do comportamento reprovável, com *aldrabão, bandalho, falcatrua, ladroeira, malfeitoria, teimosia.*

Em matéria de objectos e utensílios, galego e português possuem *algibeira, buzina, campainha, cangalha, chapéu, charrua, enxoval, esparrela, estojo, faca, fivela, frigideira, funil, garfo, gonzo, guarda-pó, joeira, leme, luva, machado, novelo, parafuso, rolha, sarilho* (sentidos próprio e figurado), *sino, tesoura (tesoira), tigela (tixela* ou *tixola), vassoura (vasoira).*

Temos, ainda, noções variadas, dificilmente etiquetáveis, como sejam as de *bojo, buraco, Entrudo (Entroido), fenda, ferrugem (ferruxe), jeira, lambuzada, magusto (magosto), mancheia, noitada, recanto, refugo, trambolho.*

Merecem especial menção as latiníssimas formas *Deus, século* e *singelo* (em esp. *Dios, siglo, sencillo*), assim como o helenismo *Demo.*

Passemos aos verbos exclusivos. Numerosos deles rodeiam-se frequentemente duma família lexical. Fornecemos alguns mais marcantes, em ortografia galega. Os adjectivos serão parcialmente repetidos quando deles, abaixo, nos ocuparmos.

adiar, adiamento, adiable, inadiable
afastar, afastado, afastamento
arrepiar, arrepío, arrepiante
atinxir, atinxible, inatinxible
atrapallar, trapallada
axeitar, xeito, xeitoso, axeitado, desaxeitado
cheirar, cheiro, cheiroso
esmagar, esmagador, esmagamento
esquecer, esquecemento, inesquecible

faiscar, faísca, faiscante
fechar, fecho, fechadura
namorar, namoro, namorado/a, namoradeiro
ollar, (o) ollar, ollada
preguiza, preguizoso, espreguizar
sarabiar, sarabia, sarabiada (port. *saraivar*)
vadiar, vadío

Anote-se que *adiar* existe também em espanhol, mas tem nele pouquíssimo uso e significa 'fixar uma data', e não 'protelar'.

Algumas anotações intercalares. Não é de admirar que galego e português coincidam, com poucas excepções, no género gramatical dos substantivos. Assim, tal como o português, o galego diz *o cárcere, o costume, o labor, o leite, o mel, o nada, o sal, o sangue, o sinal*, etc. Diz *a árbore, a cor, a dor, a fraude, a marxe, a orde, a ponte* e tantos outros. Em todos esses casos, a língua do Estado espanhol tem outro género, e a tentação de segui-la pode ser grande.

Depois: os dicionários de português supõem origem particularmente exótica a vocábulos que bem poderiam ser de proveniência mais chegada, galega. Seria o caso de *cafua* e *candonga*, atribuídas ao banto, ou de *corja*, atribuída ao malaio. Os significados galegos de *cafúa* 'choça, antro', *candonga* 'pessoa enganadora' ou *corxa* 'multidão, sociedade' são surpreendentemente próximos.

E ainda: são numerosíssimos os vocábulos em que galego e português coincidem (afora pormenores gráficos), distinguindo-se da forma espanhola por diferenças mínimas. Exemplificando:

GALEGO	ESPANHOL	GALEGO	ESPANHOL
amplo	*amplio*	labirinto	*laberinto*
antigo	*antiguo*	limpo	*limpio*
apóstolo	*apóstol*	manobra	*maniobra*
asasino	*asesino*	milagre	*milagro*
bordo	*borde*	morrer	*morir*
caloroso	*caluroso*	novidade	*novedad*
cansazo	*cansancio*	pertencer	*pertenecer*
cemiterio	*cementerio*	plano	*plan*
cerimonia	*ceremonia*	prezo	*precio*
corrixir	*corregir*	prognóstico	*pronóstico*
crime	*crímen*	rebordo	*reborde*

desculpar	*disculpar*	rigoroso	*riguroso*
desgraza	*desgracia*	sabedoría	*sabiduría*
diminuir	*disminuir*	saboroso	*sabroso*
estabelecer	*establecer*	seguinte	*siguiente*
herdeiro	*heredero*	seita	*secta*
inimigo	*enemigo*	suborno	*soborno*
insubmiso	*insumiso*	vacina	*vacuna*
interese	*interés*	vergoña	*vergüenza*

Como *morrer* vs. *morir* se comportam numerosas finais: *abater* vs. *abatir*, *combater* vs. *combatir*, *discorrer* vs. *discurrir*, *interromper* vs. *interrumpir*, *perverter* vs. *pervertir*, *sofrer* vs. *sufrir*. Mas galego e português destoam em *dicir* vs. *dizer*, *percibir* vs. *perceber*, *vivir* vs. *viver*, outros ainda.

Outro ponto. Muitos vocábulos que em espanhol perderam o *f* inicial, ou intercalar, conservam-no em galego e português:

farto	*harto*	fígado	*hígado*
facer	*hacer*	forno	*horno*
ferrador	*herrador*	fuxir	*huir*

afillado	*ahijado*	refén	*rehén*

Anote-se a curiosidade de a forma esp. *haz* corresponder às galegas e portuguesas *face* e *feixe*. Mencionem-se também as formas galegas *crenza, diferenza, licenza, presenza* ou *sentenza* que, em espanhol, terminam em *-encia*.

Infindo, viçoso

Em terreno adjectival, a exclusividade galega e portuguesa oferece nada menos que 86 vocábulos correntes.

Destacamos primeiro, como habitualmente, os materiais de raiz latina directa (com asterisco, as formas supostas):

aceso	<	*accensu*	meigo	<	*magicu*
afeito	<	*affectu*	mor	<	*maiore*
arguto	<	*argutu*	nado	<	*natu*
azedo	<	*acetu*	parvo	<	*parvulu*
decorrente	<	*decorrente*	podre	<	*putre*
erradio	<	*errativu*	premente	<	*premente*
escorreito	<	**excorrectu*	prenhe	<	**praegne*
fugidio	<	*fugitivu*	rijo	<	*rigidu*
hirto	<	*hirtu*	rouco	<	*raucu*
infindo	<	*infinitu*	tenro	<	*teneru*
lêvedo	<	**levitu*	tépido	<	*tepidu*
louro	<	*lauru*	vadio	<	**vagativu*
maninho	<	*mannino*	viçoso	<	*vitiosu*

Anotem-se as particularidades galegas *irto* e *tépedo*. Anotem-se, também, estas sete formas duplas, mais latinizantes, e internacionais, criando dobletes com as acima mencionadas: *afecto, fugitivo, infinito, mágico, rígido, terno* e *vicioso*.

São igualmente numerosas as formações sufixais comuns a galego e português. Ponha-se em destaque o sufixo *-ento*, particularmente produtivo, responsável por *agoirento, barulhento, bolorento* (gal. *balorento*), *farinhento, fedorento, ferrugento, friorento, fumarento, lamacento, morrinhento, nevoento, nojento, pardacento, peçonhento, peganhento, piolhento, poeirento, rabugento* e *sumarento* (*zumarento*).

Outras criações sufixais são *abafante, acirrante, arfante, arquejante, arrepiante, faiscante, flamejante, latejante, moinante, repousante*. Ou *adiável* e *inadiável, atingível* e *inatingível, avaliável, desdobrável, inabalável, indubitável, inesquecível, invejável* (*envexable*), *rejeitável, salientável*. Ou *carunchoso, cheiroso, jeitoso, preguiçoso, rixoso, rochoso* e *saudoso*. Ou *afastado, agoniado, ajeitado, aleijado, amuado, derreado, desajeitado, desleixado, despido, eivado, fechado, incontido, mirrado* 'sem vigor', *prezado, requintado, salgado* e *varado* (que, de 'imobilizado', passou a 'estupefacto'). Ou *calaceiro, derradeiro, desordeiro, interesseiro, lambisqueiro, menineiro* (gal. *meniñeiro*), *mexeriqueiro, namoradeiro, preguiceiro, trigueiro, vezeiro*. Ou ainda *lambão, parvalhão, porcalhão, sabichão, toleirão*. Ou, por fim, *esmagador* e *estarrecedor*.

Restam alguns adjectivos avulsos, mas não menos importantes: *afouto/afoito, bambo* 'frouxo', *baril, bêbedo, bicudo, chocho, corredio, desconexo, desistente, destemido, doente, doentio, esperto* (gal. também *experto* 'perito'), *fala-barato, ferrenho, fradesco, imorredouro, jornalístico, lampo, lendário, morno, mouco, murcho, pândego, passadio, prestadio, recendente, roufenho, testudo, tolo* e *vermelho*.

PAUSA PARA O CAFÉ

Particularmente curiosos são os casos de *lampo* e de *baril*. Vejamo-los mais de perto.

A primeira notícia de *lampo* é-nos dada indirectamente, pela forma *lampiño*, encontrável no *Vocabulario español-latino* de Antonio de Nebrija, de 1495, no qual figura não como entrada, mas como sinónimo do esp. *pelado*, equivalendo ao lat. *glaber*. Isto prova que o gal. ou port. (ou ambos) *lampo* 'liso, imberbe, precoce' já então circulava e que o seu diminutivo *lampiño* entrara em usos centro-peninsulares. Ora, por pura extravagância documental, as formas autóctones *lampo* e *lampinho* só na década de 1710 aparecem impressas. Em compensação, *lampeiro* 'lesto, atrevido' e *lampão*, dito de certo tipo de figos – derivações patrimoniais de *lampo* –, estão documentados respectivamente em 1516 e 1533.

O caso de *baril* é doutra natureza. Na Idade Média, estava em uso a forma *baroíl*, adaptação autenticamente galega e portuguesa do castelhanismo *varonil* 'relativo ao varão, próprio do varão'. Mas, por 1450, inicia-se em Portugal uma recuperação da forma espanhola, restabelecendo esse *n* intermédio. Diga-se de passagem que o português em breve absorveria outras formas tipicamente espanholas, como *senhoril*, *mulheril*, *estudantil*. O último autor a usar *baroíl* foi o luso-brasileiro Bento Teixeira, no poema épico *Prosopopeia*, de 1601, no qual se lê: "Com mil meios ilícitos pretende/ Fazer irreparável resistência/ Ao claro Jorge, *baroíl* e forte,/ Em quem não dominava a vária sorte".

A primeira atestação em galego moderno, sob a forma *baril*, com o valor de 'bom, óptimo, excelente', data de 1858, e o seu frequente uso é revelador de já duradoura voga. Na década de 1970, *baril* instala-se na linguagem informal portuguesa (o dicionário da Priberam dá-lhe como 'sinónimo geral' *fixe*) e atinge nos anos 1990 a maior popularidade.

Deve acrescentar-se que a passagem de *baroíl* a *baril* é certamente especulativa (nada de estranho na ciência da origem dos vocábulos), mas é-o menos que as tentativas de conexão ao ár. *bari* ou ao caló *baré*, que não explicam o percurso galego da palavra. Este não é, de resto, caso único dum *galeguismo* historicamente recente em Portugal.

Os 86 adjectivos acima examinados são aqueles que figuram nas obras de referência galegas. Além deles, deve assinalar-se uma trintena doutros, igualmente em uso efectivo e corrente. Alguns mostram, mesmo, uma elevada frequência, como *abençoado, audacioso, caridoso, demorado, doido/doudo, fagueiro, macio, medonho, rombo, submerso, surpreso (sorpreso), velhote*. Merecedores de menção se mostram os também não-normativos *arredio, brutamontes, fragueiro* 'rude, agreste', *idoso, lampeiro, lídimo, mortiço, saloio* 'grosseiro', *tristonho* e *videiro* 'fura-vidas'.

Bastantes destes adjectivos (como *caridoso, demorado, idoso, macio, medonho*) são antiquíssimos, estando muito cedo documentados. Outros (como *acanhado, corriqueiro, íngreme* ou *nevoento*) surgem em textos do século XVI, e podem ter tido vigência bem anterior. Curiosa é a modernidade portuguesa de formas em circulação também na Galiza. Não é, certamente, de excluir a sua origem galega, com divulgação em Portugal. Adiante, neste capítulo, encontram-se exemplos dessa contemporaneidade de palavras portuguesas e galegas de documentação mais recente.

Paradelas, picadelas

Dar uma olhadela ou *dar uma espreitadela* são, em galego e em português, locuções habituais. Elas representam um mundo de expressão e criatividade exclusivas dos dois idiomas.

Certo: o espanhol conhece, ele também, ditos como *dar una miradilla* ou *echar una ojeadilla*. Um italiano pode *dare un'occhiatella*. Mas ambas as línguas diferem, aqui, nitidamente do galego e do português. Nelas, as palavras desse tipo – que designam uma acção praticada ou sofrida – são escassas. O italiano possui ainda *battutella* 'batidela' (de âmbito musical) e *scappatella* 'escapadela', ficando-se o espanhol por essas *ojeadillas, miradillas*.

Além disso, as formas espanholas são entendíveis como autênticos diminutivos, enquanto as galegas e portuguesas *olhadela* ou *espreitadela* estão lexicalizadas, isto é, valem como vocábulos autónomos. E, sendo certo que também em francês algumas palavras em -*elle* tiveram um valor diminutivo, depois perdido (*citadelle, dentelle, ombrelle*), este idioma desconhece por inteiro o curioso programa de *software* morfológico que gera os vocábulos acima aduzidos.

De que programa se trata? Tomemos uma palavra como *picadela*. Este substantivo foi criado pospondo o sufixo -*ela* a outro substantivo, *picada*, proveniente, por sua vez, de *picado*, adjectivo verbal de *picar*. Segue, pois, o modelo: *picar > picado > picada > picadela*. O resultado é, por princípio, uma palavra de quatro ou mais sílabas, que pode ser introduzida por "dar uma", e menos frequentemente "levar" ou "sofrer uma". No caso, "dar uma picadela, levar uma picadela".

Historicamente, *picada* tem documentação em Trezentos ("mando que sen tardar se levante e me venha dar ũa picada no nariz", *Crónica troiana*), e *picadela* surge numa trova de Camões ("Esses alfinetes... podem-vos dar picadelas, mas os vossos dão feridas").

É verdade que o sufixo -*ela* (em lat. -*ella*) tinha, na origem, função diminutiva. O lat. *portella* significava 'pequena porta' e com esse valor passou ao galego. Mais genericamente, por *portela* indicava-se uma passagem estreita entre elevações no terreno. A toponímia, o acervo de nomes de localidades, acolheu profusamente essa designação. No Portugal acima do vale do Vouga, existem nove *Portelas*, e na Galiza nada menos que 85. Nos dois territórios, abundam igualmente os topónimos *Quintela*, derivado de *quintanela* 'pequena quintã, propriedade rural', depois *quinta* (52 na Galiza, 53 em Portugal, todas até ao Vouga) e *Fontela*, 'pequena fonte' (quarenta galegas, 45 portuguesas até ao mesmo rio). De igual modo se distribuem as *Cabanelas* 'pequenas cabanas', as *Caldelas*, fontes de águas termais, a *Casela* 'pequena casa', a *Varela* 'pequena vara', a *Vilela* 'pequena vila'. As duas últimas formas são também apelidos galegos e portugueses.

Situação idêntica é a do sufixo masculino -*elo*. Achamo-lo em *Agrelo* 'pequeno campo' tal como *Campelo*, em *Bustelo* 'pequeno busto', ou 'pasto de Verão', em *Cabedelo* 'pequeno promontório', em *Fornelo* 'pequeno forno' e *Fornelos*, em *Sobradelo* 'pequeno sobrado', ou 'lugar rico em sobreiros', em *Soutelo*, 'pequeno souto'. O sufixo latino mostra, assim, inequívoca vitalidade no espaço da *Galécia Magna* de Piel, ao mesmo tempo que elegantemente o delimita. Nessa toponímia ficou, pois, perfeitamente desenhado o espaço onde, um dia, este idioma despontou, tomou corpo e se fez adulto.

Abundam aí igualmente as *Paradas*, antigos lugares de descanso e abastecimento em deslocações pelo território. No terço norte de Portugal, contam-se vinte delas, na Galiza 62. Não faltam, também, as *Paradinhas*, seis na Galiza e nove em Portugal (só uma abaixo do Vouga). Mas interessam-nos aqui particularmente as *Paradelas* 'pequenas paradas', vocábulo resultante da série *parar* > *parado* > *parada* > *paradela*. Se, em terras galegas, não surpreendem as 143 localidades com nome de *Paradela*, em Portugal, elas ascendem ainda assim a 48, todas ao norte do curso do Vouga, que foi, sabemo-lo, a fronteira sul do território de formação do idioma.

É neste contexto que importa apreciar as nossas *olhadelas* e *espreitadelas*. A estabilidade política da Galécia, explicando cabalmente a distribuição toponímica de *Portelas* e *Paradelas*, torna praticável uma extrapolação: os nomes comuns foram criados no mesmo contexto morfológico e semântico. Por outras palavras, o mecanismo que criou *paradela*, convertida em *Paradela*, criou também conceitos mais abstractos.

É verdade que a documentação dos nomes comuns é tardia: encontramos *Paradelas* logo em 1087, mas só em 1516 há uma *cambadela* 'trambolhão', num verso do *Cancioneiro* de Resende. Este desfasamento não deverá, porém, surpreender-nos. Os nomes comuns eram demasiado triviais para acederem tão depressa à escrita, sendo absolutamente certo que demoraram bastante mais a serem dicionarizados. Sirva-nos um exemplo já referido. O substantivo *picada*, que, como vimos, aparece num texto de Trezentos, só figurará num dicionário, o de Bento Pereira, em 1647. De modo semelhante, a camoniana *picadela* terá de esperar três séculos até ser, em 1858, recolhida no Morais, junto com *mordidela*, documentada desde 1606, e as vicentinas *cantadela* 'cantiga ao desafio' e *varredela*, desde 1523. Não admira, assim, que as primeiras dicionarizações de vocábulos deste tipo tivessem de esperar pelo seiscentista Bento Pereira. Foi o caso de *apalpadelas* (que o antecessor Jerónimo Cardoso acolhera em 1569, mas sem dar-lhe um verbete) e da já citada *cambadela*.

Esta lentidão documental e lexicográfica não consegue esconder o mais importante: que esse complexo mecanismo já lançara fortes e decisivas raízes na velha Galécia e que, ao irromper a escrita do idioma, os topónimos e conceitos em -*dela* carregavam já séculos de existência.

Hoje eles são numerosos, esses conceitos. Figuram nos recursos galegos de referência e coincidem com o português, *apalpadela*, *cavadela*, *chupadela*, *cuspidela*, *escaldadela*, *escapadela*, *furtadela*, *lambidela* (gal. *lambedela*), *lavadela*, *limpadela*, *mordidela* (gal. *mordedela*), *olhadela*, *picadela*, *pisadela*, *queimadela* e *rachadela*. A par disso, tanto galego como português possuem um bom número de formas próprias. E, sendo esta uma série particularmente produtiva, um e outro continuam a criá-las.

Quando, historicamente, se perdeu a noção de pequenez do sufixo -*elo* e -*ela*, surgiram, acima e abaixo do curso do Minho, topónimos acumulando, na realidade, dois diminutivos. É o caso de *Bustelinho*, *Caldelinhas*, *Campelinho* e *Campelinhos*, *Portelinha*, *Soutelinho*. Na sua excelente *Gramática histórica galega*,

Manuel Ferreiro cita Diego Catalán, que faz uma descrição deveras impressionante da progressiva substituição de *-elo* por *-inho* em território já português.

De resto, este sufixo autóctone, *-inho* e *-inha*, foi de vasta utilização na toponímia do próprio noroeste peninsular, como testemunham *Boucinhas*, *Carvalhinho* e *Carvalhinhos*, *Vilarinho*, *Cerdeirinha* e *Cerdeirinhas*, *Fontainha* e *Fontainhas*. Algumas destas denominações acabaram disseminadas pelo território português, mas é inequívoca a sua maior concentração do Minho ao Vouga. A Galécia Magna é, ainda actualmente, uma realidade toponímica.

Num artigo de 2018, o linguista Fernando Brissos, do Centro de Linguística da Universidade de Lisboa, registrava, a esse respeito, uma importante descoberta. Contra a opinião dominante, sublinhava que a "variedade do noroeste" português apresenta uma assinalável coerência interna. Mais ainda: ela é tão vincada e tão estável que pode estabelecer-se como "um padrão linguístico muito eficiente contra o padrão mais geral da língua". Isto é, o sector português do espaço primordial do idioma conserva, passados 1500 anos, uma marcada individualidade. Não custa crê-lo. Só uma força e um dinamismo extraordinários puderam, um dia, criar e lançar para o futuro um idioma tão diferente de tudo quanto lhe estava próximo.

PAUSA PARA O CAFECIÑO

O galego deixa-se ler sem grande dificuldade, uma vez conhecidos meia dúzia de pontos da sua ortografia. Assim, o *x* corresponde ao nosso *x* de *caixa*, e aos nossos *j* e *g* antes de vogal (em *hoxe* e *xente*). Os sons correspondentes a *ll* e *ñ* (em *palla* e *viño*) são-nos conhecidos do espanhol. O *z* corresponde ao nosso *z* (em *prazo*) e ao nosso *ç* (em *moza*). Mas onde nós usamos *z* antes de *e* ou *i*, o galego escreve *c* (em *cero* e *conducir*). O dígrafo *nh* (em *unha* 'uma') representa um som velar, semelhante ao *ng* do ingl. *song*.

Munidos dessa informação, podemos ler com proveito as dez frases seguintes, extraídas de obras galegas:

"Como chove miudiño, como miudiño chove",
"Era unha moza non moi alta, cheíña de corpo",
"Para o meu padriño, traeslle un café ben quentiño",

"Tamén construíamos fornos nos valados, moi ben feitiños",
"Outras eran dociñas, falaban baixiño",
"Tan branco, tan limpo, tan ben posto, tan arranxadiño",
"Estaba mortiño de medo",
"Apaguei a luz e quedeime quietiña",
"A sardiña, canto máis pequena, máis xeitosiña",
"Estou louquiño por ti".

A intenção desta recolha será agora evidente: mostrar como o galego faz o mesmo, exactíssimo, uso do *diminutivo* que o português. Certo: também o espanhol conhece formações como *"acabadito de llegar", "cargadita de noticias"* e semelhantes. Mas nada que se compare com a frequência e a inventividade galegas e portuguesas.

Deram-se exemplos de adjectivos (*padrinho* e *sardinha* não são diminutivos). Mas o mesmo se observa em substantivos. Ilustramo-lo com *amorciño, arranxiño, cuidadiño, cheiriño, faliñas, olliños, pauciño* (port. *pauzinho*), *puliño, voltiñas, xentiña*. E em advérbios como *cediño, devagariño, loguiño, pretiño* (port. *pertinho*). Recordemos que *preto* e *perto* têm uma origem comum. Encontramos ainda *Aleixadiño*, com esperável referência ao escultor setecentista brasileiro.

O ensaísta e tradutor holandês August Willemsen confessava-se dominado pela emoção, ouvindo em Lisboa cantar a galegos "Ai ondiñas do mar". O ponto de partida e o mecanismo interior são inteiramente comparáveis no desempenho linguístico de galegos e portugueses. Não se veja aqui nada de étnico, e antes um idioma fazendo-se íntimo com a realidade, qualquer que ela seja.

O galego primeiro

A presença continuada e numerosa de galegos, em séculos recentes, trabalhando em território português, sobretudo na capital – onde chegaram a estar 80 mil ao mesmo tempo –, terá estado na origem da introdução de léxico galego no

português corrente. Já vimos o caso de *baril*. Trata-se duma tese de difícil demonstração, e provavelmente nunca ninguém atentou também nela. Mas não só
é admissível que um tão grande número de falantes deixe a sua pegada, como isso
se vê reforçado por várias primeiras datações galegas. Alguns exemplos destas:

GALEGO		PORTUGUÊS	
esfarelar	1671	1836	
tamborilar	1671	1881	
patroa	1703	1789	
fungar	1746	1759	
lambón	1746	1858	
descoco	1777	1799	
faladura	1807	1900+	
moinante	1807	1858	
esgazar	1812	1836	esgarçar
amorriñar	1840	1899	
moina	1845	1899	
aconchego	1859	1866	
latexante	1862	1899	
moinar	1863	1899	
baril	1858	1970	*datação aproximada*
mordiscar	1877	1880	
chalado	1884	1945	[passou ao espanhol]
aliciente	1886	1913	aliciante
mailo	1886	1898	

O verbo *fungar* tem, em galego, o valor genérico de *soprar*: "Funga o vento".
Não nos foi possível localizar a primeira ocorrência portuguesa de *faladura*
(usada quase sempre em *botar faladura*, expressão de provável fabrico português e de teor jocoso). *Mailo* e o seu feminino *maila* são formas galegas
arcaizantes (e em português de intenção também jocosa) de *máis + o*.

Pode também supor-se que alguns castelhanismos nos tenham chegado
por via galega. Pense-se em esp. *gandul* com abonação galega *gandulo* em
1858 e portuguesa em 1913.

Em outros vocábulos, justifica-se a suposição de haverem sido trazidos
também por imigrantes galegos, não obstante uma primeira datação portuguesa, de resto historicamente recente. Poderá ter sido o caso de:

PORTUGUÊS		GALEGO
balbúrdia	1713	1746 *gal.* balbordo
pasmaceira	1744	1858
reviravolta	1759	1858
acarinhar	1813	1838
léria	1819	1853
brincadeira	1836	1882
eivado	1838	1853
mortiço	1838	1888
passadio	1844	1895
rabino	1858	1876 = travesso, raivoso
lendário	1868	1899
enveredar	1873	1884
namoriscar	1881	1886

Como sempre, estas datas de primeira documentação não excluem uma circulação anterior, que poderia ter sido relativamente longa. O que merece relevo são, por um lado, estas datações galegas, grandemente recuadas, sabendo-se o pouco que então em galego se publicava e, por outro, a regularidade de frequência que essas palavras, em galego, logo documentalmente demonstram.

Em 2014, foi candidata a "palavra do ano" em Portugal *xurdir*, galego para 'emergir, sobressair, apressar-se'. Foi dada como "regionalismo trasmontano" com o valor de 'lutar pela vida, mourejar'. Nem a sua conformação indesmentivelmente galega impede dicionários de referência na *net* de darem a informação de "origem obscura". O próprio dicionário Houaiss desconhece praticamente qualquer origem galega em léxico português. Não foi, aliás, grande o sucesso de *xurdir*. Mas valeu como pedra de toque nas nossas relações com o galego.

Exemplos recentes de aquisições do português por parte do galego são *bolseiro, banda deseñada, investimento, orzamento* e *orzamentario, relatorio*. Manuel Ferreiro, na sua *Gramática histórica galega*, acrescenta *carimbo, chávena, empréstimo, xiria* (de gíria) e *xuri* (de júri). Não demorará certamente *caipiriña*, já inserida no dicionário oficial espanhol, ou a acepção de 'dança' para *capoeira*, galeguíssimo vocábulo. Numa edição de 1993 do periódico *A Nosa Terra*, uma descrição de Salvador da Baía informava: "Nas súas rúas é doado [fácil] atopar un grupo de negros bailando *capoeira*, danza ao ritmo de berimbao".

Um intercâmbio de séculos

A abundância do vocabulário corrente e ainda hoje *comum* a galego e português, após quase novecentos anos de separação política, é em si mesma um facto assinalável. Uma primeira explicação para ele: muito desse acervo é original galego, chegado na vasta herança linguística de que o reino de Portugal beneficiou.

Outros materiais terão sido objecto de uma transfusão, através dos séculos, entre os léxicos já autónomos de galego e português. Dois cenários se desenham para este transvase: o de um intercâmbio *fronteiriço* e o de um intercâmbio *migratório*.

Justificam o cenário fronteiriço os múltiplos contactos, até cerca de 1400, entre os dois territórios, estimulados tanto por uma organização eclesiástica que ignorava a fronteira política como pelos íntimos relacionamentos da nobreza a norte e sul do Minho. E era – vimo-lo já – a classe nobre medieval quem, mais do que as cortes reais, fazia do idioma um projecto político. Como escreve José Carlos Ribeiro Miranda, que agora se cita por extenso: "A instituição do galego-português como *língua do poder de grandes grupos senhoriais* em fase de afirmação própria acabou por se tornar uma convenção plenamente assumida e compreendida ao longo de todo o século XIII, se não mesmo para além dos limites deste século" (destaque meu). Entretanto, e durante séculos, a situação linguística na Galiza mantinha-se estável. O historiador galego Anselmo López Carreira observa: "Cando se aproxima o comezo do século XV, pódese afirmar que Galicia é monolingüe en galego, excluído tan só algún membro da alta xerarquía eclesiástica procedente de fóra do país".

Por seu lado, um secular intercâmbio linguístico de tipo migratório é objectivamente admissível, dada a permanência em Portugal, relembremo-lo, sobretudo a partir do século XVIII, em ocupações remuneradas, de dezenas de milhares de galegos, que terão introduzido no país de acolhimento elementos dum léxico até então só galego, e que, regressados, comunicariam à cidadania galega materiais duma fala que se conservava só portuguesa.

As explicações são, como se vê, matéria grandemente especulativa. Mas a persistência duma extensa e complexa exclusividade lexical portuguesa e galega é, em si mesma, um fenómeno deveras assombroso.

9

Galego e português: línguas diferentes?

"O galego é essa língua onde nós, portugueses, sentimos a vertigem de não saber se estamos ali ou não."

MARCO NEVES, *DOZE SEGREDOS DA LÍNGUA PORTUGUESA*, 2016

"Basta-nos saber que o galego escrito, mesmo na ortografia oficial, está tão próximo do português que arrepia."

MARCO NEVES, BLOGUE CERTAS PALAVRAS, 17 DEZ. 2017

Um e-mail *em Budapeste*

László, linguista húngaro, encontra certa manhã um *e-mail* de uma colega, Marina, especializada em línguas latinas. A informação estava prometida desde há tempos, e o curioso era vir agora em forma de teste.

Tudo começara num serão, numa festinha em casa de Marina, onde ela o desvanecera com o seu entusiasmo, autenticamente desmedido, pelas línguas da Península Ibérica. Eram idiomas que László desconhecia. Estudara latim, aprendera o romeno com a ex-mulher, mas o que conhecia bem eram as línguas vizinhas, eslavas. E lia inglês e alemão. Era um bom e, sussurrava-se, um futuro "grande" linguista.

Um teste, portanto. Marina mandava-lhe um trechozinho em três línguas e pedia-lhe que as relacionasse. Só relacionasse. O nome das línguas seria, de momento, o menos importante. Era, nem ela própria o saberia ao certo, uma maneira de o ligar às línguas românicas, ou a si mesma. Encontrara o texto num volume que acabava de estudar, para o doutoramento. Ia doutorar-se na – dizia ela – verdadeira história do galego. Este "verdadeira" era um *private joke* sem grande chance. Ninguém em toda a Budapeste perceberia o picante do termo.

O volume donde viera o textozinho era colectivo e havia sido organizado por certo Henrique Monteagudo. Tratava-se de um professor universitário em Santiago de Compostela, também secretário de certo Consello da Cultura Galega, entidade etérea nas suas atribuições, mas respeitada, se não mesmo temida. O autor da passagem citada era o próprio organizador. Aí se dizia não ser grave existirem actualmente para o galego várias "normativas" (outros diriam "padrões", ou simplesmente "normas"), sendo o decisivo ver-se reconhecida a 'necessidade' de haver uma. Dizia-se, também, que a "normativa" em vigor desde 1982 viera facilitar a adopção da língua pela sociedade civil. O *mail* começava assim:

> Querido László, lê o que aqui mando. Gostava que me caracterizasses estas três línguas e, se estivesses para aí virado, que me indicasses como se relacionam. Só isso. Sei que aprecias estes desafios, desculpa o banal do termo.

László imprimiu o *mail*, pediu à secretária um café e sentou-se na cadeira que guardava para os pensamentos. Leu então isto:

Língua A
A pesar do confuso da situación actual e da proliferación de propostas normativas, o característico desta etapa é precisamente a conciencia da necesidade

dunha normativa para o estándar. Aínda que as propostas son diversas, ninguén nega hoxe seriamente esa necesidade. Nese senso, as normativas oficiais de 1982, que como dixemos consolidan, depurándoa, a tradición maioritaria do galego contemporáneo, veñen encher un baleiro que era imprescindible cubrir para podermos seguir avanzando no proceso de normalización da língua, que é o realmente importante para todos.

Língua B
Apesar do confuso que é a situação actual e da proliferação de propostas normativas, o que é característico desta etapa é precisamente a consciência da necessidade duma norma para o padrão. Ainda que as propostas sejam diversas, ninguém nega hoje seriamente essa necessidade. Neste sentido, as normas oficiais de 1982, que como dissemos consolidam, depurando-a, a tradição maioritária do galego contemporâneo, vêm encher um vazio que era imprescindível preencher para podermos continuar avançando no processo de normalização da língua, que é o realmente importante para todos.

Língua C
A pesar de lo confuso de la situación actual y de la proliferación de propuestas normativas, lo característico de esta etapa es precisamente la conciencia de la necesidad de una normativa para el estándar. Aunque las propuestas son diversas, nadie niega hoy seriamente esa necesidad. En ese sentido, las normativas oficiales de 1982, que como dijimos consolidan, depurándola, la tradición mayoritaria del gallego contemporáneo, vienen llenar un vacío que era imprescindible cubrir para poder seguir avanzando en el proceso de normalización de la lengua, que es lo realmente importante para todos.

Marina tinha tirado um dia livre, e não havia internet em casa. Nessa tarde, num cibercafé dum bairro popular de Budapeste, Marina leu esta resposta de László. Escrita em húngaro, evidentemente. Dizia assim:

Marina, querida:
1. As línguas A e C apresentam uma clara parecença *gráfica*. É de supor que, também, uma proximidade "fonética", talvez por especial vizinhança física.
2. As línguas A e B revelam uma nítida semelhança na *estrutura gramatical*, na morfologia. São, portanto, intimamente aparentadas. Podem ter sido, um dia, a mesma língua.

3. As três línguas são praticamente indistinguíveis nos planos *vocabular* e *sintáctico*. Têm de ter tido, portanto, uma origem comum, mas todavia recuada, dadas as diferenças estruturais entre as duas primeiras e C.
4. As línguas B e C são, no todo, as mais afastadas. Simplesmente, e como sabes, existem, nalguns países, "dialectos" com maiores distâncias entre si do que estas "línguas".
5. Os utentes da língua A, nitidamente a intermédia, são *passivamente trilingues*. Isto é, compreenderão sem assinalável dificuldade, as outras duas. A maioria das divergências são mínimas e, além disso, obedecem a regras simples.
6. A língua A, por ocupar o lugar intermédio, é a mais falada, a mais rica em literatura, e suponho que politicamente a dominante. As línguas B e C são dialectos da língua A, ou então idiomas marginais.

P.S. Só uma anotação, desculpa lá. As línguas A e B escrevem a sequência "para podermos seguir", a C escreve "para poder seguir". Isto deixa-me intrigado. Segundo os meus cálculos, ou chama-lhes intuições, as formas *encher*, *llenar* e *seguir* são infinitos. Se assim for, as línguas A e B, ao dizerem *podermos*, conjugam o infinito. E eu a pensar que o húngaro era, de todas as línguas do universo, a única a fazê-lo! Diz-me se vi bem.

Marina sorriu. Ali estava um homem inteligente... Leitor, leitora: não sabemos o que sucedeu a László e a Marina depois deste curiosíssimo episódio, nem se era de idiomas, ou deles próprios, que ali se tratava. Para o que nos interessa, supomos que ela, mais tarde, o informou de a língua A se chamar *galego*, a língua B, *português* e a língua C, *espanhol*. Deve ter acrescentado que, globalmente, ele apreciou bem as posições recíprocas. Que, quanto ao infinito flexionado, acertara em cheio. Mas que se enganara rotundamente no estatuto e peso político das três línguas.

A peripécia narrada acima, inventei-a eu no ano de 1998, quando a ideia deste livro era tão-só um vago projecto. Mas já tinha ali as páginas iniciais, pois seria assim que, na minha intenção do momento, ele começaria: como um romance... e com um romance. Acontece que László Marácz existe, era então colega meu de universidade, e o trecho usado existe também: está nas páginas 149-150 dos já aqui citados *Estudios de sociolingüística galega*, de 1995. Hoje é comum dizer *Estudos*.

A questão que se seguiria seria aquela que ocupa tantos dos interessados nestas coisas: serão aquelas línguas A e B, tão "intimamente aparentadas", afinal *a mesma*?

Um princípio de resposta foi dado no capítulo anterior, em que expusemos o vocabulário que galego e português compartilham. É tão numeroso quanto variado, assegurando uma excelente compreensão mútua. E eles ainda compartilham mais, sobretudo no âmbito da gramática. Destaquemos alguns pontos mais relevantes.

Citemos, antes de mais, esse infinito conjugado, que designamos habitualmente por *infinitivo pessoal*, um modo verbal que, além do húngaro, só galego e português possuem. Ele permite informações explícitas, como "Isso é para comeres", "Foi bom pagarmos", "Não seria melhor esperarem?". Ou a indizível agilidade de sequências como "Aproveita estares aqui", "Aproveita estarmos aqui".

Depois, também a resposta em eco é própria dessas duas línguas: "Vais? Vou." "É possível? É." "Pagaste? Paguei." "Sabem onde é? Sabemos." É uma herança do latim, em que também assim se respondia. Diziam "Habesne libros? Habeo", ou seja, "Tens os livros? Tenho".

Habitual é, igualmente, o uso do artigo acompanhando nomes de pessoas: *a Isabel, o Paulo, o Varela*.

Português e galego conhecem, irmãmente, duas pronúncias de *e* e de *o*: aberta e fechada. Assim, distinguem *sede* 'edifício' e *sede* 'sensação física'. Ou *corte* 'acção' e *corte* 'residência'. O galego indica-o, por vezes, recorrendo a um acento: *présa* (port. *pressa*) e *presa* (port. *presa*), ou *fóra* (port. *fora*, advérbio) e *fora* (port. *fora*, forma verbal).

Formalidade descontraída

Ainda na fonologia, e no português europeu informal, assinale-se a pronúncia de *ao* como *ò*: "Fechamos *ò* sábado", "*Ò* chegares, liga". Isto dá-se também em situações em que o português tinha (tal como o galego tem hoje) um *a* final em *coma* 'como' e em *ca* 'que'. Por isso pronunciamos "É *comò* outro", "Estás *comà* Rita", "São maus *comàs* cobras", ou então "É uma casa maior *cà* nossa", "Foram mais baratos *còs* outros".

Esta aglutinação repete-se em *para + o*, resultando em *prò*, e *para + a*, resultando em *prà*. Daí que pronunciemos "Isto é *prò* meu pai", "Isso é *prà* tia", "Trouxe aquilo *pròs* miúdos". Repete-se, também, em *que + o* e *que + a*, do antigo pronome *ca* ("foi ele ganhar bem mais *ca* os seus avós", "mui mais *ca* quatro dias"), resultando em *cò* e *cà*. Por isso pronunciamos "Ela canta melhor *cò* pai", "Ele ganha mais *càs* primas". No Minho de há décadas, era comum ouvir "Sou mais rápido *ca* ti".

Na realidade, qualquer contracção de *a + o* ou *a* cria esses encaixes. Dizemos "*deixò* vir", "*nuncò* vi", "*faltò* resto", "Ela *levàs* hoje", "Anda *pràqui*".

Recorde-se a canção que diz: "*Ceifàs* penas da minh'alma,/ *Ceifàs* e *levàs* contigo". António Emiliano, na sua *Fonética do português europeu*, dá os exemplos de "conhecia-os", pronunciado *conheciòs*, e "pára os carros", pronunciado *pàròs carros*.

Naquilo que chamaríamos uma formalidade descontraída, estas contracções são habituais. Veja-se, ou ouça-se, o exemplar desempenho dum dos melhores locutores portugueses, Eduardo Rêgo (nos documentários da BBC, *Vida selvagem*, na SIC), que usa, com naturalidade, todo o tipo de ligações e contracções, entre elas as que passámos em revista. Na realidade (vimo-lo anteriormente), trata-se de pronúncias antiquíssimas, que sobrevivem na fala de galegos e portugueses.

Muito antigas serão igualmente as pronúncias informais, correntes nas duas comunidades, *inda* por *ainda* e *tamém* por *também*. Em galego, *tamén* é mesmo a forma padronizada.

Não se pense, porém, que as pronúncias de galego e português se assemelham. O que aqui acima observámos são pequenas estruturas. A realidade total é inteiramente outra. Observemo-lo pelo lado do português europeu, com estes casos extremos. Em *esqueceste* [iʃkeˈseʃt] ou *elegerem* [ilˈʒerɐ̃j], cada um dos quatro *e* soa diferentemente, em *cervejas* [srˈvɐʒɐʃ], só uma letra (o 'r') soa como em galego. Em *desesperante* [dzʃpˈrɐ̃t] ou *predecessores* [prdsˈsorʃ] nenhum dos quatro *e* soa, contando tais palavras uma sílaba só. Daí que a pronúncia portuguesa europeia seja de difícil compreensão para o brasileiro médio, justificando que filmes portugueses sejam legendados.

Feiras, noivos e gaivotas

Já o observámos antes: galego e português têm uma notória predilecção pelos ditongos decrescentes: *ai, ei, oi, au, eu, ou* e outros. Vejam-se substantivos como *outeiro, caixeiro*, ou formas verbais como *baixou, deixei*. Essa tendência torna-se nítida em palavras como *feira, noivo, ruivo*, sobretudo numa comparação com o latim, de que procedem, e com o espanhol. Dá-se nelas, mesmo, uma curiosa transposição do *i* para a sílaba anterior, formando ditongo com a vogal aí única. Comparemo-lo com o espanhol:

LATIM		ESPANHOL	GALEGO E PORTUGUÊS
feria		*feria*	feira
gavea	>	*gaviota*	gaivota
noviu		*novio*	noivo
passione		*pasión*	paixão (gal. paixón)
resapere	>	*resabio*	ressaibo (gal. resaibo)
rubeu		*rubio*	ruivo (gal. roibo)

De mencionar são ainda as formas verbais *caibo* (do lat. *capio*), *queira* (lat. *quaeriam*) e *saiba* (lat. *sapiam*).

De resto, por vezes, é o galego a transpor esse *i*, noutras, o português. Assim, temos em galego *choiva* (lat. *pluvia*) e *vigairo* (lat. *vicariu*), em português *chuva* e *vigário*. O português possui as formas *bairro* (lat. *barriu*) e *raiva* (lat. *rabia*), em galego *barrio* e *rabia*. Já *saraiva* (de origem desconhecida) é forma única em português, enquanto o galego admite tanto *sarabia* como *saraiba*.

Característico dos actuais galego e português europeu é o emprego de *estar a* + infinito: "Ainda estou a pensar", "Estamos a encher o depósito". O dicionário da RAG tem o exemplo "Está a subir a marea", sintaxe sentida também em Portugal como genuína. Mas, nos primórdios da escrita, não era essa a construção corrente, e sim aquela que hoje é corrente no Brasil e no sul de Portugal: *estar* + gerúndio. Desde os primeiros documentos achamos *estava cantando*, *estiveram servindo*, *estavam falando*, *estás atendendo*, *está esperando*. Essa sintaxe vai manter-se em largo uso, e será correntíssima no século de Quinhentos, quando é levada para terras brasileiras, onde se manterá como a construção habitual.

Da outra modalidade, *estar a* + infinito, não há testemunhos antes de Trezentos, sendo marginal durante séculos. Mas, a partir de 1800, ela expande-se abruptamente. Para todo o século XIX, o *Corpus do português* de Mark Davies fornece em Portugal 2500 ocorrências dela (números redondos) contra quatrocentas com gerúndio, enquanto o Brasil apresenta desproporção mais vincada ainda: 4500 com gerúndio contra cem com infinito.

Na Galiza, a modesta documentação conhecida até meados de Oitocentos obriga a cuidadosas inferências. Mas a vasta inventariação que, por 1746, o publicista Martín Sarmiento fez dos usos da língua galega permite concluir que a construção com gerúndio era habitual: "Estaba facendo mimiños à fila", "Estaban facendo sempre xirigonzas". Data de 1807 uma primeira ocorrência de *estar a* + infinito: "Estou a deser que predica mellor" (port. "Estou a dizer que prega melhor"), afirmado de certo sacerdote. Facto é que, à medida que, por meados desse século, a documentação galega aumenta, aumentam também as ocorrências de ambas as modalidades. Isto parece significar que a construção com infinito ganhou popularidade, também aí, por volta de 1800. Observa-se, pois, paralelamente nas duas comunidades europeias, o surto duma construção decerto antiga, mas que se mantivera à margem. Uma interdependência dos dois fenómenos, o galego e o português europeu, é mais do que provável, faltando agora investigar quem influenciou quem.

Mas será tudo isso suficiente para considerarmos galego e português a mesma língua?

Mais uma experiência

Em *Os libros arden mal*, romance de 2006, escreve o galego Manuel Rivas: "Todo o mundo serve para a guerra. Se non serve para matar, serve para morrer". Nesta frase (e muitas outras lhe seriam comparáveis), só a forma *non* distingue a variedade linguística a norte do rio Minho daquela a sul. A comparação com o espanhol tornará ainda mais nítida a coincidência: "Todo el mundo sirve para la guerra. Si no sirve para matar, sirve para morir". É fácil concluir que português e galego compartilham grandemente uma gramática, e mais exactamente uma morfologia.

Estendamos o exercício com o seguinte texto:

O Estado español obriga todos os españois a coñeceren o español. Ao mesmo tempo, non obriga ninguén a coñecer o galego. Para un portugués medio, como eu, iso non ten nada de estraño. Un Estado quer sempre ser forte, e ten que pensar na súa saúde, nas súas forzas, que ás veces son ben poucas. O Estado portugués, o máis antigo Estado europeo, cedo deu o mellor exemplo diso. Desde o comezo, combateu as diferenzas lingüísticas rexionais, e con maior perseveranza as do seu noroeste, as menos desexadas, por seren tamén (este mundo foi ben feito…) as máis semellantes ao galego. Hoxe, a fala da xente nova soa igualciña en Portugal inteiro. Desta maneira, o noso pequeno Estado conseguiu aquilo con que os outros, mesmo se grandes, só poden soñar.

Um português que leia o texto acima dirá que está em galego. Pois é, está mesmo. Mas não estará também em português? De modo nenhum, jurará ele a pés juntos. Compreende-se: esse português foi condicionado a reconhecer a sua língua numa só determinada escrita. Pois bem, está enganado. O texto é galego, sim, e é também português. Mas aparece escrito à galega, é verdade, e isso confunde os melhores espíritos. Repitamos a operação, agora pedindo a um galego que leia o que aqui segue.

> O Estado espanhol obriga todos os espanhóis a conhecerem o espanhol. Ao mesmo tempo, não obriga ninguém a conhecer o galego. Para um português médio, como eu, isso não tem nada de estranho. Um Estado quer sempre ser forte, e tem que pensar na sua saúde, nas suas forças, que às vezes são bem poucas. O Estado português, o mais antigo Estado europeu, cedo deu o melhor exemplo disso. Desde o começo, combateu as diferenças linguísticas regionais, e com maior perseverança as do seu noroeste, as menos desejadas, por serem também (este mundo foi bem feito…) as mais semelhantes ao galego. Hoje, a fala da gente nova soa igualzinha em Portugal inteiro. Desta maneira, o nosso pequeno Estado conseguiu aquilo com que os outros, mesmo se grandes, só podem sonhar.

Estruturalmente, a língua dos dois textos é a mesma. Contudo, só poucos linguistas portugueses e galegos o subscreveriam, pelo menos de modo explícito. Na linguística portuguesa, a identidade de galego e português foi, pelos anos de 1980, asseverada por Manuel Rodrigues Lapa, Luís Lindley Cintra e Maria Helena Mira Mateus, já desaparecidos, e ainda Eduardo Paiva Raposo.

Hoje em dia, no *establishment* linguístico galego, estão próximos de reconhecer essa identidade o gramático Xosé Ramón Freixeiro Mato e o sociolinguista Francisco Fernández Rei. Segundo este último, e "desde unha perspectiva estrictamente linguística", o actual galego e o actual português "poderían considerarse variedades dun mesmo diasistema". Isto é, haveria um sistema único, com duas vertentes.

Verdade seja que, em visitas a Portugal, todos os presidentes da Xunta galega o afirmaram também. "Falamos a mesma lingua", ouvimo-los proclamar, um a um. O que prova, neles, algum discernimento linguístico. Acontece que, depois, regressados à Galiza e entre compatriotas, jamais o repetiram. O que atesta sentido da conveniência política.

Para desespero dos puristas

O texto oferecido acima é experimental, engendrado que foi, ele também, pelo autor destas linhas. Prova o que prova, e nada mais. Mostra que a *proximidade* entre português e galego é assombrosa, mas não demonstra uma identidade. Com algum investimento, poderiam construir-se dois textos sem praticamente nada de comum e, portanto, impenetráveis ao utente da outra comunidade.

É, com efeito, muito desenvolvido o léxico genuinamente galego incompreensível para um português comum. Baste para mostrá-lo esta série de palavras gramaticais, sempre das mais relevantes:

abofé (decerto)	*decontado* (imediatamente)
abur (adeus)	*decote* (continuamente)
acotío (todos os dias)	*deica* (daqui a)
adoito (frequentemente)	*denantes* (antes)
agás (excepto)	*disque* (segundo se diz)
arestora (neste preciso momento)	*malia* (apesar de)
arreo (seguido, sem interrupção)	*ora* (mas *conj. adversativa*)
asemade (ao mesmo tempo)	*paseniño* (aos poucos)
axiña (rapidamente)	*seica* (talvez)
canda (aquando de)	*velaí* (eis)

Ao longo de todo o século xx, observa-se na escrita galega uma sistemática depuração lexical, revitalizando um vocabulário genuíno, com muito de comum com o português. Mas não é menos verdade que as diferenças se mantêm patentes.

A criação galega de deverbais regressivos (que vimos serem formas particularmente elaboradas) é uma forte marca de distanciamento. Uma selecção deles com o equivalente português: *abeiro* (abrigo), *acougo* (sossego), *agarimo* (afeição), *arela* (anseio), *devalo* (retrocesso), *herdo* (herança), *peche* (fecho), *pescuda* (investigação), *remuda* (troca, mudança), *rexouba* (comentário malicioso), *xermolo* (princípio, origem).

Mostra de criatividade própria são igualmente os curiosos neologismos cultos formados a partir de vocabulário concreto. Exemplo disso são *aguilloante* (estimulante), *engaiolante* (fascinante), *lostregante* (deslumbrante, de *lóstrego* 'relâmpago'). De sublinhar é também a exploração, para fins cultos, de vocabulário autóctone que consideraríamos familiar, como *axeitado* para *adequado*, *eido* para *âmbito* ou *espallamento* para *difusão*. São afloramentos duma atitude linguística que de todo nos é estranha, visto a proximidade com o espanhol nunca nos ter incomodado.

Uma classe à parte são os *falsos cognatos*, também conhecidos por falsos amigos, palavras que não significam aquilo que aparentam significar. Também eles são numerosos entre galego e português. Seleccionámos do lado galego: *agasallo* 'oferta', *almorzo* 'pequeno-almoço', *azo* 'vontade', *bico* 'beijo', *billa* 'torneira', *cañoto* 'talo', *cativeiro* 'adj. de pouco valor', *cea* 'jantar', *corrupío* 'tipo de jogo', *crianza* 'infância, educação', *daquela* 'então, naquele tempo', *desbotar* 'desdenhar', *desfeita* 'destruição', *doado* 'fácil', *embalo* 'aparelho de pesca', *fasquía* 'feitura, aspecto', *fato* 'subst. conjunto' e 'adj. néscio', *feito* 'subst. facto', *fito* 'marco', *fraga* 'bosque', *labrego* 'camponês', *leilán* 'libertino', *mancar* 'magoar', *mariola* 'determinado jogo', *meigo* 'enfeitiçante', *meios* 'meios de comunicação', *pataca* 'batata', *piada* 'acção de piar', *poboación* 'povoação, população', *retranca* 'ironia', *sobranceiro* 'saliente, importante', *tromba* 'tromba de água', *verba* 'lábia, palavra', *xantar* 'almoço, almoçar'. Casos especialmente sublinháveis: em galego, *os rapaces* inclui também meninas; *arranxar problemas* é resolvê-los, *arranjar problemas* é criá-los.

Junte-se a tudo isto o aproveitamento feito pelo galego do léxico *espanhol*, muito diferente daquele que o português historicamente fez. Um e outro incorporaram vastos acervos, mas divergentes, originando ainda mais distinções entre português e galego, trazendo também novos falsos amigos. Alguns exemplos, partindo do galego: *asi mesmo* 'igualmente', *caixón* 'gaveta', *estafa* 'engano', *ganancia* 'lucro', *ladrillo* 'tijolo', *pago* 'pagamento'. Outros usos galegos coincidem com os falsos amigos entre espanhol e português apontados na Introdução.

As formas de tratamento constituem, elas também, elementos de discordância. O galego utiliza o pronome *vós* e respectivas formas pronominais e verbais. Destina-se a várias pessoas individualmente tratadas por *tu* (ou *ti*), contrastando com *vostedes*, que usa as formas pronominais e verbais da terceira pessoa plural e reúne os indivíduos individualmente tratados por *vostede*.

O panorama português europeu é bem menos transparente. O tratamento singular é de *tu* para a familiaridade, de *você* para o distanciamento, de *o senhor* e *a senhora* para o respeito. Para mais de uma pessoa tratada por *tu* ou por *você*, o plural é *vocês*, enquanto o singular de respeito faz *os senhores*, *as senhoras*. O emprego de *vós*, que foi geral até cerca de 1600, está hoje praticamente confinado a norte do paralelo de Aveiro, e não pára de recuar.

As coisas em Portugal são, porém, ainda um pouco mais complicadas. No seu avanço para norte, *vocês* desenvolveu uma convivência com as formas pronominais próprias de *vós*: *vos, vosso, convosco, para vós*. Deste modo, e para desespero dos puristas do idioma, tornou-se correntíssimo dizer "Avisem os *vossos* pais", "Esperem, vamos *convosco*" e mesmo "Guardem bem, é tudo para *vós*".

Desta mistura de formas fica excluído *vós* como sujeito, assim como as melodiosas formas verbais do tipo *estais, fazeis, ides, soubésseis, entrardes, vierdes, pagai, ide, sede, fugi, ponde*. Em suma: com esta nova gramaticalidade, o português europeu encontra-se numa fase de transição, que já dura há séculos e para a qual não se avista termo ou solução.

Acrescente-se que o sistema brasileiro de tratamento, mais a gramática nele envolvida, diferem muito dos aqui descritos para galego e para português europeu. Também no Brasil se dá o que designam por *mistura de tratamento*, mas aí no âmbito dos singulares, sendo comum ouvir-se, ou ler-se, "*Você* sabe que eu *te* amo".

Mais um ponto de desacordo. Numa linguagem formal, mas só nela, o português europeu recorre, embora moderadamente, à chamada mesóclise, dizendo ou escrevendo: "Dir-se-ia que choveu", "Ele ter-se-ia enganado?". O português brasileiro faz um uso ainda mais restrito desta construção, e o galego ignora-a por completo.

O aristócrata imbécil

Em *histórias da língua portuguesa*, tornou-se bom-tom afirmar que, ao separar--se da aconchegante alcofa galego-portuguesa, o galego teria caído na órbita do espanhol. A verdade histórica – vimo-lo já – revelou-se o exacto contrário. Foi o português a muito cedo se enamorar pela língua centro-peninsular, tomando dela tudo quanto julgou útil, e foi muito.

PAUSA PARA EL CAFÉ

São vários os campos lexicais portugueses densamente povoados de materiais espanhóis. Sirva de exemplo (aqui, por ordem de entrada no nosso idioma) o sector de 'engano doloso':

burla, patranha, ardil (de ardid), logro, velhacaria (de bellaquería), trapaça, ronha, negaça, embuste, trama, artimanha, enredo, manganilha, maranha, cambalacho (de cambalache), tramóia, treta, sorna, embeleco, alicantina, andrómina

Os dicionários indicam, por vezes, só a origem recuada, latina ou outra, dum vocábulo. Mas as datações e as frequências em espanhol, mais o contexto das primeiras ocorrências portuguesas, não deixam dúvidas. Note-se, nos exemplos dados, que *armadija* 'tipo de armação' (termo caído em desuso) e *logro* 'lucro, conseguimento' ganharam, no português, significação negativa.

Outro âmbito é o dos conceitos cultos espanhóis que o português fez seus. Não raro os encontramos por primeira vez em autores famosos, como António Vieira ou Manuel Bernardes. Citem-se estes 25 substantivos da área das atitudes:

> *afinco, altanaria, arrojo, atrevimento, brio, denodo, desaforo, desplante, deslumbre, esmero, fogosidade, galhardia, hombridade, manha, menoscabo, ojeriza, postura, pundonor, rebeldia, regozijo, retraimento, teimosia, ufania, veleidade, vilania*

Do esp. *hombredad* 'qualidade de homem' (em si, de uso raríssimo) fez o português *hombridade*, com o valor de 'rectidão de carácter'. Note-se que *ojeriza* 'antipatia', desconhecido em Portugal, é razoavelmente corrente no Brasil. E *postura* é, ela própria, o espanholismo correspondente a *atitude*, um italianismo que nos chegou pelo francês.

O dicionário da RAG rejeita – já o assinalámos – numerosos espanholismos em uso no português, entre os quais muitos dos acima citados. Dou mais exemplos, de substantivos correntes:

> *aguaceiro, bofetada, botija, cabecilha, cercania, descalabro, destroço, esconderijo, fiambre, lugarejo, manada, mana/mano (de hermana/hermano), mortandade, neblina, ninharia, novilho, riacho, senha, tejadilho, trecho, vilarejo, zaragata*

Só uma conjugação de *factores externos* ao idioma pôs, por volta de 1730, um travão a uma convergência do português com o espanhol que prometia desembocar em zonas de altíssimo risco. Estão entre eles: o desaparecimento da última geração de bilingues; um menor contacto com a fala e o texto castelhanos; o prestígio de Camões, promovido a poeta peninsular; o culteranismo castelhano, sentido como extravagante e decadente; o novo enriquecimento das elites nacionais graças à economia brasileira; o atenuar das aspirações políticas peninsulares; o novo fascínio pelo classicismo francês.

Seja dito de passagem: não será por acaso que os três autores que assinalaram esse risco histórico de subversão final do português por acção do espanhol – Pilar Vázquez Cuesta, Henrique Monteagudo e Fernando Corredoira – são galegos. Eles têm a percepção, o golpe de vista, que por definição falta a não-galegos. Eles põem, desabridamente, o dedo na chaga.

Certo: o galego absorveu, ele também, um elevado número de espanholismos, sobretudo nos últimos duzentos anos, quando o espanhol se tornou língua segunda, e num crescente número de casos primeira, da população galega. Mas não será fácil decidir qual dos dois, galego ou português, deu maior prova de avidez pelo espanhol. E, sobretudo, essas tão descoincidentes castelhanizações contribuíram para cavar ainda mais fundo o fosso entre os dois.

Um falante galego – nunca o esqueçamos – está continuamente a *escutar* o espanhol, e por isso a influência da língua centro-peninsular se estende, no seu caso, à prosódia, particularmente à colocação do acento tónico, inclusive em termos técnicos internacionais. Assim, um galego pronuncia, como faz o espanhol, *aristócrata, burócrata, cábala, caníbal, demócrata, imbécil, límite, océano, políglota, psicópata, síntoma, teléfono*, etc. Só em raros casos galego e português coincidem, como em *atmosfera, medula, parasito* (port. parasita). Do mesmo modo, o galego pronuncia *cerebro, dispar, impar, nivel, pantano, policía*, e bastantes outros casos, mas acentuando com o português em *anódino, téxtil* e *mísil*.

Situação porventura ainda mais conflitante, porque mais emaranhada, é a da diferente acentuação, em português, de substantivo (*o anúncio*) e correspondente forma verbal (*eu anuncio*). Seguindo o espanhol, o galego não faz distinção, dizendo *o anuncio* e *eu anuncio* (ambos acentuados como o port. *anúncio*). A língua galega desconhece, pois, estas oposições, e outras de igual teor, que o português faz. São exemplos entre dezenas:

o alívio / eu alivio
o benefício / eu beneficio
o contágio / eu contagio
o divórcio / eu divorcio
o princípio / eu principio
o repúdio / eu repudio

a angústia / ele angustia
a cópia / ele copia
a denúncia / ele denuncia
a influência / ele influencia
a pronúncia / ele pronuncia
a renúncia / ele renuncia

Seguindo sempre a lógica espanhola, o galego acentua diferentemente de nós *academia*, *alerxia*, *aristocracia*, *diplomacia*, *etnia*, *euforia*, *histeria*, *maxia*, *nostalxia*, *periferia*, *terapia* e numerosas outras palavras deste tipo.

Claro: pode, e deve, razoavelmente perguntar-se se a coexistência de galego e espanhol no mesmo âmbito físico, social, e mesmo pessoal, permitiria cenários diferentes, com um galego em sistemática contramão com a língua do Estado. Facto é que, também a nível prosódico, português e galego manifestam descoincidências estruturais gritantes.

Em terreno sintáctico, isto é, na ordem dos elementos da frase, a proximidade dos dois é, contudo, notável. Neste sector, o português europeu está, mesmo, mais próximo do galego do que do português brasileiro. A sintaxe brasileira permite, ou mesmo prescreve, "Como ela se chama?", enquanto galego e português europeu dizem obrigatoriamente "Como se chama ela?". De igual modo, português europeu e galego devem dizer "Aqui come-se bem/ Aquí cómese ben", onde o brasileiro afirma com naturalidade "Aqui se come bem". O mesmo brasileiro diz "Vou agora me lavar", enquanto galegos e portugueses não podem inserir nenhum componente (como esse *agora*) entre verbo e clítico, e dizem "Voume agora lavar/ Vou-me agora lavar". Mas, claro, todos três podem dizer "Vou agora lavar-me/ Vou agora lavarme".

Contudo, o galego desconhece alguns elementos frásicos correntíssimos na fala portuguesa, brasileira ou europeia. Pense-se nesse "é que" a acompanhar advérbios interrogativos, tanto em perguntas directas como indirectas: "Onde é que vives?", "Como é que pagaram?", "O que é que está acontecendo?", "Não sei quando é que vou", "Perguntou-me onde é que havia jornais". Pense-se no "é que" de ênfase como em "Aqui é que moro", "Amanhã é que vamos", "Na aldeia é que estás bem". Ou ainda a coloração negativa de "lá" em, por exemplo, "Sabes lá!", "Quero lá saber!", "Temos lá tempo para isso!", e em apelos como "Diga lá", "Conta lá", "Desculpem lá".

O galego desconhece, também, sequências de teor adversativo como "Vou é dormir" (ou "Vou mas é dormir"), "Queres é ganhar tempo", "Eles tiveram foi medo".

Prosseguiremos, examinando mais situações que revelam esse comportamento *estruturadamente* diferente das variedades linguísticas galega e portuguesa.

10

O efeito Nogueira

"En Portugal o galego verase arrombado despois de que a corte lusa se traslade a Lisboa e adopte a variante máis afastada da lingua común galego-portuguesa, que pasa a ser tachada de arcaizante. O galego e o portugués, que en realidade son dúas variantes do mesmo idioma, vanse ir diferenciando cada vez máis a partir de agora e ao longo dos séculos, ata verse a si mesmas como dúas línguas distintas."

MIGUEL-ANXO MURADO,
OUTRA IDEA DE GALICIA, 2016

Longe de Lisboa

Afastado do que se passava lá longe em Lisboa, o galego conservou formações originadas na queda de *l* e *n* intervocálicos, ao mesmo tempo que desenvolvia outras próprias. Darei exemplos destas últimas:

COM ELIMINAÇÃO DE L

à	*ala*	saa, sa	*sala*
dioivo	*dilúvio*	tega	*taleiga*
piar	*pilar*	xeeira	*geleira*

COM ELIMINAÇÃO DE N

cairo	*canário*	fiestra	*fenestra* ant.
domear	*dominar*	padroado	*patronato*

Anote-se que *padroado* é a única forma galega, ainda quando se estende ao *patronato*, enquanto o português possui ambas, como 'formas divergentes' e com diferentes sentidos. A esta lista podem acrescentar-se *beizón* 'bênção', também fórmula de agradecimento ("Beizón pola vosa axuda"), *saúdo* 'saudação' e o topónimo *Fisterra* (Finisterra), nome do cabo mais ocidental da Galiza.

Fenómeno curioso: a constante comparação que o falante galego faz com o seu outro idioma, o espanhol, inspira-lhe eliminações de *l* e *n* não patrimoniais, por vezes de notória frequência. É o caso de *corido* (por *colorido*), *tíduo* (por *título*), ou de *abandoar* (por *abandonar*), *lumioso* (por *luminoso*), *moreo* (por *moreno*).

É também visível a queda dum *l* em formas galegas como *avoa*, *eiroa*, *moa* e *soa*, provenientes do lat. *avola, *hydriola, *mola* e *sola*. Comparem-se os port. *avó*, *eiró*, *mó* e *só*.

Em boa verdade, não deveria surpreender-nos que o galego tenha continuado a investir na síncope das duas consoantes. Não só essa havia sido a primeira e fortíssima marca distintiva do idioma gerado no seu território, como ficou disponível para ir criando distância face à língua do Estado. Contra a convicção, algo romântica, duns improdutivos Séculos Escuros, verifica-se que o galego não cessou de se desenvolver segundo dinâmicas próprias.

A este distanciamento frente ao espanhol chamam os galegos *diferencialismo*, um conceito de todo desconhecido no quadro português, onde, pelo contrário, nenhuma resistência se desenhou, e antes se foi desenvolvendo uma pacífica acomodação às soluções espanholas. No caso em apreço, e como vimos no capítulo 7, isso implicou a *reintrodução* em português, com assegurados efeitos modernizantes, dum bom número de *l* e *n* outrora eliminados. A partir do século XIX, o galego há-de seguir esse caminho, reintroduzindo esses sons, iniciando, ele também, um aproveitamento modernizador do modelo espanhol, e assim criando os seus próprios *dobletes* ou *formas divergentes*.

Sufixos produtivos

Em matéria de produção lexical, são de sublinhar, no português, os substantivos femininos gerados pelos sufixos *-idão* (inicialmente *-idóm*) e *-ice*. Trata-se, com efeito, de dois dos sufixos mais produtivos da língua portuguesa ao longo de toda a sua história. Em galego, um *-idũe* medieval (por exemplo, *certidũe*) acabou por perder-se, enquanto palavras em *-ice* têm algum uso, mas em formas não normativas. Entremos nalgum pormenor.

São cerca de quarenta as palavras terminadas em *-idão* no português de cada dia. O sufixo percorreu um complicado trajecto desde o latim. Sirva de exemplo *certitudine* 'certeza', que terminou em *certidão*, actualmente um tipo de documento oficial. A esse corpo vocabular pertencem sobretudo abstracções, como *aptidão*, *exactidão*, *gratidão* e *ingratidão*, *imensidão*, *prontidão*, *sofreguidão*, *solidão*, *vastidão*. Mas não faltam as referências concretas, como *escuridão* e *multidão*. O galego faz uso do mesmo sufixo, mas numa fase anterior, mais latina, dizendo *aptitude*, *exactitude*, *gratitude*, *multitude*, etc.

Ainda mais produtivo se mostra o sufixo *-ice*, com perto de 120 vocábulos, muitos deles com assinalável voga. Salvo pouquíssimos casos – *carolice*, *meiguice*, *meninice*, *velhice* –, este grupo de substantivos é de carácter depreciativo, ou redondamente negativo. Pense-se nas correntíssimas *burrice*, *chatice*, *crendice*, *criancice*, *doidice*, *malandrice*, *maluquice*, *modernice*, *palermice*, *pelintrice*, *sacanice*, *tolice*, *trafulhice* ou *vigarice*. No galego normativo, este sufixo é quase inexistente, mas a gramática de Manuel Ferreiro refere *doudice*, *meiguice*, *tolice*, *vellice*. Remeto igualmente para um artigo de Iovka Tchobánova, sobre este sufixo, constante da Bibliografia.

Também o sufixo *-ola* contém, no português, uma mensagem depreciativa. Bons exemplos são *aldeola*, *beiçola*, *caranguejola*, *casinhola*, *cervejola*, *criançola*, *festarola*, *graçola*, *mentirola*, *rapazola*, *terreola*. Em galego, não achamos rasto dessas formações.

Galego e português condividem vários colectivos em *-ada*, como *bicharada*, *filharada*, *passarada* (gal. *paxarada*). O português possui ainda *canzoada*, *garotada*, *livralhada*, *papelada* ou *rapaziada*.

Segundo Manuel Ferreiro, o sufixo *-ito* "funciona só dialectalmente" em galego. Não é o caso do português, em que esse sufixo é corrente e mesmo produtivo. Encontramo-lo, primeiramente, em castelhanismos, como *manguito*, *mosquito*, *negrita*, *palito*, *periquito*, *toalhita*. Mas abundam os diminutivos caseiros, particularmente sugestivos, o caso de substantivos como *uns anitos*, *uma cervejita*, *umas compritas*, *uns diazitos*, *umas feriazitas*, *um garotito*, *uma horita*, *uns livritos*, *uns olhitos*, *um quartito*, *uma rapariguita*, *um saltito*, *saudita* ("Como vai essa saudita?"), *um trabalhito*, *uma voltita*; de adjectivos como *azulito*, *crescidito*, *espertito*, *grandito*, *magrito*, *maiorzito*, *pequenito*; ou mesmo de advérbios como *cedito* ("Amanhã *cedito* tem festa da música gaúcha no Galpão Crioulo"), e *pertito* ("Era uma trovoada em três frentes, duas delas *aqui pertito*!").

Também na área da morfologia (o conjunto das *formas* gramaticais), galego e português apresentam divergências notórias. Comparem-se, na morfologia verbal, formações simples como *andaste* vs. *andaches*, *varreste* vs. *varriches*, *deste* vs. *deches*, *fizeste* vs. *fixeches*. Ou *fun* vs. *fui*, *disse* vs. *dixo*, *pôde* vs. *puido*, *pôs* vs. *puxo*, *veio* vs. *veu*. A adição dum pronome pessoal pode levar a contrastes como *fi-lo* vs. *fíxeno*, *deram-tas* vs. *déronchas* ou *di-lo-ei* vs. *direino*. Menos espectaculares, mas mais regulares são as formas da 2ª pessoa do plural. Examinemos um único verbo: *falais* vs. *falades*, *faláveis* vs. *falabades*, *falareis* vs. *falaredes*, *falásseis* vs. *falásedes*, *falai* vs. *falade*. O uso desta pessoa é, em Portugal, cada vez mais restrito (no Brasil, é mesmo inexistente), mas o seu conhecimento integra a bagagem dum falante instruído.

Uma prova provada da inadequação da ortografia portuguesa ao galego é fornecida num, aliás belo, romance de Susana Sánchez Arins, *Seique*. Aí damos com frases como "Temia que os velhos *chucharam* os untos, os toucinhos". O português pediria *chuchassem*. De facto, só com essa informação um leitor português entenderá esta passagem (destaque meu): "Precisava de mãos que *mudaram* lençóis, *lavaram* pele, *forneceram* medicamentos na hora certa [...], e essas mãos *foram* as da avó Glória". Para um português, só esta última grafia *foram* tem lógica. Mas um galego esperaria aí, e com razão, *foron*, que ele distingue de *foran* (port. *tinham sido*). O largo contexto não deixa, a esse respeito, qualquer dúvida. O livro mostra vários outros casos destes.

Seja dito de passagem: muitos de nós – e numerosos brasileiros nisso nos acompanham – pronunciamos, com naturalidade, *fôrom, fizérom, fálom, falárom* e semelhantes. Fazem-no locutores de rádio e televisão e simples cidadãos. A pronúncia *fôrão, fizérão*, etc. é, na realidade, sentida como 'cuidada', forma nobre de pronunciar que não é a mais natural.

Muita outra informação sobre diferenças fonológicas, ortográficas e morfológicas entre galego e português é fornecida por Pilar Vázquez Cuesta no opúsculo *O que um falante de português deve saber acerca do galego*, de 1996.

Rei e corte

Os linguistas galegos Rosario Álvarez e Henrique Monteagudo, membros da Real Academia Galega, deram-se ao trabalho de enumerar outros pontos diferenciadores de galego e português.

Num curso "Galego e portugués. Caracterización constrastiva da lingua galega", Rosario Álvarez sublinha as ausências, em galego, de vogais e ditongos nasais (tão manifestos em português), de consoantes sibilantes sonoras (os nossos sons "j" e "z") e de tempos compostos (*tenha feito, tinha feito, tivesse feito*).

Em contrapartida, o galego não reduziu o ditongo *ou*, como faz a pronúncia-padrão portuguesa e brasileira, que não distingue *coro* e *couro*. Reduz, sim, os finais -*em*, dizendo *orde, coraxe, home*, e as sequências *qua-, gua-*, fazendo *cando, cal, canto, cadrado* ou *gardar, agardar*.

A contracção de *por* com o artigo dá em galego *polo, pola,* etc. E são aí desconhecidos os curiosos plurais portugueses de dupla flexão do tipo de *animaizinhos, cãezinhos*. O galego faz, com inteira regularidade, *animaliños, canciños*.

Lembra, também, a professora compostelana que em galego, diferentemente do que acontece em português, não se usa o futuro do subjuntivo, ou conjuntivo. Pense-se em "se eu *tiver* tempo", "quando *chegares*", "logo que ele te *escrever*", "enquanto *pudermos*".

Significa isso que o galego perdeu esse curioso e expressivo modo verbal. O galego do século XVIII conhecia-o, como vimos por duas vezes na quadra reproduzida no capítulo 3: "Farruquiño, se te *fores*,/ deixame a tua navalla;/ a quen me *falar* d'amores/ para lle raxar a cara". Mas é um facto: o emprego desse futuro tornou-se extremamente raro. Aparece ainda na frase-feita "Sexa como *for*" ou num discurso cuidado como "Se realmente *houber* vontade, deberá demostrarse con feitos".

PAUSA PARA O CAFECIÑO

O futuro do conjuntivo saiu praticamente dos usos galegos. Contudo, não é raro acharmos as suas formas, puxadas pelo pretérito do subjuntivo espanhol (*hubiera, tuviera, fuera*, etc.). Veja-se este conselho médico: "Se *houber* contraccións corporais involuntarias, non dar líquidos", com versão espanhola iniciada por "Si *hubiera*...".

A maior frequência desta contaminação encontra-se, actualmente, em textos no chamado "português da Galiza". Neles se acham tiradas como estas (mencionamos a forma correcta): "Se eu *for* você, perguntaria" [fosse], "Se a Junta *tiver* pressionado o governo espanhol..." [tivesse], "Se Castelao *viver* hoje..." [vivesse], "*quiser* mover-me polos ambientes..." [quereria], "Pedi-lhe que *tiver* paciência" [tivesse], "Oxalá Lisboa *for* a nossa capital!" [fosse].

São casos curiosos, reveladores duma tentativa de produzir português. É uma *gramática alternativa*, feita do que se chamaria *pseudolusismos*, chamados pelo espanhol. Uma frase como *Se Lapa viver hoje*, nada menos que absurda, é insuflada pelo esp. *Si Lapa vivera hoy*. Com efeito, um lado convidativo destas deturpações prende-se com uma impressão, em si, lúcida, a de que as formas portuguesas são habitualmente parecidas às espanholas... mas mais curtas.

Poderá lamentar-se que o galego tenha deixado perder um modo verbal expressivo, como este é, além de ser exclusivo do ocidente peninsular. Mas uma recuperação parece, hoje, já de todo impossível, dada a constante pressão – neste caso, adulteradora – por parte do espanhol. Voltaremos a este tema.

A abordagem de Henrique Monteagudo das diferenças entre galego e português é de natureza histórica. Foi inicialmente exposta em *Galego e português*

brasileiro, volume assinado com Xoán Lagares. Em mais recente data, a temática foi desenvolvida na conferência "A lingua no tempo, os tempos da lingua. O galego, entre o portugués e o castelán", publicada em 2017, encontrável *online*. Neste texto, a problemática que aqui nos ocupa acha-se exposta e analisada com uma nitidez e um vigor inultrapassados.

A tese central é esta: uma boa parte das diferenças observáveis entre galego e português deve-se, não a uma separação do galego dum tronco comum, mas a uma "diverxencia mutua", concretizada do lado português pela elevação da norma do Sul a "variedade de referencia". Importante é, também, que não se projecte sobre a cena medieval uma preocupação com "linguas nacionais", noção francamente posterior. A verdade é, porém, que as *histórias* dessas línguas se tornaram um "relato lexitimador" delas, ao ponto de certos idiomas contemporâneos – o autor pensa no espanhol e no português – parecerem preexistir à sua própria história.

Um caso anedótico, mas revelador, relatado pelo professor compostelano. Tão incómodo foi sempre, para o português, a ligação à Galiza e ao galego que, não obstante ter durado séculos, jamais a diocese de Tui, que abrangia a região portuguesa entre Minho e Lima, foi *desenhada*. Mais sério ainda: a procedência dos autores da chamada *lírica galego-portuguesa* desenha exactamente o território da Galécia Magna, esse em que se gerou o idioma, e que não abarcava senão um pequeno sector daquilo que um dia ia ser Portugal. Tão deformantes podem ser os conteúdos mentais que nos foram infundidos. Compreende-se, pois, que "a simple pervivencia do idioma galego constituíu unha interquinencia [factor de atrito] para a validación do relato nacional da filoloxía portuguesa". E compreende-se. A existência desse idioma "puña en cuestión o carácter exclusivamente nacional da orixe da lingua". Resultado: "Continúa a operación de apagamento do galego da história lingüística luso-brasileira".

Após a criação do reino de Portugal, em 1143, a fronteira política galego-portuguesa manteve-se por dois séculos "moi porosa" e, durante muito mais tempo ainda, manteve-se permeável. Contudo, já desde cerca do ano de 1300 se estabelecera uma fronteira visual, omnipresente, com a introdução dos dígrafos *lh* e *nh* em substituição de *ll* e *nn*. Daí em diante, que este ou aquele texto tivesse, ou não, sido produzido em Portugal entrava pelos olhos dentro.

O apagamento das realidades nortenhas, e sobretudo de Além-Minho, veio fornecer espaço a novas referências, e a mais importante delas foi a ideologia "lusitanista". Portugal descobre-se continuador da Lusitânia, e *lusitano* torna-se palavra da moda no século XVI: "Reino Lusitano", "gente lusitana", "terra lusitana". Esta reorientação cultural não é inocente.

"O lusitanismo constitúe a ideoloxía de recambio [substituição] para cobrir o oco deixado polo apagamento do galego."

Monteagudo vê a independência do português frente ao galego selada com a *Origem da língua portuguesa*, de Duarte Nunes de Leão, de 1606, já referida. Aí se recorda terem eles sido "antigamente quasi hũa mesma" língua, mas também que só Portugal teve "Rei e corte, que é a oficina onde os vocábulos se forjam e pulem e onde manam para os outros homens, o que nunca houve em Galiza" (actualizo a grafia).

Uma língua sem imprensa

E os actuais historiadores portugueses da língua, como descrevem eles esta longa, complexa movimentação?

Na sua *Introdução à história do português*, Ivo Castro é taxativo: "A língua literária da Geração de Avis não prolonga a língua literária do século XIII, antes dela se afasta por um processo de elaboração". Não há, pois, um prolongamento, há um corte. Há um recomeço. Por volta de 1400, o português redesenha-se, *reelabora-se*. O "português comum", confeccionado a sul, *não* é, pois, "uma mera continuação do galego", tendo rejeitado "marcas setentrionais, dialectais e antigas". Em síntese:

As transformações linguísticas então registadas no português comum, especialmente as fonológicas, podem ser interpretadas como *recusas* de um passado que perdurava no Norte, não apenas na Galiza mas também no Entre-Douro--e-Minho. O português comum passa por *um processo de elaboração* que o separa das suas origens e que se sente como uma renovação (destaques meus).

Pouco diferente é a visão de Esperança Cardeira, já exposta no capítulo 5. Na obra *Entre o português antigo e o português clássico*, a historiadora assinala essa deslocação do centro activo do idioma de norte para sul, que foi também – aspecto deveras interessante – "do campo para a cidade".

Quando Ivo Castro e Esperança Cardeira falam da instalação dum novo "modelo", é clara a sugestão de, por 1400, se assistir em Portugal ao nascimento duma *língua* nova, agora aliviada do lastro galego e tranquilamente designada por "português".

É um cenário, já o dissemos, dramatizante em demasia. Certo: as modificações na fonologia e na morfologia, em que os nossos historiadores insistem, são assinaláveis. A isso, juntei aqui as importantes implicações no âmbito vocabular, testemunhas dum vasto aproveitamento do espanhol e dum abandono (parcial e desordenado) de características autóctones tão marcantes como a eliminação de *l* e *n* entre vogais, conducente à vasta criação de dobletes. Sim, muito aconteceu no idioma de Portugal nesse século de Quatrocentos.

Mas, em todo este panorama, influiu um factor muito pouco referido, e todavia decisivo. A Galiza deixou de ter "Rei e corte", é verdade, mas ficou privada também daquilo que, na segunda metade do século xv, ditou a sorte das línguas na Europa: a *imprensa*. Aquelas que, então, não deixaram obras impressas passaram rapidamente à secundarização, se não à clandestinidade. A inexistência de tais obras condicionou, pois, para sempre a imagem da língua da Galiza aos olhos dos outros espanhóis, dos portugueses e dos próprios galegos.

Não se duvide: para o galego, essa lei histórica que o reduz a língua tecnicamente *ágrafa* (e portanto primitiva) é tanto mais cruel quanto actualmente sabemos que ele continuou a ser escrito, e mesmo *cultivado*, e não só na própria Galiza como na corte espanhola. O historiador Fernando Bouza, num entretém com a revista *Grial*, em 2013, aduz o exemplo do conde de Gondomar que, na corte de Filipe II, usa o galego em alguma correspondência. O panorama é, mesmo, mais geral nesses meios. "A circulación de textos manuscritos en galego na Idade Moderna está fundamentalmente vinculada ao mundo aristocrático." A Fernando Bouza se deve a descoberta duma peça de teatro, *Diálogo de Alberte e Bieito*, dessa mesma época.

Tivesse o idioma galego sido, pelo ano de 1500, objecto de impressão, haveria de constatar-se a sua estrutural proximidade com a língua dos nossos cronistas de Quatrocentos, e mesmo com aquela que em breve produziriam Gil Vicente, Sá de Miranda, Jorge Ferreira de Vasconcelos. O galego, decerto aquele actualmente praticado nas suas formas mais genuínas, consente-nos a suposição de que uma "menina e moça" galega, contemporânea da de Bernardim Ribeiro, se teria expressado de modo muito próximo do dela, a uma distância não mais do que dialectal.

Não estamos a fazer especulação. Como já vimos, a obra desses quinhentistas portugueses estreia um acervo vocabular seguramente medieval. O mesmo efeito se dará, a partir de 1850, no ressurgir em força duma documentação galega. Essa notável *continuidade vocabular* evidencia quanto o projecto *desgaleguizador* da geração de Avis se ficou grandemente nas intenções. O português desenvolveu, é certo, dinâmicas próprias bem-sucedidas, mas elas não afectaram o corpo da língua a ponto de tornar-lhe irreconhecível o *fundo* galego.

São então, ou não, o actual galego e o actual português o mesmo idioma? Por outras palavras: "Falamos todos ainda galego?".

Da Ortigueira a Olhão

A experiência provavelmente nunca foi feita, mas podem supor-se um aldeão galego da Ortigueira, no extremo norte da Galiza, e um aldeão de Olhão, no extremo sul algarvio, que nunca haviam deixado a sua terra, que conhecem somente a sua língua de cada dia, e que, de repente, se encontram e se falam. A previsão é que os dois se hão-de entender sem particular dificuldade e, mais, saberão deslindar mutuamente as falhas de percepção, isto é, explicar um ao outro aquilo que não foi entendido. Assim se vencerão setecentos quilómetros de espaço peninsular, certamente a maior distância, na Europa Ocidental, de *intercompreensão* com uma fronteira política de permeio.

Prova isso que os desprevenidos senhores da Ortigueira e de Olhão falam a mesma língua? É, seguramente, uma situação de extraordinário interesse. Só que a intercompreensão não é critério decisivo nesta matéria.

Digamo-lo assim: se as línguas galega e portuguesa são ainda a mesma, não o sabemos de ciência certa. O peso dos argumentos para um e outro convencimento é francamente indecidível, e o que neste momento nos parece inequívoco pode ver-se abalado amanhã. Não o sabemos, portanto. Mas importa que esse "não o sabemos" esteja o mais informado possível.

Uma coisa parece entretanto indiscutível: no contacto directo, português e galego *funcionam* como a mesma língua. Dispensam tradução, e mesmo aprendizagem. Os falantes dum e doutro são o que se diz *congenitamente bilingues*.

O professor Joep Leerssen, da Universidade de Amesterdão, num artigo sobre o limburguês – reconhecido como língua regional da Holanda, mas de acentuada diversidade geográfica –, traça a seguinte cena: quando dois habitantes do Limburgo falam com um holandês de fora da província, exprimem-se todos três em neerlandês, mas, afastado este terceiro, a conversa prossegue na variedade limburguesa de cada um deles. Transpondo para o nosso caso: quando se encontram um indivíduo de fala portuguesa, um de fala galega e um de fala espanhola, a conversa decorrerá habitualmente em espanhol, mas, uma vez afastado esse terceiro, os dois primeiros prosseguirão o entretém na fala de cada um. Isto demonstra, repitamo-lo, que português e galego funcionam como se fossem a mesma língua.

Esta demonstração foi feita por Camilo Nogueira, eurodeputado pelo Bloco Nacionalista Galego (BNG) entre 1999 e 2004, que em Bruxelas e Estrasburgo se exprimiu sempre em galego. Quando ele falava, os intérpretes portugueses remetiam-se ao silêncio. Podemos designá-lo por *efeito Nogueira*.

Entrevistado, em 18 de dezembro de 2002, pelo matutino português *Correio da Manhã*, o já ex-eurodeputado declarou: "Eu tenho o galego como língua da minha família e do meu país e pretendo que a principal língua da Galiza, mesmo em termos políticos e económicos, seja o galego". Interrogado sobre se a sua opção parlamentar europeia lhe trouxera algum problema, revelou: "Eu até já debati esta questão com José María Aznar, sobretudo quando a Espanha tinha a presidência da União Europeia, e ele teve de pôr os auscultadores para compreender a minha intervenção". E ajuntava: "Curiosamente, eu posso fazer as minhas intervenções na minha língua no Parlamento Europeu, graças ao português, mas não o posso fazer no parlamento espanhol em Madrid, onde o castelhano é obrigatório".

Sabido é, também, que os governantes Francisco Franco e Oliveira Salazar, nas conversas que nos anos 1940 e 50 mantiveram, se exprimiam cada um na sua língua materna: o ditador português no seu e nosso idioma, o ditador espanhol em galego. Acre ironia – informação desenvolvida em *Outra idea de Galicia*, de Miguel-Anxo Murado – é que o regime franquista, não perseguindo o galego tanto como fez ao catalão e ao basco, o forçou ao mais baixo estatuto possível.

Novo exemplo deste *funcionamento* de galego e português como a mesma língua é dado pelo informático galego José Ramom Pichel, em obra colectiva de 2013, nestes termos:

> A Google conseguiu ou comprou grandes volumes de traduções humanas entre diferentes línguas (inglês, chinês, etc.) e o português. Transformou automaticamente a ortografia portuguesa para a ortografia pouco distinguível da castelhana (a galega atual) e treinou o seu tradutor estatístico. O resultado foi que o que traduzia entre inglês e português também valeu para o inglês e o galego. Google demonstrou, sem o saber, que galego e português são duas variantes do mesmo idioma. Não fosse assim e o tradutor não se poderia ter construído desse jeito tão simples.

Curioso, decerto. Isso valerá para um texto de tipo ensaístico, mas já menos para um jornalístico, e de modo nenhum para um ficcional. A par de muitas e notáveis coincidências, existe todo um vasto léxico exclusivo galego, e outro exclusivo português, além duma chusma de falsos amigos entre eles. Também a morfologia verbal e as formas de tratamento estão longe de coincidir. A "máquina" de Pichel não funcionaria aí.

PAUSA PARA O CAFÉ

Nem sequer o português *europeu* e o português *brasileiro* (eles sim, duas variantes do mesmo idioma) são mutuamente aproveitáveis.

Recordemos esta curiosa circunstância: sintacticamente, o português europeu está mais próximo do galego que do português brasileiro. Além disso, as divergências fonéticas, morfológicas, lexicais, semânticas e pragmáticas (sim, também aqui as formas de tratamento) são inúmeras entre os dois portugueses.

Por isso não existem, e nunca existirão, traduções luso--brasileiras, seja de Proust, de Dan Brown ou de instruções de máquina de lavar. Em matéria de tradução e de edição, o Brasil e Portugal têm, cada um, a sua política e a sua indústria, inteiramente independentes. O célebre Acordo Ortográfico de 1990 foi, no mundo real, um devaneio inútil e dispendioso. Como lembrado na Introdução, português brasileiro e português europeu acham-se num processo de *afastamento irreversível* em todos os aspectos do idioma. Voltaremos ao assunto.

Sobre a problemática do galego, imensamente complexa, reina em Portugal, contudo, alguma facilitação. Ivo Castro, na *Introdução à história do português*, tendo elencado as "variantes" do idioma (a portuguesa europeia, a brasileira, a angolana, a moçambicana), escreve, ainda no início do volume: "O galego, por seu lado, sendo justamente reconhecido como uma das línguas oficiais do Estado espanhol e como língua românica autónoma (Fernández Rei), *não precisa de entrar nestas contas*" (destaque meu). Não precisa, e por isso está dispensado de entrar nessa descrição da língua portuguesa, em que a mensagem subliminar é, agora, que quanto dela for afirmado se lhe deve presumir exclusivo. O português, histórico ou actual, poderá, assim, ser aceitavelmente *descrito* sem referências à língua de Além-Minho. É a genérica convicção hoje reinante na linguística portuguesa.

Sónia Duarte, no artigo de 2015 já aqui citado, diz-no-lo com esta clareza (destaques meus): "Tal distância encontra-se historicamente sustentada, entre outros fatores pela *escassa presença do galego* na tradição metalinguística portuguesa e pelo tipo de informação sobre o mesmo que essa tradição veicula no que concerne à perceção do *estatuto linguístico do galego* relativamente ao português".

A respeito da "situação do galego face ao castelhano e face ao português", escreve ainda Ivo Castro, na sua *Introdução à história do português*: "Discuti-lo aqui suporia uma opinião afirmativa quanto à pertença do galego moderno ao domínio linguístico do português, opinião defendida por sectores respeitáveis na Galiza, mas que não acompanhamos". E ainda: "Quanto à Galiza, regista-se o fracasso da proposta reintegracionista, que defendia a adopção de soluções portuguesas na normativa ortográfica galega, e procura definir-se um consenso que afirme a originalidade do galego escrito e falado face às duas línguas vizinhas, o castelhano e o português". Trata-se dum claro distanciamento frente ao reintegracionismo galego, movimento de que adiante se falará.

Dos dois mestres galegos Rosario Álvarez e Henrique Monteagudo tem de reconhecer-se que produziram uma satisfatória visão de conjunto das *diferenças* que galego e português apresentaram e apresentam. Mas igualmente para eles vale, a seu modo, que o português não entra nas contas do galego. Que este pode ser convenientemente descrito como se, em princípio, tudo lhe fosse exclusivo.

João Veloso, linguista da Universidade do Porto, pergunta – no prólogo ao livro de Marco Neves *O galego e o português são a mesma língua?* – "A culpa de quem é?", quando jornalistas portugueses recorrem a um *portunhol* para falar a cidadãos galegos. Julgo que a questão é clara. A culpa é nossa, e dos nossos colegas linguistas, sempre habituados, e habituando os outros, a deixar o galego fora das nossas "contas". Se é difícil, e talvez mesmo impossível, devolver a Galiza ao imaginário português, existe pelo menos este terreno, o do idioma, em que um tipo de *proximidade* autenticamente único poderia ser vincado, suscitando um olhar novo, e curioso, sobre o que se passa para lá do Minho. Em mais de um sentido, o galego provoca-nos.

A resposta sincera

Se alguma coisa este livro puder ter demonstrado, é decerto a inconveniência de perpetuar descrições mutuamente *impermeáveis* de português e galego. E o quase silenciamento do galego na história e descrição do português só pode merecer a avaliação de redondamente anticientífico. De quanto se viu até aqui e de quanto se verá, uma conclusão se nos impõe: o galego é o melhor espelho onde o português se pode olhar.

Se português e galego forem, no momento actual, línguas diferentes, não é porque na Galiza se perderam o rei e a corte, nem porque os portugueses de Avis desenvolveram uma aversão às formas nortenhas, nem sequer porque os falantes meridionais quatrocentistas elaboraram um português a seu gosto, nem porque os doutrinários de Setecentos (como veremos no capítulo 12) levaram a cabo uma higiene lexical que atingiu as modalidades nortenhas. Não foi, também, porque os quatrocentistas e quinhentistas portugueses introduziram uns acertos fonológicos e morfológicos, decerto apreciáveis, mas que não definiriam sequer dialectos. Esta foi a história aconchegante e simplificadora que, no nosso cantinho da lareira, andámos a contar-nos uns aos outros.

Não. Que galego e português sejam, hoje, duas línguas diferentes recebe melhor explicação no facto de galegos e portugueses terem – uma vez reduzido o contacto de sectores linguisticamente influentes – investido em toda a ordem de *estruturas* e *materiais* próprios. Recebe melhor explicação no facto de as suas *castelhanizações* terem vastamente divergido, isto é, de os desmedidos aproveitamentos que uns e outros fizeram do espanhol se terem feito em datas e com acervos largamente descoincidentes. E no facto de, a partir de 1730, o português se ter envolvido, de novo entusiasticamente, com a língua francesa, incorporando centenas de *galicismos*, incomparavelmente mais do que o espanhol ele mesmo incorporou. E, por fim, no facto também de galego e português terem – no decorrer de toda a sua história politicamente separada – sido só muito esporadicamente objecto de mútuo e sério *interesse*, ou mesmo só de curiosidade.

Galego e português fizeram, séculos a fio, vidas separadas. A própria *história do português* é toda ela – digamo-lo mais uma vez – a história das suas tentativas de afastamento do galego. Verdade se diga que, não obstante todos esses e outros mais factores de separação, eles compartilham, hoje ainda, numerosas e diversíssimas características. No entanto, feitas as contas por inteiro, tudo aponta para deverem português e galego ser hoje considerados *estruturalmente* dois sistemas diferentes e definitivamente irredutíveis. Numa palavra: é tarde demais para voltarem a reunir-se galego e português.

Houve, seguramente, um longo período em que o Minho não descrevia uma fronteira linguística. E ainda hoje o português é, em importante medida, *o nosso galego*. Mas, podendo dizer-se dalguns importantes escritores portugueses quinhentistas – como Sá de Miranda ou Bernardim Ribeiro – que foram ainda galegos, existe um momento, entre 1500 e 1600, em que as inovações meridionais (e entre elas, não o esqueçamos, uma vasta castelhanização do português), mais a deriva própria em que o galego entrou, traçaram, definitivamente, essa fronteira. É certo que a nível dialectal se verifica, ainda hoje, um *continuum* que atravessa o rio Minho, mas ele tende a atenuar-se, sobretudo em território português, já grandemente uniformizado pela norma-padrão.

A política linguística do galego hoje reinante é, ela também, a dum afastamento do português, dando preferência a marcas definidoras duma língua *galega*. Isto, não obstante todas as declarações dum papel central para o português como fornecedor de sugestões lexicais. Só que, ao fazê-lo, o *establishment* galego está tão-só a repetir aquilo que, no Portugal meridional de Quatrocentos, ao definir-se uma língua portuguesa, se procurou conseguir: afastar o português o mais possível da variedade a norte.

PAUSA PARA O CAFÉ

Quem vive fora da Galiza tem dificuldade em aperceber-se de quanto o enfrentamento, as tomadas de posição, a militância de causas, fazem parte do dia-a-dia de muitos galegos. Politicamente, isto traduz-se num panorama particularmente clivado à esquerda, onde uma crónica desunião vem conduzindo ao persistente domínio da direita, uma direita que já forneceu o Estado espanhol com um punhado de altos dirigentes, entre eles o ditador Franco, o ministro Fraga e o primeiro-ministro Rajoy.

A isto se junta o facto, geral em toda a Espanha, dum ainda hoje mal resolvido trauma da Guerra Civil (1936-39). A Galiza foi, mesmo, o primeiro grande cenário de chacina das forças progressistas por parte das tropas franquistas vindas do norte de África, após uma tranquila subida ao longo da fronteira portuguesa, donde nada tinham a temer.

Oitenta anos depois, ainda essa humilhação dói e continua presente nas mentes, na literatura, nos contactos. Um bom número de galegos sente-se encerrado em Espanha. O surpreendente é a pouca popularidade dos movimentos independentistas, aguerridos mas restritos.

Neste ambiente continuamente tenso, também as opções em terreno linguístico são significativas. A escolha do próprio nome do país – *Galicia* ou *Galiza*, ambos declarados legítimos – marca a posição do falante no espectro político. Mais ainda, e já raiando o absurdo: o uso da própria língua galega na vida pública (uma repartição, uma loja, um café) constitui, não raro, uma bandeira, uma tomada de posição.

Não pode admirar-nos que o reintegracionismo galego – o movimento que visa integrar a língua galega num conjunto lusófono – albergue, ele também, várias tendências. Existem os *moderados*, centrados na promoção do galego e no aproveitamento do português para dinamizá-lo e abri--lo ao mundo, e existem os *radicais*, para quem é urgente instalar o português como forma culta da língua dos galegos.

A existência dessas duas tendências dentro do reintegracionismo é referida por Miguel-Anxo Murado num panorama dos anos 1980. Escreve ele: "Os filólogos 'reintegracionistas' propuñan adoitar unha grafía máis coherente coa historia do idioma e 'reintegralo' á súa familia luso-brasileira. Porén, os reintegracionistas axiña [rapidamente] se dividiron entre eles nun debate interminable acerca de canto debía aproximarse o galego ao português".

Xavier Frias Conde refina a terminologia: "Há pessoas que defendem a autonomia do galego frente ao português (*reintegracionistas*), frente a outros que promulgam o uso do português padrão europeu diretamente (*lusistas*)".

Xoán Lagares é ainda mais concreto: "A orientação reintegracionista considera que o galego e o português, apesar da separação histórica, continuam constituindo uma mesma língua e, em diversos graus, de acordo com as tendências existentes, propõe uma aproximação à norma portuguesa. Para as perspectivas mais radicais, o português deveria ser assumido como padrão para o galego".

Só que o movimento reintegracionista é conduzido, não por linguistas, mas por abnegados activistas. Por isso, nunca esse movimento desenhou um futuro *linguístico* numa Galiza real, a dum bilinguismo galego e espanhol, com um predomínio esmagador da língua do Estado. Os amadores de linguística que propõem a introdução dum padrão português na Galiza estão longe de imaginar a gigantesca envergadura que tal operação tomaria. Isto, se ela fosse desejável e, para começar, se fosse viável.

Quanto a isto, quanto à *viabilidade* do projecto, podemos ser breves. Antes ainda de poder tornar-se língua social dos galegos, o português ter-se-ia esvaído, literalmente *trucidado* pelo espanhol.

Carlos Taibo, professor na madrilena Universidad Autónoma, escreve no capítulo "Portugal y Galicia: a vueltas con la lengua" do seu livro *Comprender Portugal*: "A pergunta relativa a se o *português* e o *galego* são, ou não, duas diferentes línguas põe em cima da mesa uma discussão complexa. Que mais não fosse porque os dados podem ordenar-se de muito diversas formas em proveito, claro, de conclusões diferentes".

Houve um tempo em que eu próprio estava convencido da identidade de galego e português. Expus essa convicção em 2006, numa conferência em Cork, no sul da Irlanda, que intitulei "I see my language everywhere", dito que ouvi do professor Carlos Quiroga, da Universidade de Santiago, falando de Portugal. Fi-lo nestes termos:

> Afirmo que galego e português são a mesma língua. Fundamento esta opinião em bases estruturais. Com efeito, todos os traços fonológicos, lexicais, morfológicos e sintácticos importantes de galego e português, isto é, os traços em que se distinguem de qualquer outra língua latina, são comuns a ambos.

Hoje, dou-me conta de que isso não chega, ao não recobrir a inteira paisagem. O erro estava naquele "*todos* os traços". Felizmente, eu já então me dava conta dos excessos que essa convicção poderia inspirar. Por isso ajuntava, dirigindo-me ao ouvinte, ou leitor, galego:

Estudem o modo de, sistematicamente, aproveitarem terminologia do português se a actual forma galega não for a desejável. [...] E não nos imitem demasiado. Pensem primeiro em vocês próprios. Nós não os vamos imitar, os brasileiros não nos vão imitar a nós, nós não vamos imitar os brasileiros. Existem um vocabulário, uma fraseologia, uma pragmática, autenticamente brasileiros. Orgulha-nos que *eles* sejam tão ricos, tal como nos orgulha nós o sermos também. Tenham, pois, em alta estima o vosso galego patrimonial. Numa palavra, não se *submetam* ao padrão português, essa casual forma que nós andámos dando a um velho idioma.

O professor galego Xosé Afonso Álvarez Pérez, da Universidade de Alcalá, importante investigador no terreno das relações entre os dois idiomas, recordou estas passagens da minha palestra num artigo de 2013.

No capítulo que aqui termina, entregámo-nos a um exercício milimétrico, que pode supor-se o menos preconcebido possível. Ele destinou-se a satisfazer várias e estimáveis necessidades: a do conhecimento, a da identidade ou auto-estima, a da curiosidade. É exactamente o que fazem os habitantes da aldeia A e da aldeia B da selva indonésia, num apuramento de se os seus milenares idiomas são, ou não, o mesmo. Só que, enquanto esse exercício foi feito aqui, em estilo muito civilizacional, num livro impresso que se segura na mão, lá faz-se em remansosos entreténs à volta duma fogueira.

Parte IV
Sós e acompanhados

11

A originalidade do português

"Nós somos diferentes. Temos graça
por nós próprios. Temos defeitos
que são só nossos."

MIGUEL ESTEVES CARDOSO, *PÚBLICO*,
ENTREVISTA, 23 JUN. 2019

A prata da casa

Se você quiser deixar o seu amigo espanhol estupefacto perante a capacidade do português de ser *incompreensível*, leia-lhe a seguinte série de vinte substantivos. Pode dizer-lhe, previamente, que se trata de termos abstractos, alguns da linguagem familiar, mas na maioria cultos. São eles:

> *o acinte, o atrito, a azáfama, a batota, a celeuma, o conluio, a detença, a devassa, a fremência, a genica, o intuito, a labuta, o lamiré, a maciez, o percurso, a posse, a quizília, a sina, a tepidez, a verrina*

Caso não tenha feito grande impressão – ou se exactamente a tiver feito –, leia-lhe estes outros vinte substantivos, com a anotação de serem, agora, nomes para realidades muito concretas:

> *o autocolante, o bule, o casebre, o corrimão, o degrau, o exaustor, a fatia, o guardanapo, o jerico, a lezíria, a melga, o nevão, o pataco, o reboque, a romã, a sarjeta, a torneira, a tralha, a ventoinha, o xilindró*

A conclusão que um e outro hão-de tirar é que a língua falada naquele rectângulo – que os programas de meteorologia da TV espanhola deixam lindamente acinzentado – é muito, mas muito impenetrável. Isto é, incrivelmente original.

Tenha-se, também, em conta que uma palavra como *devassa* não existe sozinha. Temos também *devassar, devassamento, devassável, indevassável* e ainda *devasso* e *devassidão*. Não se percebe bem o que tenham *devassar* e *devasso* que ver entre si, mas aqui trata-se só daquilo que o falante tem em posse.

E, por falar nisso, *posse* – vindo direitinho dum infinitivo latino (e que o leitor galego ou espanhol não deve confundir com o nosso galicismo comum *pose*) – acompanhou-se de *apossar, apossamento, possante, posseiro, desapossar, empossar*.

Outras famílias dignas de destaque são: a de *casa*, com *casarão, casebre, casinhola, casinhoto, casota*; a de *cena*, com *encenar, encenação, encenador* e *contracena, contracenar*; a de *palavra*, com *palavreado, palavrear, palavrório, palavrão*; a de *rua*, com *arruamento, arruada, arruaça, arruaceiro, ruela* e o muito definitivo *rua!*

Também os sufixos criam conjuntos únicos, com os dois mencionados no capítulo 10, *-ice* e *-idão*, autenticamente espectaculares. E, sem ser exclusivo do português, o sufixo *-ência* reúne algum léxico só existente nesta língua:

cedência, comparência (o esp. é *comparecencia*), *decorrência, desinteligência, envolvência, escorrência, fremência, pesporrência, premência, saliência, subserviência.* Observe-se que *desinteligencia* tem alguma circulação na Bolívia, no Chile, no Uruguai e na Argentina, tudo indica que por influência brasileira.

Muitos outros substantivos existem em português, desconhecidos do espanhol. Entre eles, mencionamos:

acalmia, agiota, alavanca, algoz, andor, apoiante, ardina, arguido, arrebique, assassínio, bajulação, bebedeira, beco, beliche, bel-prazer, berreiro, bilheteira, bisnaga, borga, bruxedo, buço

cabide, cábula, cafundó, cambalhota, campónio, candura, casal 'par de indivíduos', *chalaça, chuvada, cientista, cocuruto, contabilista, conteúdo, contributo, conviva, corrimão*

decréscimo, degrau, demão, depoimento, derrocada, despudor, diplomata, dobradiça, enjoo, escol, espalhafato, esperteza, estúrdia, faro 'olfacto', *fascínio, feição, frangalho, frieza, frontalidade*

garoto, ginja, gotícula, guloseima, honraria, iguaria, ilhéu, inquérito, insegurança, internato, insucesso, javardo, jerico, labéu, laivo, larápio, latagão, lavoura, leilão, lembrete, leque, leveza, levedura, loja, lonjura

magala, malvadez, marceneiro, mariola, marosca, matagal, matilha, matulão, mealheiro, mesquinhez, mezinha, mirante, montante 'quantia', *morgadio*

odor, olival, ordenado 'salário', *pechincha, penteado, percurso, pirralho, piorio, planalto, porão, poupança, preconceito, préstimo, puto* 'menino', *quarteirão, queda*

rábula, rajada, rasteira, ré 'parte traseira', *recôncavo, rejeição, revelia, ribeiro* 'curso de água', *ricochete, rispidez, rodovia, rompante, roteiro, safanão, sina, solavanco, somatório, sotaque, sucata*

tabuleta, tacanhez, tapume, tontura, trabalhão, traficância, tremura, ultrapassagem, vadiagem, varandim, vedação, ventoinha, vereador, vigarista

São provavelmente impressionantes a quantidade e a variedade de materiais que só a língua portuguesa possui. Contudo, esta é uma característica de qualquer língua humana: a criação de formas que só nela se instalam e, o mais das vezes, também só nela continuarão instaladas. Todas as línguas são criativas a esse ponto, todas escondem elementos intrinsecamente originais. Se alguma coisa puder surpreender-nos, é que essa originalidade quase nunca está à vista, e que será sempre preciso *mostrá-la*.

Regressivos e criatividade brasileira

Várias dezenas de deverbais regressivos são, eles também, de criação exclusiva em português. Sabemos quanto esta classe de palavras prima pela elegância, e mesmo pela complexidade, não obstante a sua configuração mais curta do que o verbo (daí chamarem-se regressivos). Vimos, no capítulo 8, as cerca de sessenta formas que o português compartilha com o galego. Exclusivas suas o português tem ainda mais: cerca de 210. São em maioria terminadas em -*o*, e masculinas, sendo as restantes terminadas em -*a*, femininas, e em -*e*, de novo masculinas. Sirvam de exemplo:

> *acrescento, anseio, apelo, arrumo, balouço, cochilo, confronto, desassombro* (*assombro* vem do espanhol), *desfecho, destrambelho, encalço, encosto, enguiço, esconjuro, estrebucho, exagero, fabrico, ganho, lampejo, percalço, pejo, preparo, rabisco, rearranjo, recosto, recuo, resvalo, salpico, soco, travo, treino, tresvario, trinco, vicejo*

> *amostra, arrelia, arromba, deita, demolha, destrinça, encrenca, escusa, esfrega, outorga, pendura, racha* 'fenda', *recusa, ressalva, tosquia, troça, vaga* 'lugar vago', *zanga*

> *abate* 'derrube', *batuque, desmame, pertence, recalque, relance* 'olhar rápido', *tremelique, trespasse*

Muito assinalável é o número de regressivos criados no Brasil, e só em uso aí. Citem-se *aceite* 'aceitação', *afobo, (o) agarra, amasso, aporte* (que o Houaiss vincula ao fr. *apport*, mas poderia associar-se ao esp. *aporte*), *apronto, desadoro* ou *desadouro, descortino, desmonte, desnorteio, despenque, despreparo, encavo, escanteio, esculacho, fervo, norteio, paquera, (o) racha* 'cisão', *rejeito, reparte, revide, sacode, vacilo* e *xingo*, assim como os informais *agito, arraso, desbunde, flagra* (de *flagrar* 'apanhar em flagrante') e *transa*.

A norma europeia criou *retoma* 'recuperação económica', *pára-arranca* e deu uma acepção informal a *engate* 'procura de namoro'. Tendo adoptado os brasileirismos *desbundar* e *curtir* 'gostar', formou *desbunda* e *curte* ("O teu carro é uma curte"). Ambas as normas usam *pernoita*, mas a brasileira prefere *(o) pernoite*.

Essa notável criatividade brasileira foi constante objecto de assombro para os parceiros europeus do idioma. Nem sempre com simpatia. Onésimo Teotónio Almeida exprimiu-o deste modo em *A obsessão da portugalidade*, de 2018:

> Os escritores portugueses de língua portuguesa têm diante de si um grande modelo – o Brasil, um país que recriou a língua portuguesa, enquanto os portugueses viviam engalfinhados em querelas domésticas até um dia acordarem e descobrirem atónitos uma literatura escrita num idioma lavado, refrescante e descontraído. Temos demorado demasiado tempo – deve dizer-se – a aceitar devidamente essa criança supostamente irrequieta e desordeira.

Como já dito antes, Portugal dificilmente pode queixar-se dessa deriva centrífuga brasileira. Jamais desenvolveu uma *política linguística* nas suas colónias, mantendo-se sempre afastado do tipo de relação centralista que a Espanha adoptou. A metrópole portuguesa abandonou, no espaço ultramarino, o idioma à sua sorte. Em tais circunstâncias, as várias dinâmicas que a todo o momento percorrem o corpo das línguas tomam direcções próprias.

Ivo Castro também aqui nos faz dom duma visão ousada e estimulante. Num artigo de 2007, republicado em 2017, escreve ele: "Portugal e Brasil prosseguem as suas respectivas histórias linguísticas, que se dirigem, tanto quanto é possível observar, para destinos diferentes". Este panorama cria aquilo a que Castro chama "um dilema interessante" para Portugal. Num futuro previsível, o país terá de optar entre duas estratégias: "Apostar na unidade de uma língua propulsionada a partir do Brasil ou preservar a sua autonomia e especificidade num quadro de desintegração do sistema linguístico?". São duas estratégias igualmente espinhosas.

Óptimos achados

Em terreno adjectival, muitas são as originalidades da língua portuguesa. Existem cerca de 650 adjectivos que a generalidade das outras línguas românicas desconhece. Veja-se um conjunto de adjectivos de tipo culto, terminados em *-ivo*, inexistentes certamente em espanhol e francês: *coercivo, comprovativo, elucidativo, gradativo, implorativo, incomodativo, inconclusivo, interventivo, intrusivo, prestativo, vinculativo*. Acrescentem-se *convidativo* e *cansativo*, anotando que o espanhol poderia possuir este último. Estas duas grandes línguas ignoram também um bom número de cultismos terminados em *-al*, um sufixo muito produtivo, como *civilizacional, comportamental, fulcral, inconvencional, invisual, laboratorial, negocial, pedonal, populacional, prisional, sazonal*.

Ainda de cariz culto, citem-se *assinalável, compaginável, concretizável, colectável, contactável* e *incontactável, expectável, inacreditável, indisfarçável, inescapável, infindável, insuflável, insustentável, manuseável, partilhável, ultrapassável*. Ou então *desprezível, imperecível* (o fr. *impérissable* poderia ter dado a ideia), *implausível, inexaurível, irrespondível, preterível* e *impreterível, transponível*, entre outros. A isso se juntem o omnipresente *incontornável* e o delicioso *palatável*.

Há *acintoso, atencioso, cioso, charmoso* (uma invenção a partir de *charme*, documentada em 1975 no Brasil), *conflituoso, consciencioso, criterioso, despretensioso, desrespeitoso, espalhafatoso, imaginoso, insultuoso, maldoso* (presente na América de fala espanhola, decerto por influxo brasileiro), *mavioso, preconceituoso, prestimoso, verrinoso*.

Talvez o grupo adjectival autóctone mais interessante, e decerto um dos mais numerosos, é o dos terminados em *-ante*, que conta nada menos que 85 formações. É preciso dizer que essas são as ausentes em espanhol, e que em bastantes delas se dá uma coincidência com o francês, ou, mais exactamente, uma histórica dependência deste idioma.

PAUSE-CAFÉ

Quando falamos em galicismos do português, pensamos automaticamente em palavras como *atelier, blague, chauffeur, cliché, gaffe, nuance, plafond, rentrée* ou *voyeur*. Elas são, efectivamente, correntes e numerosas.

Mas outras são já bem menos reconhecíveis, como *cais, chefe, ficha, galã, jardim, mala, moda, parcela, ravina, timbre, viatura*. De facto, a larga maioria dos nossos galicismos não dão nas vistas como tais, em parte porque passaram também a línguas vizinhas nossas. São, contudo, em número impressionante os substantivos, adjectivos e verbos franceses que o português fez seus.

Os galicismos entraram no português ao longo de toda a história do idioma. Mas foi a partir de 1750 que o fizeram em ritmo sempre crescente. Até que, por volta de 1950, começaram a escassear, dando o lugar a uma notável apropriação de materiais ingleses e norte-americanos.

O nosso idioma – tal como primeiro com o espanhol – tomou-se intensamente de amores com o francês. Mas ainda hoje achamos um repúdio de galicismos como se, por princípio, devêssemos extirpá-los. No seu *Dicionário de erros frequentes da língua* – de que ainda se falará –, Manuel Monteiro denuncia *banditismo* (seria *bandidismo*), *chance*, *constatar* ("repugnantíssimo galicismo", cita com assentimento), *morgue* (deve ser *necrotério*), *à excepção de*, *na medida em que* ("galicismo condenável"), *nuance* (já os patentes castelhanismos *cambiante* e *matiz*, propostos como alternativa, não trazem engulhos).

Filtrando, pois, os galicismos dos adjectivos em *-ante*, sobram ainda muitas formosuras, entre elas *aconchegante, acutilante, aniversariante, apavorante, aviltante, berrante, cativante, conflitante, contagiante, deselegante, desgastante, embirrante, empolgante, entediante, escaldante, espampanante, estonteante, estruturante, excruciante, extasiante, fervilhante, fracturante, frisante, gritante, incapacitante, instigante, lacrimejante, ludibriante, marcante, marulhante, obsidiante, ofegante, ofuscante, penalizante, prestigiante, revigorante, revoltante, saltitante, tacteante, tiritante, vexante, viciante.*

Estes adjectivos foram sendo criados, ao longo dos séculos, por falantes de português, e são, tem de reconhecer-se, óptimos achados. Alguns teriam podido surgir também em espanhol, língua que conhece os onze verbos *berrar, contagiar, desgastar, escaldar, frisar, incapacitar, instigar, ofuscar, prestigiar, tiritar, viciar.* Mas os restantes doze são, por sua vez, desconhecidos da língua vizinha: *aconchegar, acutilar, apavorar, embirrar, estontear* (existe, sim, esp. *tontear*), *fervilhar, ludibriar, marulhar, ofegar, revigorar, saltitar, tactear.*

Outros adjectivos não se deixam agrupar, mas são formações autóctones do maior interesse. Umas são altamente cultas, outras da linguagem familiar. Pense-se, entre outros, em:

alvar	encantatório	nado-morto
azado	enfadonho	norteador
bairrista	engraçado	ordeiro
bambo	esquerdino	patife
banzado	experiente	pindérico
benjazejo	faceiro	prestadio
canhestro	famigerado	prestes
casmurro	findo	repetente
clientelar	franzino	retemperado
costumeiro	impante	rezingão
delico-doce	incomum	seminu
descabido	invulgar	soalheiro
desconexo	liquidatário	vindouro
descontraído	luarento	vivaço
desordeiro	mandrião	vocabular
doentio	modorrento	zarolho

Azado significa 'conveniente, oportuno' e aparece frequentemente na combinação "o dia azado". *Pindérico* 'deselegante' deriva, estranhamente, do vocábulo culto *pindárico* 'magnífico'. *Famigerado* 'famoso', habitualmente não pelas melhores razões, dá título a um conto, merecidamente célebre, de *Primeiras estórias*, do ficcionista brasileiro João Guimarães Rosa.

Entre os latinismos adjectivais exclusivos do português documentados após 1700, encontramos *esguio* < exiguu (1727), *fremente* (1789), *revivescente* (séc. XIX), *estuante* (1814), *infrene* e *inglório* (1817), *experiente* e *prestável* (1822), *periclitante* (1823), *atreito* < atractu (1836), *plangente* (1855), *despiciendo* (1864), *ininterrupto* (1871), *nubente* e *transacto* (1881), *vígil* (1899), *ofuscante* (1958), *coeso* (1973).

Sobre verbos exclusivos do português falou-se, a vários pretextos, nos capítulos 5, 7, 8 e 9. Bastantes mais existem, porém. Seleccionamos os seguintes, sempre valendo a sua ausência nos dicionários galegos de referência:

açambarcar, acasalar, afadigar, afunilar, agastar, agendar, aldrabar, algemar, alinhavar, alicerçar, antegozar, apressar, aprimorar, arremessar, arrumar, atirar 'lançar', *averbar, aviventar batucar, brigar, buzinar, calcetar, carimbar, chefiar, confidenciar, conluiar, debandar, debruar, defrontar, desabar, desarrumar, descurar, desiludir, destrinçar, desventrar*

eclodir, encafuar, engavetar, engravidar, equacionar, esbanjar, espevitar, estagiar, estrebuchar, fasear, ficcionar, frisar 'salientar', *gerir, gizar, intrujar, isentar, juncar*

labutar, lamuriar, ludibriar, matutar, negligenciar, partilhar, perfazer, petiscar, preencher, preguiçar, reaver, reentrar, reerguer, ruir, salientar, transviar, tresler, tresmalhar, ultrapassar

Latinismos verbais exclusivos do português, posteriores a 1700, são: *auferir, bajular, congeminar, esportular, explodir, extorquir, flectir, fruir, impingir, incutir, progredir, retaliar.*

Fora de série

Observámos, até aqui, palavras normais, convencionais, bem-comportadas. Só que, nos cafundós do português, guardamos todo um vocabulário de aspecto menos habitual, mais *marcado*, isto é, que acompanhamos dum sublinhado, dum subtom de gracejo, ou mesmo de pilhéria.

Entram neste género *abandalhar* e *abandalhado, acabrunhar* e *acabrunhado, achincalhar* e *achincalhação, bisbilhotar* e *bisbilhotice, chatear, chato* e *chatice, desconsiderar* e *desconsideração, desenrascar* e *desenrascanço* (persistentemente dito 'palavra intraduzível'), *desmazelar, desmazelado* e *desmazelo, empertigar* e *empertigado, enviesar* e *enviesado, estrebuchar* e *estrebucho, gatafunhar* e *gatafunho, intrujar, intrujice* e *intrujão, matutar* e *matutação, rasteirar* e *rasteira, restolhar* e *restolho, sacanear, sacanagem* e *sacana, tagarelar, tagarela* e *tagarelice, tresvariar* e *tresvario.* Na secção de verbos sem derivação corrente, destacaremos *apaparicar, arrebitar, desconversar, embasbacar, espicaçar, passarinhar, tagarelar.*

Os nossos substantivos fora de série são igualmente numerosos. As suas origens são as mais variadas, sendo algumas deveras exóticas e outras saborosamente obscuras. Sirvam de exemplo (numa selecção inevitavelmente subjectiva):

acepipe	faxina	pitéu
amoque	fífia	ramerrame
ardina	folguedo	rega-bofe
arrufo	gabiru	reviralho
balúrdio	gasganete	rusga
banzé	gorjeta	salafrário
biscate	jigajoga	serigaita
cagaço	lambisgóia	sururu
calhambeque	lamiré	toleima
chilique	malta	traquitana
chinfrim	maroteira	trica
denguice	mixórdia	tudo-nada
destrambelho	paleio	vaganau
embirração	parvónia	valhacouto
enxovalho	pelintra	vigarista
estardalhaço	perneta	vivalma
famelga	pingarelho	zoeira

De interesse são também as numerosas formações por sufixo (ou, mesmo, sufixo duplo) de efeito marcadamente informal. É o caso de *amigalhaço, bailarico, banhoca, beijoca, bicharoco, bigodaça, botifarra, cagança, carripana, casório, cavaqueira, cervejeca* (com a variante *bejeca*), *choradinho, comezaina, corpanzil, discursata, doideira, engenhoca, escaldão, facalhão, falhanço, farpela, fatiota, festança, fogacho, fomeca, grupelho, homenzarrão, jantarada, jeitaço, lojeca, namorico, negociata, paixoneta, penduricalho, pernoca, putedo, ratazana, santarrão, saquitel, tiranete, trabalheira, vasilhame, vilória, vozeirão.*

Restam os adjectivos fora de série, igualmente insólitos, igualmente sugestivos. Pense-se em *macambúzio, peralta, perliquitetes.* Pense-se em *bacoco, chanfrado, grunho, marado, maluco, pacóvio, parolo, patego, piroso, possidónio, simplório, tanso, taralhouco,* mas também em *catita, finório, giro, malandreco, maroto, porreiro, pràfrentex, reinadio.* E há *comezinho, escarninho, ribeirinho, videirinho.* Há *chorudo* (dum possível patrimonial *florudo*), *farfalhudo, maçudo, rechonchudo.* Há *abandalhado, apalermado, arrebicado, atabalhoado, atarracado, debochado, definhado, desbragado, desconchavado, desmiolado, despassarado, destrambelhado, empertigado, encabulado, encalacrado, enfezado, engelhado, enguiçado, esbulhado, escanzelado, esgazeado, esgrouviado, estouvado, estremunhado, estuporado, tresloucado, tresmalhado* (repare-se nas concentrações de iniciados por "a-", "des-", "en-", "es-" e "tres-"). Há *alcoviteiro, batoteiro, beijoqueiro, bisbilhoteiro, brejeiro, corriqueiro, desordeiro, fraldiqueiro, fiteiro, foleiro, interesseiro, mesureiro, trampolineiro, trauliteiro*. E (para lá de tantos do tipo, compartilhados, como já vimos, com o galego) existem *azarento, bafiento, bichento, ciumento, odiento, quizilento, sebento, ternurento*.

Em forma de plural, mas de significação singular: *bebedolas, cagarolas, choninhas, covardolas, doidivanas, gabarolas, jagodes, lamechas, lingrinhas, louvaminhas, medricas, picuinhas, piegas, pires* 'piroso', *reles, traquinas, valdevinos*. Ou ainda alguns terminados em *-a*, mas comuns aos dois géneros: *bera* (e a variante *berucha*), *catita, caturra, chupista, estróina, farsola, forreta, janota, lamecha, lorpa, magricela* (ou *magrizela*), *pateta* (um espanholismo, derivado do substantivo *pateta* 'deformado das pernas'), *pitosga, pobretana, rasca, reguila, sovina, tagarela, trafulha* e *trouxa* (mais dois espanholismos, derivados dos substantivos *sovina* 'torno de madeira' e de *troja* 'alforje').

Pense-se, ainda, nos vocábulos que, exprimindo estranheza, são eles próprios particularmente estranhos, como *estapafúrdio* e *estrambótico* (ou *estrambólico*).

Trata-se — como em todo este capítulo — de materiais que o falante comum de português domina, mesmo quando não usa. Demonstram o imenso colorido do vocabulário do português. No seu poema "Portugal", Alexandre O'Neill atribui ao país "o plumitivo ladrilhado de lindos adjectivos". É ironia, mas toca uma verdade. Serão "lindos", ou poéticos, os adjectivos *acetinado, alvinitente, excruciante, figadal, inebriante, obsidiante, prestimoso, remansoso, verdejante*.

Esse colorido vocabulário não será, em qualidade, superior ao doutros idiomas. A leitura de autores de língua espanhola, francesa, inglesa, mesmo em artigos de jornal, facilmente no-lo mostrará. Mas não resta dúvida de que o português desenvolveu formas que, mesmo a nós, seus falantes, deixam estupefactos.

Não menos atónitos, porém, nos deixarão as tentativas de deitar muito dessa riqueza borda fora, como historicamente se verificou. Por motivos *higiénicos*. Será matéria do próximo capítulo.

12

Higienismo e aldrabices

"A língua seria algo tão delicado que qualquer pessoa, a qualquer momento, por descuido, a poderia destruir. Um 'dequeísmo' aqui, um estrangeirismo acolá, uma conjugação fora da norma, uma redundância, e o idioma salta pelos ares ou desmorona-se, como se lhe tivessem posto uma bomba nos alicerces."

XOÁN LAGARES,
ESPACIO SANTILLANA, 29 AGO. 2019

"Está a língua enferma"

A convicção de que a nossa língua se acha atacada de irremediáveis males está hoje muito presente. Prova disso são as lamentações que se levantam sempre que, no Facebook, surge o mais leve pretexto para erguer *ais* e *uis*, que-lá-se-nos-vai-a-língua. Acontece que estes monótonos queixumes têm barbas, algumas honradíssimas.

Desde pelo menos 1710, com a publicação de *Antídoto da língua portuguesa*, do bacharel José de Macedo – falou-se disso no capítulo 5, no apartado "Engenharia e voluntarismo" –, que vive entre nós a vontade de intervir no idioma com o fito de corrigi-lo, de livrá-lo de materiais (palavras, locuções) viciosos, desfiguradores, ilegítimos. Esse século de Setecentos foi incansável nesta tarefa. Abundam, então, os normativistas, com as suas listas de vocábulos errados, inaceitáveis na boca e na pena de gente que se preza.

Entre eles, está o autor dum dos livros mais curiosos da história da nossa imprensa. Trata-se de *Infermidades da lingua, e arte que a ensina a emmudecer para melhorar*. Assina-o Manoel Joseph de Paiva, e está datado de Lisboa, 1759. Ainda estava muito presente a lembrança do grande terramoto, e o autor recorda-o explicitamente, num precioso testemunho que pode ter passado despercebido dos historiadores. Chamaremos à obra *Enfermidades* e ao autor Manuel de Paiva.

É convicção do autor que "em lamentáveis ruínas se considera estar a língua que a Providência criou com tanto resguardo". Curiosa, esta intervenção divina na origem do idioma. Facto é que "está a língua enferma, e periga na corrupção a que chegou", apresentando-se "cheia de inveterados achaques tão contagiosos, e tão pestíferos, que pelo mundo todo se observam já derramados". Manuel de Paiva vai, pois, passar à acção. Eis o seu programa: "Entre as inumeráveis palavras, que a ignorância tem introduzido, e em que a língua tem degenerado, escreverei as que agora me lembram, e as indignas frases de que o vulgo usa, infamando-as por indiscretas, por loucas, e por temerárias". "Indiscretas" tinha, na altura, o valor de "incultas". Promete, porém, ser condescendente. "Até deixo em seu vigor as ridículas expressões do campo, como desculpadas com a ocupação da cultura das terras em faltarem à cultura da língua." Um belo torneado barroco.

O que então se segue é um documento único e assombroso. Paiva propõe o rotundo banimento do idioma de largas centenas de vocábulos e expressões, dados como outras tantas demonstrações da degenerescência da língua portuguesa. Vale a pena uma leitura. A obra está acessível e descarregável em purl.pt, da Biblioteca Nacional de Portugal.

Indesejáveis são, entre muitas iniciadas por "a", as palavras (actualizamos sempre a ortografia) *achegas, afeito, alcunha, alhada, amanhar, amargurado, andanças, antigualha, apaziguado, arenga, arquejar, asneira, atafulhar, atinar, atrapalhar, aturdir, aviventar, azáfama,* assim como as expressões *à boca da noute, a olhos vistos, à pata, à queima-roupa, à risca, à toa, a torto e a direito, aos pés juntos, às escâncaras.* O mesmo obscuro destino deveria ser dado a "frazes" como "afincou-lhe quatro lambadas, ah pés para que te [*sic*] quero, ali está o senhor que não me deixará mentir, anda de candeias às avessas, anda na berra, andei numa roda-viva, apanhou-o com as calças na mão, arreganhou--lhe os dentes".

Seleccionámos propositadamente materiais actualmente ainda em uso. Numerosos outros prometidos à rejeição são-nos hoje deveras estranhos, como *adibes, aforsurado, almofreixe, alparavaz, amachagado, antances, aza-faimiado,* ou *a cada triquete, à minfé, atute plé.* Ou "frazes" como "abalou cos cachimbos, abana galego que não é para ti, alimpou da carepa, ao frigir dos ovos o veremos, asneira que fez o Senhor Bispo". Mas dificilmente suporíamos que o actual esquecimento foi obra de Manuel de Paiva.

Existe, sim, uma inestimável vantagem nestes vãos exercícios. Ao porem em letra de imprensa tantos recursos da língua falada, eles vêm permitir primeiras *datações* que doutro modo teriam demorado decénios. O mesmo benéfico efeito se observava já noutra obra, redigida um século antes, *A feira dos anexins,* obra póstuma de Francisco Manuel de Melo (m. 1666). Mas esta foi feita com um propósito diametralmente oposto ao de Paiva: deixar documentada a linguagem diária, vivaz, sugestiva, do seu tempo.

Higienismo lexical

Facto é que já o *Vocabulário* de Bluteau (1712-28) – o primeiro grande dicio-nário que houve em Portugal – praticava uma avaliação dos vocábulos. O ex-celente volume *A língua iluminada,* de João Paulo Silvestre, de 2013, guia-nos na exploração desse exercício. Repassemos alguns casos mais sublinháveis.

Certas palavras são classificadas como "do vulgo" ou "vulgares". É o caso de *arrebentar, azáfama, beberricar, besuntar, escorreito, espalhafato, mourejar, papalvo, pespegar, pirraça, regabofe, soturno, traquinas, veneta* (como em "dar--lhe na veneta"), *zurzir.*

Outros vocábulos são dados como "chulos", estando entre eles *acabru-nhado* e *acabrunhar, almejar, arromba* ("festa de arromba"), *atabalhoado, batucar, cangalhas* (já então sinónimo de *óculos*), *carraspana* ("tomar a carraspana" era já sinónimo de *embebedar-se*), *choramigas* (variante de *choramingas*), *empan-turrado, estrambótico, gatuno, graçola, repimpado, surripiar, tremelhicar* [*sic*].

Disto, e de muito mais, conclui-se algo importante: que, não obstante a reserva expressa por normativistas, as palavras têm uma extraordinária capacidade de conservação. Trezentos anos depois, todos estes materiais são correntes no português.

Sublinhe-se igualmente que, se cotejarmos a lista do que João Paulo Silvestre denomina "palavras vulgares" com o léxico *galego*, obteremos um elevado número de coincidências, tanto no vocabulário português ainda em uso, como naquele que entre nós se perdeu. Provavelmente, todo esse material circulava, então, no Entre-Douro-e-Minho e, por isso, Bluteau o inseriu no seu dicionário.

Os doutrinários depuradores, apostados em defender o idioma de impurezas e maus hábitos, fizeram-se ouvir durante todo o século de Setecentos. De entre eles, comentarei, no que restava de século, os três de maior relevo.

Em 1734, aparece a *Ortografia, ou arte de escrever e pronunciar com acerto a língua portuguesa*, de João Madureira Feijó, uma obra extensa, de 546 páginas no original. Dela existe uma edição moderna, citada na Bibliografia. Aí se corrigem grafias e pronúncias achadas impróprias.

São exemplos de correcção *adestrar* e não *adrestar*, *adversário* e não *adversairo*, *afectuoso* e não *afeituoso*, *a alma* e não *aialma*, *aplicar* e não *apricar*, *arvorar* e não *alvorar*, *asperso* e não *aspergido*, *atear* e não *atiar*, *avisinhar* e não *avesinhar*, *voar* e não *avoar*, e ficamo-nos pela letra A.

Estas correcções são uma mina de informação histórica. Não só ficamos a conhecer formas alternativas que só uma vaga analogia justificava, como vemos que a forma patrimonial *afeituoso* existiu, mas não vingou, que *aialma* (com *i* epentético) merecia censura, e portanto se lhe reconhecia relevância, e também que as pronúncias *atiar* (tal como *arquiado, biato, derriar, deslial, pentiar, pianha*, etc.) e *avezinhar* já circulavam, sendo talvez já então dominantes. Também era admissível *inda* a par de *ainda* (e que continua corrente), assim como *alagoa* a par de *lagoa*. A correcção de grafias como *difrença, prigar, postrior* ou *vrilhas* informa-nos de que o *e* pré-tónico já então não soava.

Entre as repreensões de Madureira, encontramos um bom número de espanholismos, de que selecciono (dando entre aspas as soluções propostas) *andamio* 'andaime', *arrincar* 'arrancar', *bachiler* 'bacharel', *defecto, democrácia, disculpa, disfraçar, efímero, espacioso, gracia, imprenta* 'imprensa', *ingratitude* 'ingratidão', *mariposa* 'borboleta', *mercancia* 'o que se compra', *nudamente* 'nuamente', *párrafo, rastreiro, rescate, rumbo* 'rumo', *sabidoria, sabroso* 'saboroso', *sangre, vidrio, vengar*. Que significa isto? Que em 1734 ainda circulavam esses termos, fazendo necessários tais reparos.

Claramente desconhecendo a origem do lat. *altariu* para um patrimonial *outeiro*, o autor preferir-lhe-ia o neologismo *alteiro*. Aboliria *outrem*, que acha abusivo. Substituiria *perante* por *para ante*, ou *parante*. Diria (são meros exemplos) *desvariar, desvario* e não *desvairar, desvairo, disperso* e não *esparzido* ou *espargido, esparecer* e não *espairecer, insípido* e não *enxabido, pintasirgo* e não *pintasilgo, racionável* e não *razoável, rector* e não *reitor, sibilo* e não *silvo, solário* e não *soalheiro, umbilico* e não *umbigo, viagente* e não *viandante*. Em suma: propunha-se uma limpeza geral.

Também vocábulos que hoje reconhecemos como *galegos* foram objecto da palmatória do mestre setecentista. São eles, insista-se, outros tantos sinais de que funcionavam como materiais portugueses. Citem-se, entre outros, *auga* por *água, arreio* ou *arrêo* significando 'seguido, sem interrupção', *balor* e *balorento* por *bolor* e *bolorento, castinheiro* por *castanheiro, catro* por *quatro, giolho* por *joelho, preto* por *perto, senreira* por *aversão, vencelho* por *atilho*.

Contudo, vemos Madureira defender as formas *coirmão* 'primo', *cousa, dous, eiva* 'falha', *ledice* 'alegria', *tamém* (embora "não para se escrever"), hoje correntes na Galiza.

Importante doutrinário setecentista do léxico é, também, Luís do Monte Carmelo, autor dum *Compêndio de ortografia* (hoje diríamos *prontuário*), de 1767, com 814 páginas. Interessam-nos particularmente as 220 dedicadas a etiquetar vocabulário como *antigo, antiquado, cómico* (entenda-se 'jocoso'), *plebeu* e *vulgar*. Percorrendo essas páginas, damo-nos conta de quão precárias são as distinções entre *antigo* e *antiquado* ou entre *plebeu* (aquilo que não deve usar-se) e *vulgar* (aquilo que "os doutos" não usam). Não daremos, portanto, demasiada relevância ao distinguir desses pares de etiquetas. Limitei a prospecção às trinta páginas da letra A.

A valoração mais negativa é a de *plebeu*, e atinge as palavras que o utente fará bem em banir da sua expressão. Provam-se numerosas, estando entre elas algumas que persistiram até hoje em maior ou menor uso, como (entre aspas as formas preferidas ou a definição) *abantesma* 'fantasma', *adonde* 'onde', *alvitrar* e *alvitre, amargura, amarrotar, amiúde, arrebentar, atulhar* 'entulhar', *avental* 'avantal', *austinado* 'obstinado' (actualmente *desaustinado*) e a locução *à beira*.

Também entre as palavras *vulgares*, isto é, aquelas que o utente culto evita, encontramos, na lista de Monte Carmelo, vocábulos que sobreviveram, entre eles *assacar* 'publicar coisa falsa', *açaimar* 'açamar', *acolá* 'lá, naquele lugar', *acontecer* 'suceder', *afadigado* 'fatigado', *alastrar* 'lastrar', *almejar* 'ansiar', *aluado* 'lunático', *apalavrar* 'ajustar alguma coisa', *arisco* 'esquivo', *arremeter* 'investir', *atascar* 'atolar', *azáfama* 'pressa'.

Sem surpresa – já que o fenómeno é recorrente –, são dados como *antiquados*, e mesmo *antigos*, vocábulos que depois atravessarão séculos. Achamos aí *acorrer, acoimar, acolher, afã, afora, amamentar, amealhar, andança, andrajo* e *andrajoso, apavorar, apodar, arremetida, atoarda, avenida* 'caminho para uma cidade, vila, etc.', *aviltar, azedume* e as locuções *a eito, a esmo*. Antiquados e, ao mesmo tempo, vulgares são *aguardar* 'esperar' e *após* 'atrás, depois'. O que isto significa é que, neste terreno, será sempre muito fácil enganarmo-nos, tomando por certezas históricas um instantâneo ou palpites pessoais.

Já não há-de surpreender-nos que – em semelhantes listas de palavras *plebeias, vulgares, antigas* e *antiquadas* – se achem palavras ainda hoje correntes na Galiza. É o caso, aqui, de *acarão* 'ao lado', *achádego* 'achado', *acolheito, adoito* 'acostumado', *agiolhar* 'ajoelhar', *agro* 'espaço rural', *anaco* 'naco', *asinha, auga, aúla* 'onde está ela'. Para lá da letra A, citem-se ainda *contia* 'quantia', *creto* 'crédito', *escuitar, fame* 'fome', *lumioso, rem* 'nada', *senreira* 'zanga', *teito* 'tecto', *vegada* 'vez', *ulo* 'onde + o'. Estas rejeições são, de si, altamente significativas, ao testemunharem uma afinal duradoura voga desses materiais, muito provavelmente no Entre-Douro-e-Minho.

Permita-se-me a formulação duma hipótese algo cínica. Esta: caso os normativistas portugueses, e mesmo os portugueses em geral, tivessem tido, nesses séculos XVII e XVIII, um maior conhecimento *directo* da nossa variedade do noroeste e do galego, mais drástica teria sido a limpeza do léxico patrimonial. Por vezes, a ignorância preserva.

Muito importante, neste panorama setecentista, é igualmente Francisco José Freire, também conhecido como Cândido Lusitano. A sua obra *Reflexões sobre a língua portuguesa* data de 1768, mas só foi publicada em 1842, com edição e amplos comentários de Joaquim Heliodoro da Cunha Rivara, publicista eborense.

Aí encontramos, de modo ainda mais estruturado e pormenorizado do que nos doutrinários anteriores, vastas lista de palavras que se haviam antiquado, ou que não se achavam em autores de reconhecida autoridade, ou que deixaram de usar-se por se haverem introduzido termos franceses, ou que só se admitiam em contexto "familiar, cómico ou jocoso".

Entre estas últimas, achamos *acinte, afazer-se, ajuda* (em linguagem cuidada, *socorro* ou *auxílio*), *albergar, apanhar* (devia dizer-se não *apanhar*, mas *colher* flores), *assanhado* e *assanhar, beijo* ("deve-se dizer *ósculo*"), *cioso* (para Deus valeria *zeloso*), *ciúme* (deve dizer-se *zelos*), *doudo* (preferindo-se *louco* ou *fátuo*), *fadário, labutar, meiguices* (sim *mimos* ou *carinhos*), *noiva* e *noivo* (sim *a nova esposa, o novo esposo*), *parvoíce* (sim *fatuidade* ou *inépcias*), *poeira, em redor* (sim *em torno*), *siso* (sim *juízo*), *sôfrego* e *sofreguidão* (sem alternativas), *tolo* e *tolice* (sim *néscio* e *fatuidade*), *vexame* (sim *vexação*). Freire lembra amiúde que uma palavra ou outra teve uso em autores clássicos, sobretudo Vieira, mas mantém o seu banimento em prosa cuidada. Nesta, insista-se, selecção duma longa lista, é patente a recusa de vocábulos patrimoniais.

Por junto, achamo-nos de novo perante um manancial de avaliações, altamente informativo. Até porque não poucos desses vocábulos, dados como de precária validade, continuam hoje em uso normal, e mesmo frequente, aparecendo dicionarizados, algum tempo depois, no Morais de 1789.

Este último dado foi facultado num informadíssimo artigo sobre a obra de Francisco José Freire, de Maria Filomena Gonçalves e Ana Paula Banza. De resto, a primeira das autoras, professora da Universidade de Évora, é especializada neste curiosíssimo período de reflexão sobre o idioma, vindo, de há muito, dedicando a ele vários e fundamentais estudos.

Os três autores setecentistas que sucintamente examinámos manifestam, decerto, uma empenhada vigilância sobre o idioma. Mas denunciam, não menos, uma relação *negativa* com ele. Vemo-los ocupados em avaliar-lhe o vocabulário, e frequentemente a desaconselhá-lo, como se de material inferior, e até perigoso, se tratasse. Essa relação negativa é, também, do nosso tempo, como agora se verá.

Impurezas imaginárias

Julgaria uma pessoa que certos conselhos de *estilo*, prementes nos obscuros anos de 1950, teriam ficado por lá. Conselhos negativos, entenda-se. Não uses muitos *ques*; não uses muitos advérbios em *mente*; não uses muitos adjectivos; não uses muitos *eus*; não repitas a mesma palavra na mesma página; não uses palavras chulas. Facto é que, passados uns bons decénios, essa abordagem negativista se prova, em debates na internet, ainda muito presente, exercendo a mesma pressão, a mesma chantagem.

Peguemos nos abominados *ques*. Imaginemos a frase: "Aquele homem que vi parecia que tinha cinquenta anos". É uma frase normal, correntia, e ninguém repararia nos dois *ques* se não fossem objecto de conversa. Ganharia a frase com a eliminação de um *que*? Certo. Poderia dizer-se: "O homem que vi *parecia ter* cinquenta anos". A frase ganhou, decerto, em elegância. Mas é disso, e também só disso, que se trata.

Alguém reparou em que, neste último parágrafo, apareceu quatro vezes a palavra *frase*? Claro que não. Porque o parágrafo tinha movimento, fluidez, criando sempre renovado interesse. Na realidade, a proibição de repetir palavras, ou expressões, tem uma versão muito mais útil e enriquecedora. Esta: sempre que empregares uma palavra forte, sugestiva, não a repitas tão depressa, deixa-a continuar a vibrar na mente do leitor. Repeti-la muito cedo iria desvalorizá-la, deitando a perder o teu valioso achado.

A fobia aos *eus*, por seu lado, é mais generalizada do que pudera imaginar-se. Achamo-la em narrativas, em artigos, em depoimentos. Pois bem, isso origina, não raro, situações equívocas. Suponhamos esta informação: "Ela estava a contar coisas interessantes, mas tinha de fazer compras". A impressão é ser a interessante narradora quem estava apressada, sendo, todavia, intenção do autor pôr a olhar para o relógio um eliminado *eu*. Assim, quando as formas verbais coincidem, se geram, no acto de leitura, desnecessárias obscuridades.

A interdição de palavras e expressões ordinárias é, hoje, felizmente menos absoluta. A própria prosa jornalística vai-se revelando mais descontraída nessa matéria. Citem-se exemplos da actual política britânica: "Corbyn *troca as voltas* aos deputados e propõe moção de censura a May", "Uma vez regressada do encontro de líderes *de mãos a abanar…*" (do *Público*), "A primeira-ministra britânica continua *de candeias às avessas* com os ingleses" (*Expresso*). Ou ainda esta: "O Paris Saint-Germain *passou a perna* ao Lyon" (*Público*). Isto traz a vantagem de criar surpresa, de conferir relevo à expressão. Importa, sim, preservar a subtileza, fazendo um uso comedido de tais recursos, assim garantindo o inesperado, a novidade.

Vale a pena parar um instante nesta matéria. Em finais de julho de 2019, fez-se uma entrevista, no *Público*, à apresentadora Filomena Cautela, que terá dito:

> Temos de ter muito cuidado para que exista uma identificação das pessoas com o serviço público. E mais do que isso: para as pessoas perceberem o quão imperativo é uma sociedade civilizada do século XXI ter um serviço público de televisão.

Ora, ou a entrevistadora ou o redactor final, intervém na última frase, que sai assim: "para as pessoas perceberem o quão imperativo é [para] uma sociedade civilizada do século XXI ter um serviço público de televisão". É uma intervenção extravagante. Não era preciso nenhum *para*. A frase era portuguesíssima, com aquele belo infinito pessoal.

Outro exemplo, este menos recente. Numa edição antiga do *Cancioneiro* de Almeida Garrett, lia-se: "Sismondi e Madame de Staël exaltam esta composição acima de todas as do romanceiro castelhano. Que faria se conhecessem a lição portuguesa?". Numa edição moderna da obra, achamos a seguinte redacção para a última frase: "Que *fariam* se conhecessem a lição portuguesa?". Trata-se, aqui também, duma intervenção insensata. Garrett tinha usado duma sintaxe intensamente genuína, como era, de resto, seu costume. Os novos editores, imaginando-se perspicazes, corrigem o mestre oitocentista do idioma, deitando a perder a louçania do original.

Em geral, os interventores, na sua ânsia de correcção, acabam banalizando aquilo que, exactamente, trazia relevo, e interesse, à expressão. Veremos que se trata dum mal bastante generalizado.

A volúpia do erro

A linguista Sandra Duarte Tavares publicou, em 2015, o volume *500 erros mais comuns da língua portuguesa*, de que, nesse mesmo ano, se fizeram seis edições. É de ficarmos pasmados. Se os erros "mais comuns" de português chegam a quinhentas, então os erros comuns e os menos comuns hão-de orçar pelos vários milhares, e o idioma seria um campo de minas, onde cada deslocação centimétrica levaria ao desastre. Mas, que fazer, as sacerdotisas e os sacerdotes do Erro são gente empenhada, sempre a segurar-nos pelo braço, não fôssemos nós afundar-nos num precipício.

Na longa e monótona resenha de quinhentos "erros", como em outras do género, qualquer ideia de *tolerância* – por exemplo, "Também se admite" – está ausente. Esta obra revela-se, assim, intrinsecamente desincentivadora, como mero catálogo de proibições que é. Para dar uma amostra: alguns linguistas, e não dos mais obscuros, já afirmaram a indiferença de *onde* ("Onde vais?") e *aonde* ("Aonde estás?"). Uma anotação nesse sentido, com uma eventual indicação de preferência, seria mais que desejável.

Existem informações decerto adequadas. Diz-se "extracto bancário", mas "estrato social", diferenciam-se *apetência* e *aptidão*, *bimestral* e *bimensal*, *cessão* e *cessação*, *confrangedor* e *constrangedor*, *deferir* e *diferir*, *descriminar* e *discriminar*, *história* e *estória* e por aí adiante. Isso é trabalho útil. E não se trata de "erros", mas de casos de fácil confusão.

Outros "erros" são nitidamente puxados pelos cabelos: *alcóol*, *compto* (por *cômputo*), *cosmopólita*, *derrepente*, *disponivel*, *familia* e numerosos outros. Teria, outro caso, bastado uma só entrada para *baínha*, *campaínha*, *moínho*, *raínha*. Para *hajam* (bilhetes), *haviam* (actividades), *houveram* (alunos). Para *compôr*, *contrapôr, dispôr, expôr, impôr, opôr, propôr, repôr* e *supôr*. Vários outros agrupamentos seriam óbvios. Assim se atingem facilmente os "quinhentos erros", mas também se sublinha o carácter ofegante e alarmista deste tipo de obras.

A singeleza de Sandra Duarte Tavares é, ainda assim, preferível à aspereza de Manuel Monteiro, o autor dum *Dicionário de erros frequentes da língua*, de 2015. "Nasci *a* 20 de maio"? Incorrecto. Deve ser "*em* 20 de maio". "Teve 18 *a* Matemática"? Incorrecto. Deve ser "*em* Matemática". "À deriva"? Não deve usar-se. "À última da hora"? Errado. Diga-se "À última hora" (são, repare-se, locuções diferentes). "Ao fim e ao cabo"? Fora. "Brutal"? Só para o que é realmente 'bruto'. Portanto, o universo teve "um crescimento brutal durante uma fracção de segundo" (*Público*, ago. 2019) é condenável. "Correios"? Jamais. É "Correio". "Estás bom?", "Estás boa?"… Fora com isso. Diga-se "Estás bem?". "Desculpa a maçada"? Qual quê! É "Desculpa da maçada". "Dói-me as costas"? Horror! É "Doem-me as costas". "Vi imensos filmes"? Emprego errado do adjectivo. "Já agora"? Que coisa redundante! "Jogar com a Alemanha"? Ná, joga-se "contra a Alemanha". "Morrer à fome"? Nunca. É "morrer *de* fome". "O que se passa?"… Não. Elimine-se esse "o", está a mais. "Casa de banho" em restaurantes? Não. Diga-se *sentina, latrina, privada* (estou a ver o leitor a perguntar "Onde é a latrina?"). "Pelos vistos"? Não, o correcto é "Pelo visto". "Vou-me deitar"? Não, diga-se "Vou deitar-me". E fica para último "Tive saudades tuas", quando o correcto será "Tive saudades de ti". Coisa estranha. Dizemos, com naturalidade. "Foi culpa tua", "Andam à tua procura" (e, sim, também "Andam à procura de ti"), "São problemas teus". Só que, em "saudades tuas", raciocina Manuel Monteiro, haveria uma apropriação das saudades alheias…

Eis a volúpia do erro no seu estado mais puro. Tudo quanto, na língua portuguesa, houver de relevo, de nervura, de autêntico, de irracional (mas *todos* os idiomas conhecem os seus escaninhos irracionais), tudo é cilindrado, assim se obtendo um idioma passadinho a ferro, lindo para encaixilhar. O tabuísmo setecentista tem aqui, quem diria, em pleno século XXI, um émulo de todo o tamanho.

Na realidade, estas pessoas mantêm com o idioma uma relação problemática. Ou menos diplomaticamente: por onde podem pegar, pegam. E veja-se: o idioma, pacientíssimo, esperou séculos por esta plêiade de esforçados amadores, apostada em dar-lhe uma arrumação final. Falta-lhes, é certo, o *know-how* linguístico mais básico. Mas quem tem a história dos idiomas na conta de abastardamento não olha a ninharias.

Só que estes não são, ainda assim, o cúmulo da insensatez. Como!? Ele há pior? Sim, ele há bastante pior. Chama-se Virtutis Discipulus, pronunciado *uirtútis diskípulus,* e tem um canal no YouTube. Para este austero ensinador, o nosso idioma é uma rotunda degeneração do latim, sendo premente remodelá-lo, imitando a nobre língua dos romanos. São, neste discurso, recorrentes os termos *corrupção* e *corrigir* (e é quase tangível o gozo que proporcionam a este Diskípulo), como se o rumo do idioma fosse o duma decadência, duma degradação, e não o de natural evolução e natural mudança.

Em cada emissão, somos cumprimentados com *Salutações!* (em que o *l* regressa em força) e logo convidados a um exercício de *skientia* (de 'ciência', é claro). Veja-se esta tirada do exigente Discípulo (a ligação acha-se na Bibliografia), em que, entre outras artimanhas, muito latinamente se aboliram os artigos:

> Salutações! Aqui procuramos skientia. Ou bem fazemos, ou mal fazemos. E após outra série de ekzemplos de quanto esterco é em língua, quem ousa dizer esta ser bem feita? Vivemos em tempos em que língua é inane, vácua. Nôs fazemos soberbos em ruína. Ruína de edifício e ruína de língua. [...] Queremos esta ruína em nacional património? Esta sustenção que turpíssima então é quando voluntária de corruptas formas? Aqui revelado nosso portucalense dialecto latino. E que façamos? Só depende de nós. Não é viva língua. Mudemos em skientia.

Tudo isto tem as suas consequências, e algumas delas são drásticas. Sim, a corrupção entrou fundo. Importa banir, por exemplo, "ontem à noite". Sendo *ontem* derivado de *ad noctem* 'à noite', estamos a duplicar, dizendo "à noite à noite". Solução? Não usar nem *ontem,* nem *hoje* nem *amanhã,* e sim *anterior dia, este dia, posterior dia.* Ou, em alternativa, *pretérito dia, presente dia, futuro dia.*

Mas veja-se: se nós tanto nos abastardámos, o francês, essoutro "péssimo dialecto latino", não nos fica atrás. Os seus falantes dizem: "Qu'est-ce que c'est que cette histoire?". Uma "patente imbecilidade", perora o Discípulo. Pois isso dá: "Que é isto que isto é que esta história?". A degeneração é, pois, mais geral. Sim, "saibamos dizer *explodir,* e não imitemos hispanos irmãos nossos com *explosionar*". E com este conselho se nos despede: "Não admiremos ruína por ineptos homens deixada, mas possamos restituir bellos edifícios. Muitas graças a ti por tua apreciação".

Esta convicção de ser um instrumento irremediavelmente adulterado aquele com que nos exprimimos é, se virmos bem, comum a todo este clã, qualquer que seja o grau de ingenuidade ou de charlatanice. Caracteriza-os *a desconfiança como método,* que só vem incentivar a generalizada insegurança no utente. Aos olhos destes novos normativistas, tudo quanto, no idioma, não for lógico, racional, arrumadinho, feito a régua e esquadro, é banido como incorrecto, impróprio, condenável. O velho mantra "A língua está enferma" motiva-os, a todos, na nobre missão de nos desmoralizarem.

Surge a pergunta: qual é exactamente o plano, se é que existe um plano? Sonharão estes operários da limpeza poder interferir no modo como nos exprimimos, levando-nos a corrigir dezenas, ou mesmo centenas, de erros, tantos têm sido os acumulados? Por onde iniciar então a ingente tarefa? Estará já a desenvolver-se um *chip* etimológico, a inserir no cachaço de cada falante? Ou, em alternativa *soft*, implicará isso um ensino continuado da sociedade inteira, com professores destacados para acompanharem as massas na sua transição para uma expressão impecável? Sobre tudo isto, nem uma palavra. Nem era essa – tudo o indica – a intenção, e sim impressionar, espalhar a insegurança, a desconfiança como atitude básica, assim criando necessidade de mais e mais guias de bom falar em que se exporão novas e ainda mais espectaculares deficiências.

Algo mais atilada se mostra Sara de Almeida Leite em *Para acabar de vez com o mau português*, de 2018. As matérias são organizadas por temas e a geral atitude é menos professoral, isto é, mais transigente. A velha questão *obrigado, obrigada*, resolve-se reconhecendo a *obrigado* o estatuto de forma invariável ("gramaticalizada", diriam os especialistas). A redundância *aviso prévio* pode ter usos adequados. "Queria um café" é português genuíno. E destaquem-se as páginas em que mostra como o Acordo Ortográfico de 1990, que a autora respeita, veio tornar "mais provável a confusão" entre *intercessão, interceção* (isto é, *intercepção*) e *interseção* (isto é, *intersecção*). Afinal, ainda há acordistas lúcidos.

Só que, infelizmente, este livro repete a terraplenagem de tudo quanto não for achado racional. "Eu bem me parecia!", castiça fraseologia portuguesa, deverá tornar-se "Eu bem achava isso". "Passado umas horas", novo exemplo de gramaticalização, vê-se condenado. "Soa familiar" é descartado, quando dizemos naturalmente "Soa estranho", "Soa interessante" (Fernando Pessoa escreveu: "o próprio verbo 'parecer' me soou cauteloso de mais"). Um gracioso dizer, "Eu, pessoalmente…", não é recomendável, quando afinal é corrente "Eu, por mim…". Outro gracioso giro frásico, "Tenho um amigo meu que…", é "de evitar". Em suma: o higienismo passa a língua a ferro.

Tarefa incomparavelmente mais útil foi a de João Andrade Peres e Telmo Móia, autores de *Áreas críticas da língua portuguesa*, de 1995. Partindo de textos reais, expõem e comentam os âmbitos tornados problemáticos pela natural deriva do nosso idioma.

Muito proveitoso é, também, *Em português, se faz favor*, de Helder Guégués, de 2015. Também ele parte de textos autênticos, também ele comenta casos de "mau uso" de materiais linguísticos. Mas cada tema é largamente observado, debatido, ponderado. A mensagem implícita não é "vejam o que andam a fazer ao pobre do idioma", mas "reparem como o idioma é complexo, é frágil, mas também divertido". E o divertimento é sensível em cada página, com saídas como estas: "*Arrear*, guarde-se num escaninho do cérebro, mete sempre bestas", "Em Aquilino Ribeiro vê-se de tudo: o que se deve e o que se não deve imitar", "Juízes e procuradores usam *beca*. As *togas* são usadas pelos advogados".

Aguarda-se quem nos dê (estas dicas não levam comissão) os *500 conseguimentos menos comuns da língua portuguesa*, ou um *Dicionário das guinadas mais violentas do idioma*. Contra a secular monotonia da descrença, contra a hipocondria colectiva que tomou o palco, importa contar a história de sucesso que foi a do nosso idioma.

Enquanto estas ideias vão só germinando, sirva-nos o *Dicionário de erros falsos e mitos do português*, de Marco Neves, que desarticula sem comiseração as falsas incorrecções que uma chusma de autores, com grande sentido de oportunidade, vieram oferecendo a um público ávido de segurança.

O português vem do árabe!

Em 2013, a prestigiosa editora Imprensa Nacional – Casa da Moeda publicou um *Dicionário de arabismos da língua portuguesa*, de Adalberto Alves, volume de 960 páginas. A sua tese central fica expressa assim: no século de 700, "o galaico-português não existia, encontrando-se ainda em estado proteico, no ventre do leonês, no que à sua componente latina respeita. Tais circunstâncias históricas e de intercultura não devem ser esquecidas na explicação do importantíssimo papel desempenhado pelo árabe na formação do idioma pátrio". Nesta ordem de ideias, os vocábulos atribuídos ao latim e ao grego não passariam de "cultismos românicos artificialmente concebidos no intuito de apagamento da *mácula* árabe da língua dos vencedores cristãos" (destaque no original). Existiria, assim, uma vasta conspiração latinizante, destinada a esconder a origem árabe do português.

Deixemos de lado o ventre do leonês, onde a latinidade do nosso idioma teria dormido. Centremo-nos nos *arabismos* que teriam afeiçoado a língua portuguesa. E logo surge uma primeira perplexidade, um primeiro embaraço.

É que numerosos vocábulos que teriam formado o português formaram, afinal, também... o espanhol.

Ficando-nos pelas palavras mais correntes, encontramos: abadia *abadía*, abdómen *abdomen*, algazarra *algazara*, abandonar *abandonar*, abandono *abandono*, abarcar *abarcar*, abóbora *abobra*, abrigar *abrigar*, abrigo *abrigo*, absorver *absorber*, absorto *absorto*, acabamento *acabamiento*, acabar *acabar*, açafata *azafata*, acalmar *acalmar*, acastanhado *acastañado*, acatamento *acatamiento*, acatar *acatar*, achacar *achacar*, achaque *achaque*, achegar *allegar*, acicate *acicate*, aclamar *aclamar*, aclamação *aclamación*, acobardar *acobardar*, acoitar *acuitar*, açoitar *azotar*, açoite *azote*, açor *azor*, acudir *acudir*, adarga *adarga*, ademane *ademán*, adicional *adicional*, adicionar *adicionar*, adobe *adobe*, aduana *aduana*, aduaneiro *aduanero*, adufe *adufe*, afanar *afanar*, afã *afán*, afanoso *afanoso*, afrouxar *aflojar*, agarrador *agarrador*, agarrante *agarrante*, agarrar *agarrar*, agazalhador *agasajador*, agasalhar *agasajar*, agasalho *agasajo*, aguazil *aguacil*, aguerrido *aguerrido*, aia *aya*. E paramos aqui, visto que iríamos encher o resto deste livro.

Uma vez que nos centrámos nas palavras mais correntes, mais estruturais, fica exuberantemente demonstrado (na perspectiva de Adalberto Alves, entenda-se) que *também o espanhol provém do árabe*. Cai, pois, por terra qualquer especificidade portuguesa nesta matéria, e este dicionário, destinado a provar a origem árabe do português, transforma-se num amontoado de superfluidades.

Não é, porém, tudo ainda. É-nos servida a série *abrigada, abrigado, abrigadoiro, abrigador, abrigadouro, abrigamento, abrigante, abrigar(-se), abrigo, abrigoso, abrigueiro*, assombrosa oferta vocabular, sugerindo extenuantes pesquisas pessoais. Pois nada disso. Adalberto Alves limitou-se a copiar servilmente o que achou no dicionário Houaiss. E este tipo de listas é repetido ao longo do inteiro volume.

Escusado exigir-lhe comprovação daquilo que patentemente inculca, isto é, a *origem* árabe de formas nossas, expondo (é um mero exemplo) como é que *al-barr l-garra*, "a terra dos generosos", se transformou em *abrigar*. Nem aqui nem em nenhuma das centenas de páginas de cerrado léxico se aduz a mínima *forma de transição* (e teria forçosamente de havê-las) entre as supostas formas árabes originais e os materiais actuais portugueses. Não existe, igualmente, caso nenhum de evolução *semântica*, isto é, de mudança de significado, fenómeno correntíssimo entre idiomas. Tudo atravessou os séculos, sem o mínimo percalço, transformando-se por magia em... português. Digo bem, séculos. Porque, há-de reparar-se, não faltam formas historicamente recentes. Sirvam de exemplo *abalo* (1537), *achega* (1538), *açular* (1553), *ademane* (1557), *acicate* (1616), *abdómen* (1661), *acepipe* (1647), *açaimo* (1697), *acirrar* (1783).

E, depois, vamos imaginar que o vocábulo fundamental português *guerra* deriva, realmente, do ár. *girra* ou do ár. *gâra* (e não do germânico *werra*, do qual derivaram o esp. *guerra*, o cat. *guerra*, o ital. *guerra* e o fr. *guerre*). Continua a ser puro exibicionismo o atafulhar dum dicionário de *arabismos* com um sem-número de derivações, algumas recentíssimas como *guerrilheiro* (1820) e *guerrilha* (1836), dois consabidos castelhanismos, ou *aguerrido* (1836), um galicismo. E é pura extravagância fazer de *fado* um arabismo (o vocábulo vem do lat. *fatu* 'predição', mais tarde 'destino'), enchendo o dicionário com *fadinho, fadista, fadistagem, fadistal, fadistão, fadistar, fadistice, fadistona, faduncho*. Enxurradas deste tipo repetem-se, atulhando o volume.

Conclui-se, desconsoladamente, que a Imprensa Nacional – Casa da Moeda, de tão excelentes tradições, emprestou o seu nome a uma gigantesca mistificação, que esconde, e desrespeita, o saudável enriquecimento que, historicamente, o árabe trouxe ao nosso idioma, objecto de estudo de verdadeiros arabistas como José Pedro Machado e Maria José de Moura Santos. É desta última a afirmação de que foram os moçárabes "o principal veículo transmissor de um grande número de vocábulos árabes para o nosso léxico, através da parte bilingue da população". Nos nossos arabismos, importa, ainda assim, distinguir aqueles que nos são exclusivos e os que compartilhamos com o espanhol.

O português vem do fenício!

Se esse *Dicionário de arabismos* só inspira tristeza, a *Origem da língua portuguesa. Palavras portuguesas de origem fenícia*, de Fernando Rodrigues de Almeida, também de 2013, é fonte inesgotável de folguedo. Veja-se, como exemplo de procedimento, a palavra *acabar*.

> O verbo "acabar" é um caso muito interessante. Tem origem na palavra fenícia "øqb" [âqaba], que significa "chegar ao fim; parte final; até ao fim", e a partir dela se constrói o verbo regular que conhecemos, o verbo "acabar". Será quase desnecessário dizer que se entende como sem fundamento nem razão de ser a etimologia geralmente aceite que assenta numa hipotética palavra latina "accapare", palavra essa que nunca existiu. O interesse desta e de outras situações semelhantes está sobretudo em perceber como se forma um verbo regular em português a partir da palavra fenícia, portanto como se aplica estrutura gramatical do português à palavra fenícia.

Muito interessante, sem dúvida. Só que essa mesma magna questão se põe igualmente ao esp. *acabar*, ao cat. *acabar*, ao fr. *achever*, ao inglês *to achieve*. E, assim, a situação privilegiada do português como peculiar receptáculo do fenício (estamos, não nos esqueçamos, a ler um livro chamado *A origem da língua portuguesa*), essa situação distintiva e definidora começa a ficar um tanto minada. Na realidade, os três *acabar* e fr. *achever* estão historicamente relacionados com o lat. *caput*, com o esp. e port. *cabo*, o fr. *a chief* (de *a chief venir*, competentemente documentado). Dispensa-se, pois, *accapare* como hipótese estritamente latina. E dispensa-se o fenício. Passemos a *achar*. Escreve Fernando Rodrigues de Almeida:

> Dizem alguns dicionários que a palavra "achar" provém da palavra latina "afflare", por "adflare", que significa, ao que dizem, "farejar, encontrar". Em fenício "ašr" [achare] significa "rasto, pegada, atrás de", e é uma hipótese interessante para a a origem da nossa palavra "achar", tomada nesse mesmo sentido. Já quando usamos a palavra "achar" no sentido de "exprimir a opinião", a origem será também fenícia, mas residirá no termo "øs" [ache], que quer dizer "exprimir".

Acontece que o lat. *afflare* é também origem do esp. *hallar*, actualmente menos usado, mas muito comum até 1900. E basta um só vocábulo, nesse idioma e no nosso, para exprimir o "achar" físico e o "achar" mental. *Exit* fenício. Abordemos *apenas*.

> A palavra "apenas", pelo menos quando significa "logo que, assim que" deve ser proveniente de "apn" [apene], que significa "então, ato seguido, na continuação". Mesmo no sentido de "só, somente, unicamente", a sua origem, embora mais tortuosa e menos clara, pode ser igualmente fenícia. Deve observar-se que em fenício "ap" [ape] é "nada, o que não tem valor [...], pois, logo" e "nš" [nês] é "desprezar, rejeitar". Assim, "apnš" [apenês] pode ter sido na origem "o que se rejeita por não ter valor" e ter sido usado mais tarde no sentido de "uma parte". Diz-se habitualmente que a palavra "apenas" resulta de "a+penas", sendo estas penas entendidas como "castigos". Não é fácil encontrar algum sentido lógico nesta proposta tradicional.

Repare-se nesta necessidade duma lógica, preocupação constante neste livro, uma lógica, entenda-se, que, existente em fenício, teria vindo, através de 25 séculos, desembocar impecavelmente no português. Pergunta-se uma pessoa que lugar reconhecer, nesta exigente engrenagem, ao esp. *apenas*, ao cat. *apenas*, ao fr. *à peine*, ao ital. *appena*. E assim por trezentas e muitas páginas, numa marcha ofegante por ancorar privilegiadamente o português nesse afinal omnipresente, e tão promíscuo, fenício.

Um último, mas ainda mais detalhado, procedimento dá-nos o justo fruto deste esforço.

> Atente-se que o "rk" fenício significa algo tão vago como *"afrouxar, ser terno, macio, fraco, débil, mimoso, branco, suave, tímido, receoso, ser delicado, ser mole, ser vacilante"*... Essa ideia geral, que não é exactamente nenhuma das palavras usadas para a definir, mas antes a ideia expressa por todas elas, quando por exemplo é associada ao fonema [*sic*] "maru" [mare], que significa "filho, gordo", deu origem a "marreke", e daí o nosso "maricas" (filho gordo, débil, mimoso, tímido, receoso, delicado...); associado a "bøir" [bôir], que em fenício significa "gado, animal", criou o nosso "borrego" (animal branco, suave, delicado...); quando associado a "rph", que significa genericamente "filho" deu origem a "rphrk" (rapâreke) o que em português originou a nossa "rapariga" (filha delicada).

E vem esta curiosa nota de rodapé:

> Por oposição a 'rapaz', que provém de 'rph øz' (rapâaz), e que significa 'filho forte'. Estará certamente o leitor mais atento a reparar que esse som "az" está presente no nome da mais forte carta do baralho, é designação de alguém especialmente dotado (o "az" do volante, por exemplo), e pode encontrar-se também no nome do metal mais forte da antiguidade – o aço, etc.

Entramos aqui numa espécie de euforia, em que tudo tem que ver com tudo, onde parar só é possível com esse promissor "etc.", envolvendo conceitos tão diversos como "maricas", "borrego", "rapariga", "rapaz", "ás" e "aço". Claro, "maricas" é débil, "borrego" é suave, "rapariga" é delicada, "rapaz" é forte, como um "ás", como o "aço". Através de incontáveis séculos, de milénios, essa lógica desembocou no português, esse tão privilegiado idioma, definindo-o, tornando-o naquilo que ele é. E não vale a pena ripostar com a relação directa de "maricas" a Maria, com as etimologias latinas de "borrego", de "rapaz", de "ás", de "aço", com a antiguidade galega de "rapariga". Sempre se nos dirá que sim, senhor, mas que, lá longe, muito atrás, na origem de tudo isso, esteve sempre o inenarrável *fenício*. Nada virá perturbar o transe divino em que o autor entrou e repetidamente se vai perder.

Mas talvez sempre valesse a pena lembrar que também o espanhol possui *marica*, possui *borrego*, *as* do baralho, *as* do volante, *azo* (aço) e mesmo *rapaz* como adjectivo. Só que, com as cerca de 70% de coincidências com o espanhol através do inteiro volume, e as numerosas aproximações lógicas, delirantemente ideológicas, pouco poderá restar já da *origem fenícia* da língua portuguesa.

Existem óptimos estudos sobre a colonização fenícia do Ocidente (uma colonização de contacto com as elites autóctones e exploração de recursos, sobretudo da prata), e sabemos terem-se os visitantes orientais concentrado, por volta dos anos 600 a.C., no sul da actual Andaluzia (Huelva e Cádis). Em território actualmente português, a presença foi mais modesta, com alguns estabelecimentos em estuários de rios. Só em Castro Marim, no leste algarvio, se deu uma fixação de mais firme teor, mesmo essa pouco duradoura.

Mas não existe, fora das tentativas de Fernando Rodrigues de Almeida, e do seu mentor Moisés Espírito Santo (autor dum *Dicionário de fenício--português*), nenhuma informação de natureza *linguística*, que fizesse a língua portuguesa originar-se, há dois milénios e meio, em paragens mediterrânicas, prolongando até hoje, ininterrupta e imaculadamente, um etéreo fenício.

Charlatanices linguísticas

Por profissionalismo, os etimologistas confessam a sua ignorância sobre a origem de determinadas palavras. É em tais falhas de informação que se lançam os oportunistas, atribuindo essa origem à área da sua especialidade: o fenício, o árabe, o banto, o celta.

Essas tentativas de encontrar para o português uma origem alternativa são, todas elas, produto duma visão essencialista, a-histórica, quase paradisíaca, dos idiomas. Dispensam qualquer documentação, quaisquer formas intermédias entre essas longínquas e abundantíssimas fontes e os vocábulos actuais. Nestes exercícios, o tempo é abolido. Tudo se passa num cenário mítico em que tudo acontece ao mesmo tempo.

Ora, são as repetidas *certezas* acerca de étimos árabes, fenícios ou outros que revelam o teor de crendice aí envolvido. E quanto mais complexa é a etimologia aduzida, mais ela se denuncia como puxada pelos cabelos.

Por vezes, as descobertas são de fácil desarticulação. A pretensão de que "Quem tem boca vai a Roma" seria originalmente "Quem tem boca *vaia* Roma" cai por largas malhas. O dito "Quem tem boca vai a Roma" figura em várias obras seiscentistas, enquanto o verbo *vaiar*, criado pelo português a partir do espanholismo *vaia*, tem primeira documentação trezentos anos depois, no livro *A capital federal*, de 1897, do brasileiro Artur de Azevedo. Noutros casos, diverte-nos o inaudito achado que faz *porrada* (que deriva de *porra* e é também espanhol) ter origem mitológica em "Por Rá"! É etimologia de mesa de café, mas não se lhe pode negar algum fascínio.

Esses autores são charlatães de feira, duma convicção de fachada, duma habilidade malabarística ainda assim notável. Eles prosseguirão o seu funesto destino enquanto os linguistas, diante de tais embustes, continuarem a remeter-se a um chique, e conivente, distanciamento.

13

Um idioma em circuito aberto

"De vez em quando, descobrimos coisas
terrivelmente profundas, assustadoras,
muito maiores do que qualquer um de nós.
Dizem-nos então que estamos doidos."

JOÃO MAGUEIJO, FÍSICO TEÓRICO,
PÚBLICO, 15 OUT. 2013

Idealizando o português

O presidente da República, Marcelo Rebelo de Sousa, assina o primeiro contributo no primeiro dos trinta volumes da colecção *Obras pioneiras da cultura portuguesa*, do Círculo de Leitores, publicado em 2017, aos cuidados de José António Souto Cabo, e é dedicado aos *Primeiros textos em português*. Daquele contributo presidencial até às matérias do coordenador, a convicção da fundamental originalidade *portuguesa* do idioma é uma constante.

"Portugal é, no mundo" – assim abre o presidente Marcelo –, "um país grande pela língua que *criou* e globalizou" (destaque meu). Numa apresentação geral, os directores da colecção, José Eduardo Franco e Carlos Fiolhais, citam J. Pinharanda Gomes, que, em obra de 1966, escrevia: "Ao dealbar da unidade política europeia, Portugal dispõe já do instrumento necessário à sua missão. Além de um país independente, existe uma língua rica e *autónoma*, a portuguesa" (destaque meu), língua essa, afirmam os directores, "gerada na erosão da língua latina por via popular". E o próprio coordenador, o galego Souto Cabo, apresenta os materiais recolhidos como "as principais e mais recuadas manifestações do *português* como língua escrita e/ou de cultura" (destaque meu), quando numerosos textos são manifestamente galegos. Estamos, pois, onde sempre estivemos: idealizando um idioma intrinsecamente original e único.

Estamos, de há muito, ideologicamente condicionados. Aprendemos a confundir, a comprimir num único milagre, a nacionalidade e a língua. Quando surge uma, surge a outra. Ninguém nos arranca isto da cabeça.

Para piorar as coisas, há dois factores históricos que ajudam a essa confusão, a essa compressão, e que acompanham, ambos, a nossa nacionalidade no século XII. O primeiro é o afundamento da Galiza como potência política, o segundo é o surgimento dos primeiros documentos escritos. São, até na cabeça de lúcidos linguistas, dois argumentos a favor da virgindade genética do português.

Esquecimento e lembrança da Galiza

As relações entre Portugal e a Galiza são, na cena portuguesa, uma problemática marginal. Se algum tema galego faz deter a imprensa portuguesa, será porque diz respeito directo ao próprio país (o caso da, ainda hoje inadequada, ferrovia Porto-Vigo) ou porque se presta a reportagens exóticas, com o refinado picante da proximidade geográfica. Já a complexa relação da Galiza com o conjunto do Estado espanhol, em si um exotismo político de primeira ordem no monolítico contexto português, nenhuma atenção parece merecer. Mesmo certas incursões literárias galegas por domínio português (em princípio, um grato pretexto para a autocomplacência) não chegam para tocar uma fibra lusa. Foi assim que as edições portuguesas de *Papaventos*, de Xavier Queipo, ou de *Inxalá*, de Carlos Quiroga, romances que exploram actuais e intrigantes contiguidades culturais, passaram quase despercebidas. Em suma: a Galiza não fala, presentemente, ao imaginário português. Será ela, culturalmente, tão-só uma reminiscência histórica a esfumar-se na distância? Pois bem, nem isso. Sirvam alguns exemplos.

A Idade Média seria, de todas as épocas, aquela em que podia esperar-se alusões a algum mais estreito contacto cultural entre galegos e portugueses. A Galécia ainda seria recordada, as relações familiares das nobrezas galega e portucalense eram íntimas, a fronteira não passava duma fantasia dos centros de poder. Mas o que constatamos, na historiografia portuguesa mais recente, é a pura ausência de contactos culturais. A Galiza não aparece em *A sociedade medieval portuguesa*, de 1987, do historiador Oliveira Marques, salvo numa passageira referência a peregrinações a Compostela. Na *História da vida privada em Portugal. A Idade Média*, de 2010, de Bernardo Vasconcelos e Sousa, um sucesso de vendas, nada liga os portugueses ao país a norte. Na igualmente bem recebida *História de Portugal*, de 2010, coordenada por Rui Ramos, as relações culturais medievais entre os dois territórios são inexistentes. Mesmo em *Os espanhóis e Portugal*, volumosíssima publicação de José Freire Antunes, de 2004, centrada nos últimos cem anos, não se aduz, entre as dezenas de intelectuais espanhóis, nenhum galego, nem sequer Castelao. Há, sim, um apartado de cinco páginas sobre "Salazar e a 'anexação' da Galiza", mas nem um só galego surge aí em cena. E até as enternecedoras *Origens de Portugal: história contada a uma criança*, de Rómulo de Carvalho, de 1989, obra magnificamente editada pela Fundação Gulbenkian, só referem a Galiza quando, com um Portugal já bem adiantado, um rei português se mete em tropelias por terras galegas. Mais recentemente, numa *História global de Portugal*, de 2020, com mais de seiscentas páginas, a Galiza e o galego são referidos de passagem e não têm relevância nenhuma.

Tudo isto, não obstante haver publicações que criam laços à realidade galega, mas que, temos de concluir, nada vieram modificar no panorama dominante. Refiro-me aos volumes 137-138 e 139 de *Colóquio Letras*, de 1995, em que colaborou a fina-flor do ensaísmo galego da altura, a um número de *Nova renascença*, de 1999, dedicado a temas culturais galegos, e um artigo de António Ventura, em volume de 2004.

Citem-se, também, as várias publicações do antropólogo António Medeiros, constantes da Bibliografia, com destaque para *Dois lados de um rio. Nacionalismo e etnografia na Galiza e em Portugal*, de 2006, o volume do jornalista Rodrigues Vaz, *Os galegos nas letras portuguesas*, de 2008, e o estudo histórico sobre o mosteiro de Oia, *Nos dois lados do rio Minho*, de Ana Paula Leite Rodrigues, de 2017.

Na área da divulgação, merece particular menção a iniciativa galega, com *A imagem de Portugal na Galiza*, de Carlos Quiroga, e *A imagem da Galiza em Portugal*, de Carlos Pazos-Justo, ambos de 2016.

A questão galega *que não houve*

No âmbito propriamente dito da *opinião* influente, a ausência da Galiza é um facto, também. Nunca uma qualquer questão galega entrou no debate público português. E não faltaram pretextos.

Na década de 1950, um pensador português, Agostinho da Silva, andava pelo Brasil, fascinado com um ingente desígnio de reunião ibérica, que deveria iniciar-se pelo reencontro da Galiza e de Portugal, os "dois noivos que a vida separou". Exprimia-o nestes termos:

> Se há "talvez" para o passado da história, há "talvez" igualmente para o futuro da história; pode ser que um dia a reintegração da Península em si mesma, na sua liberdade essencial, se faça através da reunião de Portugal e da Galiza.

Nesses altíssimos planos, Portugal participaria "como uma das unidades autónomas de uma Ibéria". Com efeito, ajunta Agostinho, "nunca os portugueses negaram que fossem espanhóis no sentido de pertencerem à Península, espanhóis sim, mas espanhóis de Portugal". Essa Ibéria seria, assim, "uma Península regionalizada" e, mais exactamente, "uma companhia de repúblicas unificadas por uma coroa". E concluía:

> Creio ainda que neste momento os espanhóis "periféricos" que pensam, sentem que a entrada de Portugal numa reformulação ibérica é a garantia da sua própria liberdade.

Estas *visões* de Agostinho da Silva (título dum livro de Renato Epifânio, de 2006) são duma grandiosidade épica, mas assentam, ainda assim, num afinal lúcido apelo à contingência: "talvez", "se", "pode ser que".

Em Portugal, e até inícios dos anos 1980, ainda a intervenção de Manuel Rodrigues Lapa trazia a Galiza, com regularidade, para as páginas de cultura dos jornais. Era, também, a época em que a linguística portuguesa – com Lapa, Lindley Cintra, Paiva Raposo, Helena Mateus – vivia a percepção do galego como norma dentro de um sistema que conglobava português e brasileiro. É provável que o regime de co-oficialidade da língua galega, que desde então vigora, mais o estabelecimento de um padrão linguístico próprio, tenham influído no abandono pelos linguistas portugueses dessa concepção reintegracionista. O epíteto é de Helena Mateus, que mais tarde desistiria dele.

Esparsas reflexões sobre as relações mútuas de Galiza e Portugal surgem nos anos de 1990. Detenhamo-nos num ensaio de Eduardo Lourenço e numa crónica de jornal de Fernando Rosas.

Eduardo Lourenço, o mais conceituado dos ensaístas portugueses do nosso tempo, recentemente falecido, deu em 1996 uma conferência, no Porto, depois inserida em *A nau de Ícaro, seguido de imagem e miragem da lusofonia*, de 2004. Era pretexto a recém-criada CPLP, a Comunidade de Países de Língua Portuguesa (nesse momento ainda *dos Povos*), e a Galiza deveria, no entender do autor, ser aceite como parte dela. O ponto de partida era, nitidamente, *cultural*, e não linguístico em sentido estrito. O idioma surgira no noroeste peninsular, que incluía o Condado Portucalense, sendo a actual Galiza, pois, sua parte "matricial". Perguntava-se Lourenço: "Como imaginar o espaço lusófono […] sem incluir nele a materna Galiza?". Enquanto tal não acontecesse, seriam descoincidentes "o *espaço da lusofonia* e o da comunidade de referência lusófona". Compreendendo-se que tal não fosse "questão de interesse" para o Brasil, era-o para Portugal, "por *intrínseca* pertença à mesma matriz e sensibilidade". É então que Eduardo Lourenço exprime um ponto de vista deveras curioso. Para os portugueses, "a *ausência* da Galiza é mais aparente do que real, por há muito a termos incorporado à nossa cultura como versão arcaica e intemporal de nós mesmos". Exactamente o que, segundo ele, teriam feito também com Portugal os brasileiros. A Galiza sobrevive, assim, no país a sul, culturalmente digerida, diluída, nele.

Esta concepção vitalista é um achado, é uma racionalização elegante, mas historicamente duvidosa. Dois terços de Portugal sempre se conservaram alheios às cosmogonias setentrionais. E é, sobretudo, ideologicamente resvaladiça, porque facilmente recuperável por, como veremos, demagogias galaico-portuguesas.

O artigo do historiador Fernando Rosas, "A questão galega", no jornal *Público*, em 1997, tem abordagem diferente. O autor participara num colóquio organizado na Faculdade de Filologia de Santiago de Compostela, e voltava de lá convencido de que, para o nacionalismo galego, "a língua e a cultura portuguesas são a expressão essencial da sua identidade como nação", assim como elementos de "separação e resistência face à hegemonia política e cultural do espanholismo, isto é, do Estado espanhol e da cultura castelhana". Não se entendia, segundo Rosas, que o presidente Jorge Sampaio tivesse equiparado "a questão galega" à da projectada regionalização em Portugal. Com efeito, "na Galiza não existe uma questão regional mas sim uma questão nacional". Também o historiador mostra estranheza pelo esquecimento da Galiza na formação da CPLP. E conclui interrogando: "Será assim tão difícil de compreender que, a vários títulos, a questão galega é, também, uma questão portuguesa?".

O artigo é, nitidamente, o testemunho de uma iluminação. O historiador, também dirigente do Bloco de Esquerda, achou-se confrontado (di-lo ele próprio) com uma ascensão eleitoral sem precedentes do BNG e, muito provavelmente, foi rodeado de entusiasmos de feição reintegracionista. Regressado ao seu país, decidiu espalhar a boa nova.

Não duvido um instante da absoluta sinceridade de Eduardo Lourenço e de Fernando Rosas. Pode, sim, lamentar-se que esta reflexão pública não haja tido continuidade visível, e que esses textos se revelem duas felizes mas episódicas fracturas no padrão de ausência de debate cultural face à Galiza.

Um reduzido interesse

Verdade se diga: o reintegracionismo galego, mesmo o mais lúcido, nunca procurou o diálogo com a linguística portuguesa, que se supunia o seu mais óbvio interlocutor. Sempre lhe bastou acenar aos portugueses com o célebre artigo de 1973 de Manuel Rodrigues Lapa, já então desfasado da realidade cultural galega e muito em breve ultrapassado pela realidade política de toda a Espanha. O problema não estava só nessa inadequação do artigo, muito menos estava em Lapa, inspirador filólogo e respeitadíssimo democrata. Estava no persistente e genérico desinteresse português por qualquer causa galega. Lapa oferecia aquilo que nenhum galego informado iria aceitar.

Ao reintegracionismo impunha-se a captação de interesse em sectores decisivos da cidadania portuguesa e um diálogo realista com eles. Um modo acertado de, se necessário, forçar semelhante diálogo pudera ter sido uma demonstração *linguística* da suposta identidade de português e galego. Mas jamais alguém se deu ao incómodo. A mensagem implícita foi sempre "Se eu, galego, escrevo em português, é porque português e galego são a mesma língua", raciocínio circular de nula credibilidade. Deve acrescentar-se que os portugueses ou galegos denegadores de tal identidade estão, eles também, em dívida com a ciência. Mas, para eles, e por definição, a questão nunca foi *vital*.

Existiu, a meu ver, um motivo, basicamente pragmático, para o reintegracionismo prescindir de tais contactos e tais tarefas: o Portugal mental que ele construiu, com os seus tons rosa e os amanhãs que cantam, foi tido como o mais adequado à sedução da sociedade galega. Um embate com o Portugal real poderia desfazer o encanto.

Houve, é certo, e há ainda, intervenções galegas em ambiente cultural português, potencialmente mais eficazes, desenvolvidas pelos professores José Luís Rodríguez, Elias Torres, X.R. Freixeiro Mato e Carlos Quiroga, com destaque para este último por uma regular colaboração no *Jornal de Letras* e nas *Correntes d'Escritas*, da Póvoa de Varzim. Mas mesmo essas intervenções não conseguiram, até hoje, duradouro êxito no abalar de seculares desinteresses e resistências.

No âmbito académico, florescem, sim, os contactos e as publicações, com destaque para as universidades de Lisboa, Porto e Braga, por um lado, e as de Santiago de Compostela, de Vigo e da Corunha, por outro. Existe, também, uma intensa colaboração entre instituições universitárias brasileiras e, na Galiza, a Universidade de Santiago e o Consello da Cultura Galega.

Em âmbito mais propriamente literário, várias iniciativas se desenvolveram entre nós. Destaque-se, na primeira década deste século, uma excelente série de traduções de literatura galega na editora portuense Deriva, de António Luís Catarino, com autores como Xavier Queipo, Gonzalo Navaza e Iria López Teijeiro. Anteriormente, haviam sido publicados, noutras editoras, os celebrados ficcionistas Méndez Ferrín e Manuel Rivas, com traduções de, entre outros, José Viale Moutinho e Pedro Tamen.

Em 2002, Pedro da Silveira organizara uma antologia de poesia traduzida, *Mesa de amigos*, na qual figuravam sumidades galegas como Fermín Bouza Brey, Celso Emilio Ferreiro e Álvaro Cunqueiro. Mas já em 1978, Viale Moutinho tinha reunido autores galegos de poesia de combate em *De foice erguida*.

Sobre a problemática de traduções de e para o galego, é muito esclarecedor o artigo de Henrique Monteagudo, de 2019. Aí é sublinhada uma importante assimetria. "Conhecimento, reconhecimento e inteligibilidade mútua das línguas tanto escritas como faladas não são mútuos entre os falantes de galego e português, ou pelo menos não são simétricos. A população galega conhece, reconhece e compreende o português, quer falado quer escrito, muito melhor que a contrapartida."

Algumas ligações perigosas

Em 1994, um membro da Associação de Amizade Galiza-Portugal, reintegracionista de tendência radical, declara, ao *Público*, que o objectivo final do agrupamento é a "reunificação da Galiza e Portugal", exactamente um dos sonhos acalentados por alguma extrema-direita portuguesa.

Mas o exemplo mais relevante dessa convivência do reintegracionismo galego com a direita radical portuguesa seria dado com o volume *Galiza, Portugal – uma só nação*, de 1997, editado em Lisboa por figuras centrais do Partido Nacional Renovador (PNR). O livro reúne vinte colaborações de autores portugueses e galegos, entre elas uma de Rodrigues Lapa, falecido oito anos antes. A genérica abordagem é ideológica, com momentos autenticamente surpreendentes. Quero crer que os oito reintegracionistas participantes foram aliciados pela inaudita perspectiva de publicarem em Portugal.

Sendo muito raros os livros de um autor português sobre as relações culturais entre o nosso país e a nação galega, só por isso *Portugal e Galiza: Encantos e encontros*, de José David Santos Araújo, de 2004, então dirigente do mesmo partido ultranacionalista, já seria importante. Entre os nossos dois países – a Galiza é um *país*, e uma *nação*, dentro do Estado espanhol –, o diálogo tem mostrado grande assimetria. Foram quase sempre "eles" a interessarem-se por nós, sendo comum a todos os mentores culturais galegos do século XX a convicção duma comunidade cultural e linguística galego-portuguesa. Mesmo assim (e mostrá-lo é um dos méritos deste livro), o empenhamento português não se limitou à figura, decerto eminente, de Rodrigues Lapa, como conheceu em Leite de Vasconcelos, em Pascoaes e em Júlio Dantas curiosíssimas contribuições.

Em maio de 2006, esse mesmo dirigente, entretanto presidente dum Fórum de Amizade Galiza-Portugal, organizava em Vila Verde o colóquio Galiza: Espaço Lusófono?, e nele participavam activamente, de novo, proeminentes figuras do reintegracionismo galego. Certo: nenhum de nós está livre de maus passos. Mas em *defensores de causas* esperava-se especial discernimento. Para o simpatizante português do reintegracionismo, ou genericamente da Galiza, esta promiscuidade gera um particular embaraço.

É, com efeito, de surpreender este bom entendimento, esta autêntica cumplicidade, entre um reintegracionismo galego conotado com a esquerda e sectores portugueses direitistas. O enigma não o é, porém. Trata-se de um aconchego *ideológico* entre utopias, passadistas as portuguesas, dum futuro as galegas, mas todas envoltas em névoas, em voluntarismos, em retórica, e sobretudo isentas de qualquer interesse real, concreto, linguístico, pelo idioma.

Os galegos, que coqueteiam com uma sua proverbial indefinição – no meio duma escada, não sabem se estão a subir ou a descer, é a repetida imagem –, deveriam saber que as indefinições se atraem perigosamente. Numa entrevista que fiz ao saudoso professor galego Ramiro Fonte, director do Instituto Cervantes em Lisboa, surgiu esta iluminadora observação: "Em Espanha existe a convicção de que Portugal é um país fácil de entender. Ora, é exactamente muito complexo. Deixa-se conhecer, decerto. Mas na vida portuguesa há zonas de grande privacidade, de um enorme recato. São zonas de mistério, de duplicidade moral, de segredo".

Alguns galegos são, parece, especialmente atreitos aos penumbrosos esconsos da alma portuguesa, sempre, de resto, disponíveis para eles: com Pascoaes e o seu saudosismo englobador da Galiza, com Lapa e a sua "salva de prata", com Agostinho da Silva e o nosso místico noivado fomentador de "reformulações ibéricas", com os nossos hispanófilos e a sua sofreguidão planetária, com as actuais adolescentes *portugalidades*, um eternamente requentado Quinto Império. Eis o que temos para lhes oferecer: uma mancheia de "névoas encantadas", um monumental nevoeiro.

"Uma imensa Galiza"?

Na imagem mental dos portugueses, tudo apontou sempre para sul. Foi a formação do país, foi a capitalidade de Lisboa, foi a partida rumo ao mundo, foi o Império. Actua, também, uma imagem para leste, rumo à Espanha e à Europa. Mas nenhuma imagem forte e inspiradora de entusiasmos aponta decididamente a norte. Pode-se lamentá-lo, e muitos galegos o lamentam, mas há séculos que a mente portuguesa não precisa da Galiza para entender nada deste mundo. O livro de Miguel Real, *Traços fundamentais da cultura portuguesa*, de 2017, com 240 páginas, é nisto paradigmático.

Trata-se duma obra, em si, imensamente lúcida, negadora de qualquer "*essência* identitária de Portugal", informadíssima e criadora de sínteses dificilmente ultrapassáveis (Viriato, Vieira, Pombal). Mas, por mais tentativas de reatá-lo a climas europeus, Portugal prova-se culturalmente um oásis. As "cantigas de amigo" são nossas, a "saudade" é um sentimento intrinsecamente português, tudo quanto é importante começou no Condado Portucalense, o "nascimento heróico" de Portugal dá-se contra Leão e Castela, enfim, exprimimo-nos numa "língua derivada do latim popular falada no tempo da Reconquista". Para trás, ficaram Viriato e os seus "lusitanos", mais o "Reino Peninsular dos Godos no século VI" de que herdámos "o desejo de unidade".

A primeira referência à Galiza aparece na página 130. E aponta – como as que se seguirão, todas nitidamente de passagem – à pequenez e insignificância daquela região. O único momento em que Miguel Real refere explicitamente a Galiza é para descrever aquilo que nunca desejaríamos para nós. Num exercício mental em que imaginássemos desaparecido de Portugal tudo quanto é arte literária, pictórica, arquitectónica, científica, dele, escreve o autor, "restaria *apenas* a narrativa de um território pobre, semelhante à Galiza, cujo único (e não pequeno) mérito teria sido o de ter resistido a Castela. [...] Seríamos uma imensa Galiza, rural, aldeã na sua pobreza congénita, alforge permanente de emigração".

Eis, em todo o seu esplendor, na pena dum dos mais celebrados ensaístas portugueses da cultura, a imagem rasurante, aniquiladora, do existir para lá do Minho. Se dúvidas ainda houvesse, a demonstração ficou dada: na imagem que os portugueses fazem de si, do seu país e da sua história, nenhum papel está reservado à Galiza. Certo. Mas dispensava-se o requinte de declará-la culturalmente nula... Isto pediria encerramento de Miguel Real no farol da Corunha, a pão e água, com as 750 páginas de *Os libros arden mal*, de Rivas, por distracção.

Para piorar o que ainda pudesse ser piorado, a própria imagem cultural da Galiza captada em Portugal é brumosa, prenhe de ruído, e, por isso, dificilmente aproveitável. O genérico desconhecimento das relações internas galegas leva instituições culturais portuguesas, algumas de alta responsabilidade, a acarinharem como representantes da Galiza a indivíduos e agrupamentos marginais, que navegam, visivelmente gratos, nessa nossa ignorante generosidade. Em suma: vivemos, uns e outros, numa intrinsecamente viciada troca de dissonâncias.

Fora do redil académico

Os anos finais do século XX foram a época heróica da internet. Em Portugal, o Ministério da Cultura criou uma plataforma gratuita e, para a época, confortável, atribuindo dois *megabytes* de espaço pessoal. Chamava-se Terràvista e continha suplementares e, concorridos, canais de debate. Um deles, Lusofonia, concitou o persistente interesse de portugueses, africanos, brasileiros e também galegos.

Fiz a história desse animadíssimo diálogo, que apresentei num Congresso em Compostela, no verão de 2005. Eu não participara na discussão, mas tive a sorte de aceder à totalidade dos materiais de 1998 a 2001, ano em que as caixas de comentários foram encerradas. Na revista *Única* do *Expresso* de 7 de outubro de 2005, reportei os factos, com depoimentos dos principais participantes. Na Bibliografia, há remissão para uma reflexão posterior.

Este debate entre leigos fora da caixa mostrou quanto o tema das relações Portugal-Galiza podia manter, anos a fio, um grupo intensamente dialogante. Nesse afrontamento de excepcional sinceridade, surgiram mal-entendidos, deram-se autênticos conflitos, com ameaças de corte de relações, mas também desinibidas aproximações, reatamento de contactos, por vezes com intervenção alheia, crescimento em interesse e informação, sempre com o idioma como fio condutor e pretexto.

Esta experiência, irrepetível por definição, veio assegurar que, reunidos factores propícios, um diálogo de galegos e falantes de português pode desenvolver-se num clima descontraído, estimulante, enriquecedor de todos.

Um modo muito prático, e muito efectivo, de encetar, por nossa conta e risco, esse contacto é o estudo da língua galega. Mais prático e mais efectivo ainda é lançar-se à *leitura* de textos galegos, literários ou não. A *net* está bem provida deles. A surpresa será, sempre, a da facilidade com que nos adentramos nesse mundo, ao mesmo tempo estranho e familiar.

"Um pouco mais de mundo"

E, de repente, no ano de 2019, um golpe de teatro. Portugal produz, pela pena de Marco Neves, um livro único, engenhoso duma ponta à outra, recheado de informação, imensamente arguto: *O galego e o português são a mesma língua? Perguntas portuguesas sobre o galego.* Era o livro de que estávamos necessitados, nós, os que nos interessamos pelo galego, eles, os galegos que se interessam pelo português.

Parte dum princípio muito saudável: o da continuidade do idioma. Contra a corrente, como se sabe. "O que se passa é que é muito mais fácil notar as pequenas diferenças, que irritam muita gente, do que sublinhar a incrível continuidade da língua ao longo dos séculos." É-nos contada a história linguística da Península, chave para entender a *diversidade* no interior da Espanha, objecto da estranheza, quando não da resistência, por parte do cidadão português, confortável no seu país perfeito na geografia, na cultura, na unidade política, na língua. Porque é que não haveria a Espanha de ser um Portugal em ponto maior? O interlocutor português (o livro é, todo ele, um diálogo com essa personagem) sai vivo da refrega, mas com escoriações, e, felizmente, muito informado.

O galego, e a Galiza em geral, são a causa maior dos atritos. As patentes semelhanças com o cenário português vêm desafiar ainda mais a necessidade portuguesa de sentir-se único no universo. Ora, é exactamente aí que Marco Neves – que no seu blogue Certas Palavras já, por várias vezes, trouxera o tema à luz – faz finca-pé. Se o português é tão cioso da sua cultura, do seu idioma, da sua unicidade, há-de ser ele o primeiro a entender porque catalães, bascos e galegos querem, exigem mesmo, ser distinguidos numa massa espanhola demasiado uniformizada.

Entretanto, com Marco Neves, fomos mais longe. Fomos ao início da linguagem, vimos a impossibilidade de manter a humanidade dentro dum só idioma, examinámos o devir da vasta família linguística, a indo-europeia, a que pertencemos, observámos a mãe latina a prolongar-se em nós e nas línguas irmãs da nossa, passámos em revista a história da Espanha, problema número um de toda esta matéria.

E o galego, mais o português, são então o mesmo idioma? Não o são? Não vou revelar o desenlace. Só direi que é lógico, ponderado, altamente aceitável. E que não está assim muito longe daquele que, aqui, foi desenhado.

Saímos, também, muito informados sobre as "batalhas linguísticas" que se travam na Galiza, mormente no atinente à forma escrita, à ortografia. Marco Neves tem, a este pretexto, um conselho muito lúcido a dar-nos: "Andar a propalar a unidade de galego e português em Portugal quando, a esse propósito, nem os galegos se entendem parece-me não só inútil como contraproducente".

"Para destinos diferentes"

Processos de afastamento são, na história das línguas, inelutáveis. Todos os esforços de convergência se provam, aí, condenados ao fracasso. É o caso do português europeu e do português brasileiro.

Recordemos o que, em artigo de 2007, afirmava Ivo Castro: "Portugal e Brasil prosseguem as suas respectivas histórias linguísticas que se dirigem, tanto quanto é possível observar, para destinos diferentes". Isto é, a língua materna de brasileiros e a de portugueses entraram numa deriva irreversível que tornará, cada dia que passa, mais difícil reconhecer como seus o léxico, a semântica, a morfologia, a fraseologia, a pragmática, e mais do que tudo a sintaxe, dos outros. Esta situação foi criada, já de há muito, pela ausência, aliás saudável, duma política da língua por parte do Portugal colonizador.

Sendo assim, o apelo à construção duma "lusofonia" com fundamento, não na história, que desune, mas na língua, que uniria, parte duma ilusão, que progressivamente se irá vendo desfeita. Esse apelo aparece expresso no livro de Miguel Real acima citado. Pois bem: cada tradução *brasileira* e cada tradução *portuguesa* duma obra estrangeira são um sorriso bem-humorado, e diário, na face da retórica linguística lusófona. Insista-se: traduções lusó-fonas – como seriam as traduções *luso-brasileiras*, se as houvesse – nunca existiram e nunca existirão.

Compreende-se que esse *processo de afastamento* das duas normas, a bra-sileira e a portuguesa, nunca tenha sido objecto de planos, ou de intenções de invertê-lo, e sequer desacelerá-lo.

O Acordo Ortográfico de 1990, produzido em bases linguística e pedago-gicamente deficientes, nenhum efeito teve, ou terá, nessa deriva. A própria proposta, contida nesse acordo, de uniformizar as *terminologias científicas e técnicas*, medida tida por exequível e urgente (a uniformização deveria estar consumada a 1º de janeiro de 1993), nunca foi sequer objecto de atenção. Não existe, nem em Portugal nem no Brasil, vontade alguma quer política quer científica, com um mínimo de eficácia, de travar as já tão actuantes "forças de separação" (termos de Ivo Castro) das duas variedades de português. E não deverá admirar-nos. Estamos, nestes domínios, entregues a mecanismos e processos históricos que tornam ociosa qualquer tentativa de intervenção.

As dinâmicas dos idiomas não se compadecem com atitudes volunta-ristas, ideológicas. Por si, essas atitudes nada conseguirão, menos ainda se repassadas de lirismos e nostalgias. Quando não se criaram instrumentos adequados à aproximação de duas variedades linguísticas, quando não existe sequer uma real e realista intenção de criá-los, o sonho de qualquer aproximação não pode sequer ser sonhado.

Sendo assim, merece preferência o desdramatizar do processo que vai conduzir ao ponto onde os nossos caminhos irão separar-se. Pode demorar ainda dezenas de anos, mas ele há-de chegar. A quem pretender negá-lo deve pedir-se, só, que exponha o modo de travar essa deriva. Não o saberá. Ou exprimirá piedosos votos que serão outros tantos esconjuros. Muito mais produtivo será o esforço de nos conhecermos. Para os portugueses, isso poderá significar a leitura de literatura brasileira, felizmente difundida em Portu-gal, e do ensaio e divulgação brasileiros, estes actualmente menos acessíveis.

Idioma difusor

A experiência do português como instrumento de contactos alargados é não apenas uma surpresa: pode provar-se um deslumbramento. Isto deve--se, decisivamente, à *abertura* que sempre o português patenteou, à sua característica de bom aproveitador de quanto, à sua volta, achava de útil. Na vida diária, tendemos a considerar exagero algumas importações lexicais, e algumas são-no deveras, mas esquecemos que, hoje, só tiramos vantagem do muito que, assente a poeira, ficou à nossa disposição. Caso nos servíssemos tão-só daquilo que nós próprios produzimos, rapidamente estaríamos a titubear.

Mas, se fomos sobretudo um idioma importador, alguma coisa produzimos, também, de proveitoso para o largo mundo. Vejamos uma série de adjectivos em que o português se adiantou a três outras importantes línguas latinas. Está organizada por ordem cronológica.

	PORTUGUÊS	ESPANHOL	FRANCÊS	ITALIANO
compulsivo	1534	1589	1946	1990
ascensional	1537	1856	1557	1572
enfático	1543	1587	1579	1600
irrisório	1543	1589	–	1726
bancário	1552	1746	1820	1566
equiparável	1710	1894	–	1869
atmosférico	1712	1728	1781	1789
interino	1727	1734	1796	1737
casuístico	1789	1793	1829	1910
tonitruante	1881	–	1886	1927
reivindicativo	1899	1963	1949	1962

Vários destes vocábulos são originados no grego (como *enfático*) ou no latim (como *equiparável*, *irrisório*, *tonitruante*), mas trata-se em maioria de criações eruditas dos séculos XVI e seguintes.

Nesta lista, as casas vazias indicam a inexistência da palavra no respectivo idioma. No caso de *irrisório*, o francês tem contudo *dérisoire*, de 1473. Por vezes, há pequenas divergências nas formas: o francês faz *intérimaire* e *revendicatif*, o italiano *casístico* e *rivendicativo*.

Na maioria dos casos, o adiantamento português a outra língua é só de alguns decénios, e, por vezes, menos. Mas *equiparável* e *reivindicativo* conservam-se longo tempo portugueses antes de atingirem outro idioma.

Pode, aqui e ali, estar-se perante uma *distorção estatística*. Isto é, a palavra apareceu inicialmente noutro idioma, mas a primeira ocorrência conhecida deu-se no português. Poderia ser o caso de *ascensional*, encontrável numa obra de Pedro Nunes, e que só regressará a usos portugueses perto de 1900. Ou o caso de *bancário*, provavelmente uma criação italiana, mas surgido primeiro em português em letra de forma.

Curioso é, sim, o caso dum vocábulo como *atmosférico*, entrado em 1712 no dicionário de Bluteau. A língua que se segue é o inglês, em 1722. O termo espanhol aparecerá em 1728 no *Teatro crítico universal*, obra do galego Benito Feijóo, que sabemos bom frequentador daquele dicionário português. Notável é, porém, a demora, de meio século, da sua aparição em francês e italiano.

Não averiguei quais os substantivos e os verbos em que o português foi o primeiro a entrar em cena. Hão-de ter sido em número apreciável também. Isso significa que a nossa língua – sem poder comparar-se ao francês, de longe o mais criativo dos idiomas latinos – deu o seu quinhão à cultura lexical europeia.

E aqui termina esta viagem pela história da língua portuguesa, que, já perfeitamente reconhecível, lança fortes raízes a eras em que de Portugal nem notícia havia, nem se sabia que iria haver. Isto, em vez de diminuir-nos, torna-nos ainda mais originais. Ter uma língua que poderia nunca ter sido nossa, e que tão nossa acabou por ser, é cenário que bem poucos povos podem chamar seu. E, se para alguma coisa este livro deixa um alerta, é para essa curiosa constante de os factos históricos tenderem a ser mais recuados – por vezes muito mais recuados – do que habitualmente admitimos. Em aditamento, ficou a demonstração de que a *continuidade* dos materiais é muito mais sugestiva, e até mais decisiva, do que a sua *mudança*.

As perspectivas para o nosso idioma, essas, são as melhores. Para deixar falar, por último, Ivo Castro no já citado e importante artigo de 2007:

> A separação estrutural entre a língua de Portugal, a do Brasil e a dos países africanos é um fenómeno lento e de águas profundas que muitos preferem não observar.

Mas, já em 1998, o mestre lisboeta se exprimira nestes termos duma tremenda sinceridade (destaque meu):

A história da língua portuguesa pode ser resumida numa frase: falamos uma língua que nasceu fora do nosso território (de nós, portugueses) e cujo futuro será em larga medida decidido fora das nossas mãos. *A língua portuguesa, numa visão temporal ampla, acha-se de passagem por Portugal.*

O português promete, pois, dividir-se – ou multiplicar-se – em outros idiomas, tal como um dia aconteceu à língua dos romanos, que, por eles, não tinham destas andanças da história a mínima ideia. Sabermos isso faz-nos, a nós, mais felizes? É o mais certo. Porque, pensando bem, é sempre melhor uma pessoa andar prevenida.

Bibliografia

ALMEIDA, Fernando Rodrigues de. *A origem da língua portuguesa. Palavras portuguesas de origem fenícia*. Lisboa: Chiado Editora, 2013.

ALMEIDA, Fialho de. *Cadernos de viagem: 1905*. Ed. e notas de Lourdes Carita. Santiago de Compostela: Edicións Laiovento, 1996 [Ed. portuguesa de Lourdes Carita, realização técnica de Vasco Rosa. Lisboa: O Independente, 2001].

ALMEIDA, José João. *Dicionário de calão e expressões idiomáticas*. Lisboa: Guerra e Paz, 2019.

ALMEIDA, Onésimo Teotónio. *A obsessão da portugalidade. Identidade, língua, saudade & valores*. Lisboa: Quetzal, 2018.

ÁLVAREZ BLANCO, Rosario. "Gramática contrastiva do portugués e o galego: o diminutivo". In: RÁBADE, Luis Iglesias et al. (Orgs.). *Studies in Contrastive Linguistics: Proceedings of the 2nd International Contrastive Linguistics Conference*. Universidade de Santiago de Compostela, 2002.

_____. "Variación e mudanza na morfoloxía do diminutivo: apuntamentos a partir da comparación entre galego e portugués brasileiro". In: LAGARES, Xoán Carlos; MONTEAGUDO, Henrique (Orgs.). *Galego e português brasileiro: História, variação e mudança*. Niterói: Editora da UFF, 2012.

ÁLVAREZ PÉREZ, Xosé Afonso. "A fronteira entre galego e portugués. A perspectiva portuguesa". In: GUGENBERGER, Eva; MONTEAGUDO, Henrique; REI-DOVAL, Gabriel (Orgs.). *Contacto de linguas, hibridade, cambio: Contextos, procesos e consecuencias*. Santiago de Compostela: Consello da Cultura Galega; Instituto da Lingua Galega, 2013.

ALVES, Adalberto. *Dicionário de arabismos da língua portuguesa*. Lisboa: Imprensa Nacional – Casa da Moeda, 2013.

ANTUNES, José Freire. *Os espanhóis e Portugal*. Lisboa: Oficina do Livro, 2003.

ARAÚJO, José David Santos. *Portugal e Galiza: Encantos e encontros*. Santiago, Laiovento, 2004.

AZEVEDO, Maria Luísa Seabra Marques de. *Moçarabismo e toponímia em Portugal*. Lisboa: Academia das Ciências de Lisboa, 2015.

BAGNO, Marcos. "O português não procede do latim. Uma proposta de classificação das línguas derivadas do galego". *Grial*, 191, pp. 34-39, 2011.

_____. "Do galego ao brasileiro". In: _____. *Gramática pedagógica do português brasileiro*. São Paulo: Parábola, 2012.

BANHOS, Alexandre et al. *Galiza Portugal: Uma só nação*. Lisboa: Nova Arrancada, 1997.

BANZA, Ana Paula; GONÇALVES, Maria Filomena. *Roteiro de história da língua portuguesa*. Évora: Universidade de Évora; Cátedra Unesco, 2018.

BARROS, Anabela Leal de. "Contributos para a caracterização morfológica e sintáctica do galego-português: O estado da língua na *Crónica Troiana*". *Actas do Encontro História da Língua e História da Gramática*, Universidade do Minho, Braga, 2002, pp. 25-71.

BARROS, Carlos. "Por unha síntese celto-castrexa da Gallaecia antiga". *Sermos Galiza*, 28 jun. 2019. Disponível em: <https://www.nosdiario.gal/opinion/carlos-barros/sintese-celto-castrexa-da-gallaecia-antiga/20190628124121081339.html>.

BENOZZO, Francesco. "L'Australopiteco e l'origine del linguaggio". *Scienze e Richerche*, n. 46, pp. 5-13, mar. 2017. Disponível em: <http://www.continuitas.org/texts/Australopiteco.pdf>.

BLANCO PÉREZ, Domingo. "A lingua oral e o estudio do galego no século XVIII". *Verba*, n. 17, pp. 93-115, 1990.

BOLÉO, Manuel de Paiva; SILVA, Maria Helena Santos. "O Mapa dos dialectos e falares de Portugal continental". *Boletim de Filologia*, v. 20, pp. 85-112, 1962.

BORRALHO, Maria Luísa Malato. "Porque é que a história esqueceu a literatura portuguesa do século XVIII". *Actas do Colóquio Internacional Literatura e História*, v. 1, Porto, pp. 63-83, 2004.

BRISSOS, Fernando. "Proposta de reformulação da caracterização do noroeste português". *Estudos de Lingüística Galega*, volume especial, 1, pp. 193-208, 2018.

BUSTOS TOVAR, José Jesús de. "Léxico en el romance primitivo". In: CALLEJA, Beatriz Díez (Org.). *El primitivo romance hispánico*. Burgos: Instituto Castellano Y Leonés de la Lengua, 2008.

CARDEIRA, Esperança. *Entre o português antigo e o português clássico*. Lisboa: Imprensa Nacional, 2005.

_____. *O essencial sobre a história do português*. Lisboa: Caminho, 2006.

CARRASCO GONZÁLEZ, Juan M. "A lingua portuguesa na fin da Idade Media". In: MARINHO PAZ, Ramón; VARELA BARREIRO, Xavier (Orgs.). *A lingua Galega no Solpor medieval*. Santiago de Compostela: Consello da Cultura Galega, 2016.

CARVALHO, Joaquim de. *Estudos sobre a cultura portuguesa do século XV*. Coimbra: Por Ordem da Universidade, 1949.

CARVALHO, Joaquim Brandão de. "L'Évolution des sonantes ibero-romanes et la chute -n-, -l- en gallaico-portugais". *Revue de Linguistique Romane*, n. 209-210, t. 53, pp. 159-88, jan.-jun. 1989. Disponível em: <https://www.eliphi.fr>.

CARVALHO, José Gonçalo Herculano de. "Moçarabismo linguístico ao sul do Mondego". In: _____. *Estudos Linguísticos*, v. 1. 2. ed. Coimbra: Atlântida, 1973.

CARVALHO, Maria José de. "Síncope de -N- e -L- intervocálicos no (galego)--português medieval: resultado e cronologias". *Verba*, v. 43, pp. 1-45, 2016. DOI: doi.org/10.15304/verba.43.2074.

CARVALHO, Rómulo de. *As origens de Portugal. História contada a uma criança* [1989]. 6. ed. Lisboa: Fundação Calouste Gulbenkian, 2012.

CASTELAO, Daniel. *Sempre en Galiza*. Vigo: Galaxia, 1947/2000. [Ed. port.: VASQUEZ CORREDOIRA, Fernando (Org.). *Sempre em Galiza*. Santiago de Compostela: Através Editora, 2010].

CASTRO, Ivo. "A elaboração da língua portuguesa no tempo do Infante D. Pedro". *Biblos*, v. 69, pp. 97-106, 1993.

_____. "Para uma história do português clássico". *Actas do Congresso Internacional sobre o português*, v. 2. Lisboa: APL/ Colibri, 1994.

_____. *Galegos e mouros* [1996]. Lisboa: Colibri, 2002. Disponível em: <https://www.clul.ulisboa.pt/files/ivo_castro/1996_Galegos_e_Mouros.pdf>.

_____. Depoimento em mesa-redonda. *Discursos*, v. 15, pp. 68-77, 1998.

_____. "Comentário". In: MOREIRA, Adriano et al. *A língua portuguesa: Presente e futuro*. Lisboa: Fundação Calouste Gulbenkian, 2005.

_____. *Introdução à história do português*. 2. ed., revista e ampliada. Lisboa: Colibri, 2006.

_____. "Uma língua que veio de longe". In: Catálogo da exposição "Lusa: A Matriz Portuguesa", v. 2. São Paulo: Mag Mais Rede Cultural, 2007.

_____. "Forças de união e separação no espaço da língua portuguesa". Conferência realizada em 16 mar. 2007, no Institut d'Estudis Catalans, Barcelona.

_____. "Formação da língua portuguesa". In: RAPOSO, Eduardo Paiva et al. (Orgs.). *Gramática do português*. Lisboa: Fundação Calouste Gulbenkian, 2013.

_____. *Historia de la lengua portuguesa*. Bogotá: Publicaciones del Instituto Caro Y Cuervo, 2013.

_____. "História da língua, história da nação". *Diário de Notícias*, 15 fev. 2014.

_____. *A estrada de Cintra. Estudos de linguística portuguesa*. Lisboa: Imprensa Nacional – Casa da Moeda, 2017.

CASTRO, Ivo; VIEIRA, Yara Frateschi. "Ideias e opiniões seladas: Diálogo entre Leite de Vasconcelos e Carolina Michaëlis sobre o galego-português". *Floema*, ano V, n. 5, pp. 83-102, jul.-dez. 2009. Disponível em: <https://periodicos2.uesb.br/index.php/floema/article/view/1740>.

CASTRO LOPES, Maurício; BIEITES, Beatriz Peres; MARAGOTO, Eduardo Sanches. *Manual galego de língua e estilo*. Galiza, 2007. Disponível em: <https://a.gal/wp-content/uploads/2018/05/manual_galego_2_edicom_2010.pdf>.

CENTRO DE LINGUÍSTICA DA UNIVERSIDADE DE LISBOA. *Corpus de referência do português contemporâneo* (CRPC). Lexicografia e Bases de Dados. Disponível em: <alfclul.clul.ul.pt/CQPnet>.

CENTRO DE LINGUÍSTICA DA UNIVERSIDADE NOVA DE LISBOA. *Corpus informatizado do português medieval* (CIPM). Disponível em: <cipm.fcsh.unl.pt>.

COELHO, Adolfo. *A língua portuguesa.* 2ª ed. Porto: Magalhães e Moniz, 1887.

CORDAL FUSTES, Xabier. "A ideoloxía reintegracionista (notas de filoloxía política 2.0)". *A Trabe de Ouro*, n. 79, pp. 27-47, 2009.

CRISTÓVÃO, Fernando. *Da lusitanidade à lusofonia.* Coimbra: Almedina, 2008.

CUNHA, Antônio Geraldo da. *Vocabulário histórico-cronológico do português medieval.* Rio de Janeiro: Fundação Casa de Rui Barbosa.

CUNHA, Carlos Manuel Ferreira da. *A construção do discurso da história literária na literatura portuguesa do século XIX.* Braga: Universidade do Minho, Centro de Estudo Humanísticos, 2002. Tese de doutoramento. Disponível em: <repositorium. sdum.uminho.pt/handle/1822/22562>.

DAVIES, Mark. El Corpus del Español. Disponível em: <www.corpusdelespanol. org/x.asp>.

DAVIES, Mark; FERREIRA, Michael J. O Corpus do Português. Disponível em: <www.corpusdoportugues.org/x.asp>.

DEUTSCHER, Guy. *The Unfolding of Language: An Evolutionary Tour of Mankind's Greatest Invention.* Londres: Cornerstone, 2006.

DUARTE, Sónia. "O galego nos textos metalinguísticos portugueses (séculos XVI--XIX)". *Revista Galega de Filoloxía*, v. 16, pp. 75-105, 2015. DOI: doi.org/10.17979/rgf.2015.16.0.1379.

_____. "A mediação do castelhano na tradição de descrição do plural em português". In: DUARTE, Sónia; LEÓN, Rogelio Ponce de. *Estudos de historiografia linguística portuguesa.* Porto: FLUP, 2019.

DUBERT-GARCÍA, Francisco. "Sobre a *Gallaecia Magna* e as relacións históricas e xeolingüísticas entre Galego, Portugués e Asturiano". *Estudis Romànics*, Institut d'Estudis Catalans, v. 39, pp. 43-69, 2017. DOI: doi.org/10.2436/20.2500.01.215.

DICIONARIO XERAIS DA LÍNGUA. 9ª ed. Vigo: Edicións Xerais De Galicia, 2014.

EMILIANO, António. *Fonética do português europeu.* Lisboa: Guimarães Editores, 2009.

EPIFÂNIO, Renato. *Visões de Agostinho da Silva.* Corroios: Zéfiro, 2006.

_____. "A visão de Agostinho da Silva da Galiza, da Ibéria e da Europa". *Revista Convergência Lusíada*, Rio de Janeiro, v. 23, pp. 331-41, 2007.

_____. "Entre Portugal e a Galiza, 'dois noivos que a vida separou': A visão de Agostinho da Silva de Portugal, da Galiza e da Ibéria". In: TEIXEIRA, António Braz; NATÁRIO, Maria Celeste; EPIFÂNIO, Renato (Coords.). *Sobre a saudade.* V Colóquio Luso-Galaico. Sintra: Zéfiro, 2017.

FAGIM, Valentim R. *Do ñ para o nh*. Ourense: AGAL, 2009.

FARACO, Carlos Alberto. *História do português*. São Paulo: Parábola Editorial, 2019.

_____. *História sociopolítica da língua portuguesa*. São Paulo: Parábola Editorial, 2016.

FEIJÓ, João de Morais Madureira. *Ortografia, ou arte de escrever e pronunciar com acerto a língua portuguesa*. Org. de Temo Verdelho, e João Paulo Silvestre. Aveiro: Universidade de Aveiro, 2008.

FERNANDES, Maria Alice; CARDEIRA, Esperança. "Notas sobre toponímia portuguesa medieval". In: DE LA GRANJA, María Álvarez; AGRELO, Ana Boullón; GONZÁLEZ SEOANE, Ernesto (Orgs.). *Aproximacións á variación lexical no dominio galego-portugués. Revista Galega de Filoloxía, Monografía 11*. Corunha: Universidade da Coruña, 2017.

FERNÁNDEZ CALO, Martín. *Estado, poder e estruturas políticas na Gallaecia. Séculos II a.C. - VIII d.C.* Santiago de Compostela: Blukk Edições, 2018.

FERNÁNDEZ REI, Francisco. "A 'Questione della lingua' galega". In: MONTEAGUDO, Henrique (Org.). *Estudios de Sociolingüística Galega. Sobre a norma do galego culto*. Vigo: Galaxia, 1995.

FERNÁNDEZ RODRÍGUEZ, Mauro. "Entre castellano y portugués: la identidad lingüística del gallego". In: BOSSONG, Georg; AGUILLAR, G.F. Báez de (Orgs.). *Identidades lingüísticas en la España autonómica*. Madrid: Vervuert Iberoamericana, 2000.

FERNÁNDEZ SÁNCHEZ, María Manuela; SABIO PINILLA, José Antonio. "Tradición clásica y reflexiones sobre la traducción en la Corte de Aviz". *Trans*, v. 3, pp. 23-36, 1999. DOI: doi.org/10.24310/TRANS.1999.v0i3.2386.

FERREIRA, Manuela Barros. "Vestígios do romance moçarábico em Portugal". *Arqueologia Medieval*, v. 1, pp. 217-28, 1992.

_____. "Dialectologia da área galego-portuguesa". In: LOURENÇO, Eduardo et al. *Atlas da língua portuguesa na história e no mundo*. Lisboa: Imprensa Nacional - Casa da Moeda/ Comissão Nacional para os Descobrimentos Portugueses, 1992.

FERREIRO, Manuel. *Gramática histórica galega, II. Lexicografía*. Santiago de Compostela: Edicións Laiovento, 2001.

FONSECA, António Melo da (pseud. de José de Macedo). *Antídoto da língua portuguesa*. Amsterdam: Em Casa de Miguel Diaz, 1710.

FORTES, Agostinho; SAMPAIO, Albino Forjaz de. *História da literatura portuguesa*. Lisboa: Livraria Popular, 1936.

FRANCO, José Eduardo. *O mito de Portugal. A primeira história de Portugal e a sua função política*. Lisboa: Roma Editora, 2000.

FREIXEIRO MATO, Xosé Ramón. "O diminutivo entre a Galiza e Portugal". *Actas del Congreso Internacional Luso-español de Lengua y Cultura en la frontera*, v. 2. Cáceres: Universidad de Extremadura, pp. 101-21, 1996.

_____. *Os diminutivos en galego*. Vigo: Edicións A Nosa Terra, 1996.

_____. "O galego de Portugal. Algunhas observacións sobre a xénese e a denominación orixinaria do sistema lingüístico galego-português". In: GONÇALVES, Miguel et al. (Orgs.). *Gramática e humanismo. Actas do Colóquio de homenagem a Amadeu Torres*. v. I. Braga: U.C.P., 2005.

_____. "As sucesivas descubertas do português na Galiza moderna e contemporânea na procura da utopía normalizadora". In: KEMMLER, Rolf; SCHÄFER-PRIESS, Barbara; SCHÖNTAG, Roger (Orgs.). *Lusofone SprachWissenschafstsGeschichte II*. Tübingen: Calepinus Verlag, 2015.

FRIAS CONDE, Xavier. "O Galego e a Lusofonia". In: FERREIRA, António Manuel; BRASETE, Maria Fernanda. *Pelos mares da língua portuguesa – 2*. Aveiro: Universidade de Aveiro, 2015.

GAMALHO, Paulo. "A etimologia de minhoca". Portal Galego da Língua, 30 dez. 2019. Disponível em: <pgl.gal/etimologia-minhoca>.

GARCÍA TURNES, Beatriz. *Ideas sobre o galego e as orixes do Português na lingüística lusa do século XIX. Xénese e impacto en Galicia da hipótese celtista*. Santiago de Compostela: UCS. Tese (Doutorado). Disponível em: <kit.conselloda cultura.gal/web/uploads/adxuntos/arquivo/52529b1a90025-biblioavanzada 12.pdf>.

GÉRIOS, R. [Rosário]; MANSUR, F. "O romanço moçarábico lusitano". *Revista de Letras*, v. 5/6, pp. 123-53, 1956.

GONÇALVES, Maria Filomena; BANZA, Ana Paula. "Fontes metalinguísticas para o português clássico: O caso das reflexões sobre a lingua portugueza". *Património textual e humanidades digitais: da antiga à nova filologia*. Évora: Publicações do Cidehus, 2013. DOI: doi.org/10.4000/books.cidehus.1088.

GONZÁLEZ SEOANE, Ernesto; GRANJA, María Álvarez de la; AGRELO, Ana Isabel Boullón. *Dicionario de dicionarios do galego medieval* (DDGM). Santiago de Compostela: Instituto da Lingua Galega, 2006.

GRAN DICIONARIO XERAIS DA LINGUA. Vigo: Edicións Xerais De Galicia, 2009. 2 v.

GRUPO DE INVESTIGACIÓN LINGÜÍSTICA E LITERARIA GALEGA (ILLA). *Glosario da poesía medieval profana galego-portuguesa*. Disponível em: <glossa.gal>.

HERMIDA, Carme. "Leite de Vasconcelos e o galego. Notas sobre un artigo esquecido". *Verba*, v. 14, pp. 489-96, 1987.

HOUAISS, António; VILLAR, Mauro de Salles. *Dicionário Houaiss da língua portuguesa*. Rio de Janeiro: Objetiva, 2001.

ILARI, Rodolfo. "O português no conjunto das línguas românicas". In: *Gramática do português*. v. I. Lisboa: Fundação Calouste Gulbenkian, 2013.

INSTITUTO DA LINGUA GALEGA. *Corpus xelmírez. Corpus linguístico da Galicia medieval* (Xelmírez). Disponível em: <sli.uvigo.es/xelmirez>.

_____. *Tesouro do léxico patrimonial galego e português*. Disponível em: <ilg.usc.es/tesouro>.

_____. *Tesouro medieval informatizado da lingua galega* (TMILG). Disponível em: <ilg.usc.es/tmilg>.

IRIARTE, Álvaro (Org.). *Dicionário de espanhol-português* Porto: Porto Editora, 2006.

JANSON, Tore. *História das línguas. Uma introdução.* Pról. de João Veloso. Trad. de Fernando Vázquez Corredoira. Santiago de Compostela: Através, 2018. [Ed. brasileira: *A história das línguas.* Trad. de Marcos Bagno. São Paulo: Parábola Editorial, 2015].

KABATEK, Johannes. "*Koinés* and *scriptae*". In: *The Cambridge History of the Romance Languages.* vol. 1. Cambridge: Cambridge University Press, 2011.

LAGARES [Diez], Xoán Carlos. "Sobre a noção de galego-português". *Cadernos de Letras da* UFF, *Dossiê: Patrimônio Cultural e Latinidade*, v. 35, pp. 61-82, 2008.

_____. "O galego em seu labirinto: breve análise glotopolítica". *Letras*, Santa Maria, n. 42, pp. 97-128, jun. 2011. DOI: doi.org/10.5902/2176148512173.

_____. "Minorias linguísticas, políticas normativas e mercados. Uma reflexão a partir do Galego". In: LAGARES, Xoán Carlos; BAGNO, Marcos (Orgs.). *Políticas da norma e conflitos linguísticos.* São Paulo: Parábola Editorial, 2011.

_____. "Galego-Português-Brasileiro: Os desafios de uma perspectiva histórica integrada". In: LAGARES, Xoán Carlos; MONTEAGUDO, Henrique. *Galego e português brasileiro: História, variação e mudança.* Niterói; Santiago de Compostela: Editora da UFF; USC, 2012.

LAPA, Manuel Rodrigues. *Os vilancicos. O vilancico galego nos séculos XVII e XVIII.* Lisboa: Seara Nova, 1930.

_____. *Lições de literatura portuguesa.* 8. ed. Coimbra: Coimbra Editora, 1973.

_____. "A recuperação literária do galego". *Colóquio Letras*, n. 13, pp. 5-14, maio 1973. Disponível em: <https://coloquio.gulbenkian.pt/cat/sirius.exe/do?issue&n=13>.

_____. "A recuperação literária do galego". *Grial*, n. 41, pp. 278-87, 1973.

_____. "A Galiza, o galego e Portugal". *Biblos*, Coimbra, v. 51, 1975.

_____. *Estudos galego-portugueses. Por uma Galiza renovada.* Lisboa: Sá da Costa, 1979.

_____. *Correspondência de Rodrigues Lapa. Selecção (1929-1985).* Org. de Maria Alegria Marques et al.. Coimbra: Minerva, 1997.

_____. *Cartas a Francisco Fernández del Riego sobre a cultura galega.* Vigo: Galaxia, 2001.

LARSON, Pär. *A lingua das cantigas. Gramática do galego-português.* Vigo: Editorial Galaxia, 2019.

LEÃO, Ângela Vaz. "Questões de linguagem nas Cantigas de Santa Maria, de Afonso X". *Scripta*, v. 4, n. 7, pp. 21-32, 2000. Disponível em: <http://periodicos.pucminas.br/index.php/scripta/article/view/10371>.

LEÃO, Duarte Nunes de. *Ortografia e origem da língua portuguesa.* Ed. de M. Leonor Carvalhão Buescu. Lisboa: Imprensa Nacional, 1983.

LEERSSEN, Joep. "Streektaal en erkenning: een paradox en zes misverstanden". In: APPEL, René et al. (Orgs.). *Hartstocht in contrapunt*. Amsterdam: De Bezige Bij, 2002.

LEITE, Francisco José Monteiro. *Nova gramática portuguesa para uso dos liceus e das escolas normais*. Porto: Clavel e Cª, 1882.

LEITE, Sara de Almeida. *Para acabar de vez com o mau português*. Barcarena: Manuscrito, 2018.

LÓPEZ CARREIRA, Anselmo. "O Reino de Galicia no remate da Idade Media". In: MARIÑO PAZ, Ramón; BARREIRO, Xavier Varela (Orgs.). *A lingua galega no Solpor medieval*. Santiago de Compostela: Consello da Cultura Galega, 2016.

LOURENÇO, Eduardo. *O labirinto da saudade. Psicanálise mítica do destino português* [1978]. 9. ed. Lisboa: Gradiva, 2013.

_____. *A nau de Ícaro, seguido de Imagem e miragem da lusofonia*. 3. ed. Lisboa: Gradiva, 2004.

LOURENÇO, Frederico. *Nova gramática do latim*. Lisboa: Quetzal, 2019.

MACHADO, José Barbosa. *Dicionário dos primeiros livros impressos em língua portuguesa*. 4 vols. Braga: Edições Vercial, 2015. 4 v.

MACHADO, José Pedro. *Origens do português*. 2. ed. Lisboa: Sociedade da Língua Portuguesa, 1967.

_____. "Origens do português do Sul". *Revista de Portugal*, v. 32, pp. 134-45, 1967.

_____. *Dicionário etimológico da língua portuguesa*. 3. ed. Lisboa: Livros Horizonte, 1977.

_____. *Vocabulário português de origem Árabe*. Lisboa: Editorial Notícias, 1991.

MAIA, Clarinda de Azevedo. *História do galego-português: Estado linguístico da Galiza e do Noroeste de Portugal desde o século XIII ao século XVI (com referência à situação do galego moderno)*. Coimbra: INIC, 1986.

_____. "O galego português medieval: sua especificidade no contexto dos romances peninsulares e futura diferenciação do galego e do português". *Actas do Congresso Internacional sobre o português*. v. 1. Lisboa: APL, Colibri, 1994. pp. 33-51.

_____. *O galego visto pelos filólogos e linguistas portugueses* [texto de 1993]. Lisboa: Colibri, 2002.

_____. "Carolina Michaëlis e o estudo da história do léxico do português". In: DELILLE, Maria Manuela Gouveia et al. *Carolina Michaëlis e Joaquim de Vasconcelos: A sua projecção nas artes e nas letras portuguesas*. Porto: Fundação Eng. António de Almeida, 2013.

_____. "Sobre a perda de palavras medievais e os comentários metalinguísticos dos primeiros gramáticos portugueses". In: CASANOVA, Emili; RIGUAL, Cesáreo Calvo (Coords.). *Actas del XXVI Congreso Internacional de Lingüística y de Filología Románicas*, v. 4, pp. 243-56, 2013.

MARCENARO, Simone. *La lingua dei trobadores. Profilo storico-linguistico della poesía galego-portoghese medievale.* Roma: Viella, 2019.

MARIÑO PAZ, Ramón. *Historia da lingua galega.* 2. ed. Santiago: Sotelo Blanco, 1999.

_____. "Linguas prelatinas e latinización do Noroeste ibérico". In: CARRECEDO, Anxo; PEREIRA, Gerardo. *Xenética e historia no Noroeste peninsular.* Santiago de Compostela: Consello da Cultura Galega, 2005. pp. 79-96.

_____. *Fonética e fonoloxía históricas da lingua galega.* Vigo: Xerais, 2017.

MARQUES, A.H. de Oliveira. *A sociedade medieval portuguesa: Aspectos de vida quotidiana.* 5. ed. Lisboa: Sá da Costa, 1987.

MARTÍNEZ LEMA, Paulo. "Toponímia e fonética histórica no domínio galego-português: Notas para uma linha de trabalho". *Estudis Romànics,* n. 40, pp. 7-36, 2018. Disponível em: <https://www.raco.cat/index.php/Estudis/article/view/98568>.

MATEUS, Maria Helena Mira. "Galego e português: uma só língua?". *Estudos Linguísticos e Literários,* Salvador, n. 5, pp. 15-31, 1986. Disponível em: <https://periodicos.ufba.br/index.php/estudos/issue/view/1138>.

MATTOSO, José. *A identidade nacional.* 3. ed. Lisboa: Gradiva, 2003.

MEDEIROS, António. *Rio de memórias e de esquecimentos. Nacionalismos e antropologias na Galiza e em Portugal.* Lisboa: ISCTE, 2002.

_____. "Discurso nacionalista e imagens de Portugal na Galiza". *Etnográfica,* n. 7, v. 2, pp. 321-49, 2003. DOI: doi.org/10.4000/etnografica.2902.

_____. *Dois lados de um rio. Nacionalismo e etnografias na Galiza e em Portugal.* Lisboa: Universidade de Lisboa, 2006.

MIRANDA, José Carlos Ribeiro. "O galego-português e os seus detentores ao longo do século XIII". *e-Spania,* n. 13, jun. 2012. DOI: doi.org/10.4000/e-spania.21084.

MONTE CARMELO, Luís do. *Compendio de orthografia.* Lisboa: [s.n.], 1767.

MONTEAGUDO, Henrique. "Portugués e galego nos gramáticos portugueses de quiñentos". In: KREMER, Dieter (Org.). *Actes du XVIIIe Congrès International de Linguistique et de Philologie Romanes.* Tübingen: Max Niemeyer Verlag, 1988.

_____. "Sobre a polémica da normativa do galego". In: MONTEAGUDO, Henrique (Ed.). *Estudios de sociolingüística Galega. sobre a norma do galego culto.* Vigo: Galaxia, 1995.

_____. *Historia social da lingua galega. Idioma, sociedade e cultura a través do tempo.* Vigo: Galaxia, 1999.

_____. "A lingua no tempo, os tempos da lingua. O galego, entre o portugués e o castelán". In: ROMERO, Marta Negro; ÁLVAREZ Rosarío e MATO, Eduardo Moscoso (Orgs.). *Gallaecia: estudos de lingüística portuguesa e galega, III Congreso Internacional de Linguística Histórica, Santiago de Compostela, 27-30 de xullo de 2015.* Universidade de Santiago de Compostela, 2017. DOI: dx.doi.org/10.15304/cc.2017.1080.33.

_____. "Mirar o mar. A singularidade de Martin Codax". *Grial*, n. 217, pp. 92-101, 2018.

_____. "Galician and the Portuguese-speaking world from the perspective of translation". In: REI-DOVAL, Gabriel; TEJEDO-HERRERO, Fernando (Orgs.). *Lusophone, Galician, and Hispanic Linguistics. Bridging Frames and Traditions*. Oxon; Nova York: Routledge, 2019.

MONTEIRO, Manuel. *Dicionário de erros frequentes da língua*. [Queluz]: Sorega Editores, 2015.

MOTTA, I. F. Silveira da. *Viagens na Galliza*. Lisboa: [s.n.], 1889.

_____. *Viaxes por Galicia*. Vigo: Galaxia, 1994.

MOUTINHO, José Viale (Org.). *De foice erguida. Antologia da poesia de combate*. Coimbra: Centelha, 1978.

MURADO, Miguel-Anxo. *La invención del pasado. Verdad y ficción en la historia de España*. 3. ed. Barcelona: Penguin Random House, 2013.

_____. *Outra idea de Galicia*. 2. ed. Barcelona: Penguin Random House, 2016.

NETO, Serafim da Silva. *História da língua portuguesa*. 3. ed. Rio de Janeiro: Presença, 1979.

NEVES, Marco. "Por que razão o galego é invisível para os portugueses?". *Certas Palavras*, 7 mar. 2016. Disponível em: <https://certaspalavras.pt/por-razao-galegoe-invisivel-para-os-portugueses/>.

_____. *A incrível história secreta da língua portuguesa*. Lisboa: Guerra e Paz, 2017.

_____. *Dicionário de erros falsos e mitos do português*. Lisboa: Guerra e Paz, 2018.

_____. *O galego e o português são a mesma língua? Perguntas portuguesas sobre o galego*. Pról. de João Veloso. Santiago de Compostela: Através Editora, 2019.

NOGUEIRA, Carlos Filipe. "O conceito geografico-linguístico de Galécia Maior". In: CASTRO, Ivo de (Org.). *Sete ensaios sobre a obra de Joseph M. Piel*. Lisboa: Instituto de Linguística da Faculdade de Letras, 1988. pp. 76-103.

PAIVA, Manoel Joseph de. *Infermidades da lingua, e arte que a ensina a emmudecer para melhorar*. Lisboa, 1759. Disponível em: <https://purl.pt/29106>.

PASCOAES, Teixeira de. *Arte de ser português* [1915]. Lisboa: Assírio & Alvim, 2007.

PAZOS-JUSTO, Carlos. *A imagem da Galiza em Portugal*. Santiago de Compostela: Através Editora, 2016.

PEREIRA, António das Neves. "Ensaio crítico sobre qual seja o uso prudente das palavras de que se serviram os nossos bons escritores do século XV e XVI, e deixaram esquecer os que depois se seguiram até ao presente", parte II. In: *Memórias de literatura portuguesa*, 1793. t. 5.

PERES, João Andrade; MÓIA, Telmo. *Áreas críticas da língua portuguesa*. Lisboa: Caminho, 1995.

PERES GONÇALVES, Tiago. *Breve história do reintegracionismo*. Santiago de Compostela: Através Editora, 2014.

PÉREZ, José I. "Observaciones en torno a la desaparición de la -N- intervocálica en gallego". *Verba: Anuario Galego de Filoloxia*, n. 9, pp. 201-13, 1982. Disponível em: <https://minerva.usc.es/xmlui/handle/10347/4966>.

PIEL, Joseph M. "Caractères généraux et sources du lexique galicien" [1962]. In: _____. *Estudos de linguística histórica galego-portuguesa*. Lisboa: Imprensa Nacional, 1989.

_____. "Uma antiga latinidade vulgar galaica reflectida no léxico comum e toponímico de Entre-Douro-e-Minho e Galiza". *Revista Portuguesa de Filologia*, n. 17, t. I-II, pp. 387-95, 1975-78.

_____. "Sobre a legitimidade do conceito de latinidade vulgar galaica". In: *Primera reunión gallega de estudios clásicos (Santiago-Pontevedra, 2-4 Julio 1979): Ponencias y comunicaciones*. Universidade de Santiago de Compostela, 1981.

PINTO, J. Manuel de Castro; PARREIRA, Manuela. *Prontuário ortográfico moderno*. 6. ed. Porto: Asa, 1997.

PINTO, Paulo Feytor. *Como pensamos a nossa língua e as línguas dos outros*. Pref. de Alfredo Margarido. Lisboa: Editorial Estampa, 2001.

QUEIPO, Xavier. *Papaventos*. Vigo: Edicións Xerais, 2001. [Ed. portuguesa: *Bebendo o mar*. Trad. de Dina Almeida. Porto: Deriva, 2003].

QUIROGA, Carlos. *Inxalá*. Arnes: Edicións Laiovento, 2006. [Ed. portuguesa: *Inxalá espero por ti na Abissínia*. Matosinhos; Lisboa: Quid Novi, 2008].

_____. *A imagem de Portugal na Galiza*. Santiago de Compostela: Através Editora, 2016.

RAMOS, Rui (Org.). *História de Portugal*. 3. ed. Lisboa: A Esfera dos Livros, 2010.

RAPOSO, Eduardo Paiva. "Algumas observações sobre a noção de 'língua portuguesa'". *Boletim de Filologia*, n. 29, pp. 585-93, 1984.

REAL, Miguel. *Introdução à cultura portuguesa. Séculos XIII a XIX*. Lisboa: Planeta, 2010.

_____. "Uma visão mítica da História de Portugal". *Nova Águia*, n. 14, pp. 60-65, 2014.

_____. *Traços fundamentais da cultura portuguesa*. Lisboa: Planeta, 2017.

REAL ACADEMIA ESPAÑOLA. *Corpus diacrónico del español (*CORDE*)*. Disponível em: <https://www.rae.es/banco-de-datos/corde>.

_____. *Diccionario de la lengua española* (DRAE) (*online*).

RIO-TORTO, Graça (Coord.). *Gramática derivacional do português*. 2. ed. Coimbra: Imprensa da Universidade, 2016.

RIVAS QUINTAS, Eligio. *Dicionario etimolóxico da lingua galega*. Santiago de Compostela: Tórculo, 2015.

RODRIGUES, Ana Paula Leite. *Nos dois lados do rio Minho. O senhorio fronteiriço do Mosteiro da Santa Maria de Oia (séculos XII a XV)*. Vigo: Instituto de Estudios Vigueses, 2017.

ROSAS, Fernando. "A questão galega". *Público*, 24 dez. 1997.

SABIO, José Antonio; FERNÁNDEZ, Mª Manuela. "La investigación histórica en traducción y la literatura comparada: sobre una antología peninsular de textos teóricos de traducción (siglos XIV-XVIII)". In: ÁLVAREZ SELLERS, María Rosa (Ed.). *Literatura portuguesa y literatura española. Influencias y relaciones*. Universitat de València, 1999.

SÁNCHEZ REI, Xosé Manuel. "Os falares populares portugueses dos séculos XVI-XIX: informação (in)directa sobre o galego da época". In: GONÇALVES, M. et al. (Orgs.). *Gramática e humanismo. Actas do Colóquio de Homenagem a Amadeu Torres*, v. I, pp. 615-30, 2005.

_____. *O português esquecido. O galego e os dialectos portugueses setentrionais*. Santiago: Edicións Laiovento, 2021.

SANTAMARINA, Antón. "Norma e estándar". In: MONTEAGUDO, Henrique (Org.). *Estudios de Sociolingüística Galega. Sobre a norma do galego culto*. Vigo: Galaxia, 1995.

_____. *Dicionario de diccionarios*. Santiago de Compostela: Biblioteca Filolóxica Galega. Cd-rom.

_____. *Tesouro informatizado da lingua galega (TILG)*. Santiago de Compostela: Instituto da Lingua Galega. Disponível em: <ilg.usc.es/TILG>.

SANTOS, Maria José de Moura. "Importação lexical e estruturação semântica. Os Arabismos na língua portuguesa". *Biblos*, Coimbra, n. 56, 1980.

SARMIENTO, Martín. *Sobre a lingua galega. Antoloxía*. Org. de Henrique Monteagudo. Vigo: Galaxia, 2002.

SCHROTEN, Jan. "Sobre el tratamiento del vocabulario culto en el gallego actual". *Verba: Anuario Galego de Filoloxía*, v. 8, pp. 247-66, 1981. Disponível em: <https://minerva.usc.es/xmlui/handle/10347/4856>.

SEGURA, Luísa. "Variedades dialetais do português europeu". *Gramática do português*. v. I. Lisboa: Fundação Calouste Gulbenkian, 2013.

SEQUEIRA, F.J. Martins. "Apontamentos acerca do falar do Baixo-Minho". *Revista de Portugal*, Lisboa, 1957-58.

SILVA, Rosa Virgínia Mattos e. *O português são dois. Novas fronteiras, velhos problemas*. São Paulo: Parábola Editorial, 2005.

SILVEIRA, Pedro da Silveira (Org.). *Mesa de amigos. Versões de poesia*. Lisboa: Assírio & Alvim, 2002.

SILVESTRE, João Paulo. *A língua iluminada. Antologia do* Vocabulário *de Rafael Bluteau*. Lisboa: BNP; Babel, 2013.

SLETSJØE, Leif. *Le Développement de l et n en ancien Portugais*. Oslo: Presses Universitaires, 1959.

SOUSA, Bernardo Vasconcelos. In: MATTOSO, José (Org.). *História da vida privada em Portugal. A Idade Média*. Lisboa: Temas e Debates, 2010.

SOUTO CABO, José António. "A crónica troiana galego-portuguesa". *Agália*, n. 9, pp. 68-74, 1987. Disponível em: <https://a.gal/Agalia/009.pdf>.

_____. "Os primeiros escritos em galego-português: revisão e balanço". *Monografía*, n. 9, pp. 369-93, 2014. Disponível em: <https://illa.udc.gal/rgf/monografias/pdf/mon_9.pdf>.

SOUTO CABO, José António (Org.). *Primeiros textos em português: cantigas trovadorescas, prosa literária e documentação instrumental.* Lisboa: Círculo de Leitores, 2017. Coleção Obras Pioneiras da Cultura Portuguesa.

TAIBO, Carlos. *Comprender Portugal.* 2. ed. Madrid: Los Libros de la Catarata, 2018.

TAVARES, Sandra Duarte. *500 erros mais comuns da língua portuguesa.* Lisboa: A Esfera dos Livros, 2015.

TCHOBÁNOVA, Iovka B. "Valores semânticos das unidades lexicais sufixadas em -*ice* na língua portuguesa contemporânea". *Estudios Portugueses. Revista de Filología Portuguesa*, Salamanca, n. 9, pp. 45-58, 2009.

TEYSSIER, Paul. *História da língua portuguesa.* 5. ed. Lisboa: Sá da Costa, 1993.

TORRES, Cláudio. "O Extremo Ocidente Ibérico". *Janus*, 1999-2000, Disponível em: <https://nabiae.blogspot.com/2011/01/o-extremo-ocidente-iberico.html>.

TORRES FEIJÓ, Elias. "Portugal nas velas do galeguismo contemporâneo: De Teófilo Braga a Manuel Rodrigues Lapa". *O Pensamento Luso-Galaico-Brasileiro (1850-2000) – Actas do I Congresso Internacional.* Lisboa: Imprensa Nacional-Casa da Moeda, 2009.

UNIVERSIDADE DE COIMBRA. *Corpus electrónico do Celga.* Disponível em: <www.uc.pt/uid/celga/recursosonline/cecppc>.

VASCONCELOS, José Leite de. "Recensão a *Historia de la literatura gallega* de A.G. Besada". *Revista Lusitana*, n. 1, pp. 183-85, 1887-89.

_____. "Curso de língua portuguesa arcaica". *Revista Lusitana*, n. 3, pp. 19-50, 1895.

VAZ, Rodrigues. *Os galegos nas letras portuguesas.* Lisboa: Pangeia Editores, 2008.

VÁZQUEZ CORREDOIRA, Fernando. *A construção da língua portuguesa frente ao castelhano. O galego como exemplo a contrario.* Santiago: Laiovento, 1998.

_____. *101 falares com jeito.* Santiago de Compostela: Através Editora, 2011.

VÁZQUEZ CUESTA, Pilar. "Portugal-Galicia, Galicia-Portugal: Un diálogo asimétrico". *Colóquio Letras*, n. 137-138, pp. 5-21, 1995. Disponível em: <https://coloquio.gulbenkian.pt/cat/sirius.exe/issueContentDisplay?n=137&p=65&o=r>.

_____. *O que um falante de português deve saber acerca do galego* (1996). Lisboa: Colibri, 2002.

VÁZQUEZ DIÉGUEZ, Ignacio. "Mudanças fonetico-fonológicas do latim para o português, galego e espanhol: um confronto". In: OSÓRIO, Paulo (ed.). *Linguística histórica e história do português. Das origens ao século XVI.* Salamanca: Luso-Espanola de Ediciones, 2018.

VEIGA, Alexandre. "Reaproximación estructural a la lenición protorromance". *Verba: Anuario galego de Filoloxía*, v. 15, pp. 17-78, 1988.

VEIGA, Tomé Pinheiro da. *Fastigínia*. Estudo, variantes e notas de Ernesto Rodrigues. Lisboa: Faculdade de Letras da Universidade, 2011.

VEIGA ARIAS, Amable. *Algunas calas en los orígenes del gallego*. Vigo: Galaxia, 1983.

VENÂNCIO, Fernando. "A questão galega e o público português. Uma experiência na Internet (1998-2001)". In: TORRES, Elias (Org.). *Actas do VIII Congresso da Associação Internacional de Lusitanistas*, Santiago, 2005, v. 1, pp. 557-70, 2008.

_____. Sobre o debate no *Terràvista*. Disponível em: <www.facebook.com/notes/fernando-ven%C3%A2ncio/testemunhos-ciber-arqueol%C3%B3gicos/12634556 73703522/>.

_____. "Uma proposta portuguesa para o léxico galego". *Grial*, n. 186, pp. 102-7, 2010.

_____. "O indesejado ditongo *ão*". *Grial*, n. 192, pp. 88-95, 2011.

_____. "O espanhol proveitoso. Sobre deverbais regressivos em português". *Santa Barbara Portuguese Studies*, n. 11, pp. 6-41, 2012 [em actualização].

_____. "Pessoa e a Galiza: Anexar o vazio". *Ler*, n. 122, pp. 41 e 90-91, 2013; *Grial*, n. 198, pp. 116-17, 2013.

_____. "Airoso e castiço. Sobre o adjectivo castelhano em português (1488–1728)". *Estudos de Lingüística Galega*, n. 5, pp. 103-46, 2013 [em actualização].

_____. "Atitudes portuguesas face ao castelhano". In: GUGGENBERGER, Eva; Monteagudo, Henrique; REI-DOVAL, Gabriel (Orgs.). *Contacto de linguas, hibrididade, cambio: contextos, procesos e consecuencias*. Santiago de Compostela: Consello da Cultura Galega; Instituto da Lingua Galega, 2013.

_____. "O português diverte-se em espanhol". *Ler*, n. 131, pp. 68-71, 2014.

_____. "José Saramago e a iberização da língua portuguesa". In: BALTRUSH, Burghard (Org.). *"O que transformou o mundo não foi uma utopia, foi uma necessidade": Estudos sobre Utopia e ficção em José Saramago*. Berlim: Frank & Timme, 2014.

_____. "O castelhano como vernáculo português". *Limite. Revista de Estudios Portugueses y de la Lusofonía*, Cáceres, Universidad de Extremadura, n. 8, pp. 127-46, 2014.

_____. "O passado galego do português". *Grial*, n. 206, pp. 89-95, 2015.

_____. "O Galego de todos nós". *Quilombo Noroeste*, 10 mar. 2016. Disponível em: <aeg.gal/noticias/item/61-o-galego-de-todos-nos>.

_____. "Lusismos y galleguismos en uso en español. Una revisión crítica". In: CORBELLA, Dolores; FAJARDO, Alejandro (Orgs.). *Español y portugués en contacto. Préstamos e interferencias*. Berlim; Boston: De Gruyter; Mouton, 2017.

_____. "O léxico patrimonial no quinhentismo português". In: CARRILHO, Ernestina et al. (Org.). *Estudos linguísticos e filológicos oferecidos a Ivo Castro*. Centro de Linguística da Universidade de Lisboa, 2019. (IV Congresso Internacional de Linguística Histórica, Universidade de Lisboa, julho de 2017).

_____. "Nós os galegos". Entrevista de Paulo Barriga. *Ler*, n. 153, pp. 25-36, 2019.

VENTURA, António. "A *Seara Nova* e a Galiza". In: _____. *Estudos sobre história e cultura contemporânea de Portugal.* Lisboa: Caleidoscópio; Centro de História da Universidade de Lisboa; Casal de Cambra, 2004.

VERDELHO, Telmo. *Luís de Camões. Concordância da obra toda.* Coimbra: Centro Universitário de Estudos Camonianos, 2012.

VERDELHO, Telmo; SILVESTRE, João Paulo. *Corpus lexicográfico do português* (DICI). Universidade de Aveiro, Centro de Linguística da Universidade de Lisboa. Disponível em: <clp.dlc.ua.pt/DICIweb>.

VIARO, Mário Eduardo. "História das palavras: Etimologia". Disponível em: <https://www.museudalinguaportuguesa.org.br/wp-content/uploads/2017/09/Historia-das-palavras.pdf>.

VILA, Manuel César (Org.). "José Ramom Pichel Campos, empresário informático". In: _____. *Falar a ganhar. O valor do galego.* Santiago de Compostela: Através Editora, 2013. pp. 73-77.

VILLAR, Mauro. *Dicionário contrastivo luso-brasileiro.* Rio de Janeiro: Editora Guanabara, 1989.

VILLARES, Ramón; MONTEAGUDO, Henrique. "Escrita, imprentas e bibliotecas na cultura moderna. Conversa con Fernando Bouza". *Grial*, n. 197, pp. 52-61, 2013.

VIRTUTIS DISCIPULUS. *Scientia - Lectura* CV. 27 maio 2019. Vídeo disponível em: <www.youtube.com/watch?v=dEkzTvzYHE0&featu re=youtu.be&fbclid=IwAR1_AgBITrcGsIxTqhfl7AyTqGvx8rvFvDy GvCoPwUbBrrfV9AznKyyZi5I>.

Agradecimentos

Um sincero e forte obrigado a quantos, no decurso de anos, com um pequeno ou grande contributo, tornaram este trabalho menos árduo.

Albert Rijksbaron, António Emiliano, Arnaldo Espírito Santo, Ben Teensma, Burghard Baltrush, Carlos Durão, Carlos Faraco, Carlos Fiolhais, Carlos Quiroga, Cláudio Torres, Dieter Messner, Dolores Corbella, Elias Torres Feijó, Esteban Caamano Castro, Evelina Verdelho, Fernando Brissos, Fernando Gomes, Fernando Jorge Guedes, Francisco Fernández del Riego, Hélder Joaquim Gonçalves, Henrique Monteagudo, Joám Lopes Facal, João Camilo dos Santos, João Firmino, Joaquim Carneiro, Joaquim Miguel Patrício, Jorge Roque, José Cândido Oliveira Martins, José Eduardo Franco, José Luís Rodríguez, José Luís Valinha, José Mattoso, José Ramom Pichel, Manuela Barros Ferreira, Marco Neves, Marco Antônio Nunes da Silva, Marcos Bagno, Maria Filomena Gonçalves, Maria José Pereira, Maria Luísa Leal, Mauro Villar, Miguel Metzeltin, Miguel Miranda, Miguel Real, Onésimo Teotónio Almeida, Paulo Barriga, Paulo Fernández Mirás, Paulo Gamalho, Pedro Serra, Ricardo Gil, Rodrigues Vaz, Rosario Álvarez Blanco, Sandro Rocha Dias, Silvina Martins Pereira, Sónia Duarte, Telmo Verdelho, Xavier Alcalá, Xoán Carlos Lagares & Xosé Ramón Freixeiro Mato.

Quero assinalar, penhorado, a inestimável revisão que a lexicógrafa Ana Salgado fez deste livro.

Um agradecimento muito particular a Henrique Monteagudo, Marcos Bagno e Marco Neves – o galego, o brasileiro e o português –, que valorizaram o manuscrito com o seu critério, a sua ciência e o seu empenho. Todo o desacerto e toda a falha que sobrarem terão sido feitura minha.

Em novembro de 2020, tomei conhecimento da tese de mestrado de Thiago Zilio Passerini, *Ocultação de paternidade ou filiação ilegítima? O lugar do galego na origem da língua portuguesa em textos dos séculos XVI e XIX*, apresentada na Pontifícia Universidade Católica de São Paulo, em setembro de 2019, portanto exactamente contemporânea deste livro. De sublinhar, a notável coincidência de pontos de vista nas duas obras. Para o autor da tese, a minha profunda admiração.

Sobre o autor

Fernando Venâncio é formado em Linguística Geral na Universidade de Amsterdam, onde se doutorou e da qual foi professor. Ensaísta, crítico literário e tradutor, colabora com veículos portugueses de destaque, como *Jornal de Letras* (JL), *Expresso*, *Colóquio/Letras* e as revistas *Ler* e *Visão*. É autor de diversos livros, entre eles *José Saramago: A luz e o sombreado* (2000), *Objetos achados: Ensaios literários* (2002) e *O português à descoberta do brasileiro* (2022). *Assim nasceu uma língua: Sobre as origens do português* foi publicado em 2019 em Portugal e no ano seguinte recebeu o prêmio de ensaio Jacinto do Prado Coelho, da Associação Portuguesa dos Críticos Literários.

© Fernando Venâncio, 2024

INDICAÇÃO EDITORIAL Gregorio Duvivier • Ricardo Araújo Pereira

Esta edição segue as opções ortográficas dos autores

1ª edição: abr. 2024, 2 mil exemplares
1ª reimpressão: jun. 2024, 2,5 mil exemplares

EDIÇÃO Tinta-da-China Brasil • Mariana Delfini
      Ashiley Calvo • Sophia Ferreira (assistentes)
REVISÃO Henrique Torres • Paula Carvalho
PROJETO GRÁFICO Isadora Bertholdo
CAPA Vera Tavares
MAPAS Giovanna Farah, a partir de mapas de Carlos Filipe Nogueira
(p. 87 - mapa 2) e Maria Alice Fernandes (p. 135 - mapa 3)

TINTA-DA-CHINA BRASIL
DIREÇÃO GERAL Paulo Werneck
DIREÇÃO EXECUTIVA Mariana Shiraiwa
DIREÇÃO DE MARKETING E NEGÓCIOS Cléia Magalhães
COORDENADORA DE ARTE Isadora Bertholdo
DESIGN Giovanna Farah • Beatriz F. Mello (assistente)
      Ana Clara Alcoforado (estagiária)
ASSISTENTE EDITORIAL Sophia Ferreira
COMERCIAL Lais Silvestre • Leandro Valente
COMUNICAÇÃO Julia Galvão • Yolanda Frutuoso
      Livia Magalhães (estagiária)
ATENDIMENTO Joyce Bezerra

Todos os direitos desta edição reservados à Tinta-da-China Brasil/
Associação Quatro Cinco Um

Largo do Arouche, 161, SL2 República • São Paulo • SP • Brasil
editora@tintadachina.com.br
tintadachina.com.br

DADOS INTERNACIONAIS DE CATALOGAÇÃO NA PUBLICAÇÃO
(CIP) DE ACORDO COM ISBD

V444a   Venâncio, Fernando
         Assim nasceu uma língua: Sobre as origens do português / Fernando
         Venâncio. - São Paulo : Tinta-da-China Brasil, 2024.
         304 p. : il. ; 16cm x 23cm.

         ISBN 978-65-84835-04-7

         1. Língua Portuguesa. 2. Origens. 3. História. I. Titulo.

         2022-2347   CDD 469
         2022-2347   CDU 81

Elaborado por Vagner Rodolfo da Silva - CRB-8/9410

ÍNDICES PARA CATÁLOGO SISTEMÁTICO

1. Língua Portuguesa 469
2. Língua Portuguesa 81

A PRIMEIRA EDIÇÃO DESTE LIVRO FOI APOIADA PELA
DIREÇÃO-GERAL DO LIVRO E DAS BIBLIOTECAS — DGLAB
SECRETARIA DE ESTADO DA CULTURA — PORTUGAL

Assim nasceu uma língua foi composto
em Adobe Caslon Pro, impresso em papel
pólen natural 80g , na Ipsis, em junho de 2024